# Spoken English डाइजेस्ट

# Spoken English डाइजेस्ट

## (101 English Conversations)

Rashmeet Kaur

PRABHAT PRAKASHAN

*Published by*
**PRABHAT PRAKASHAN PVT. LTD.**
4/19 Asaf Ali Road,
New Delhi-110 002 (INDIA)
e-mail: prabhatbooks@gmail.com
-
ISBN 978-93-5048-501-9

**Spoken English डाइजेस्ट**
*by* Rashmeet Kaur

Edition
2025



*Price*
₹ 800.00 (Rupees Eight Hundred only)

*Printed at*
Narula Printers, Delhi

# CONTENTS

# CONVERSATIONS

## 1

## *Morning Talks*

| | |
|---|---|
| माँ : मोंटी, जल्दी उठो; छह बज गए हैं। | Monty, get up now, it's six o'clock. |
| मोंटी : मम्मीजी, नमस्ते। | Good morning, mummy. |
| माँ : जल्दी बिस्तर छोड़ो और अपने दाँत तथा मुँह साफ करो। | Get up now; wash your face and clean your teeth. |
| मोंटी : अच्छा मम्मी, मैंने दाँत व मुँह साफ कर लिये हैं। | Ok mummy. I have washed my face and cleaned my teeth. |
| माँ : अच्छा बेटे, अब दूध भी ले लो। | Good boy. Now, take your milk. |
| मोंटी : अच्छा मम्मी। | Ok mummy. |
| माँ : अब अपनी स्कूल-ड्रेस और जूते पहन लो। | Now wear your school-dress and shoes. |
| मोंटी : मम्मीजी, मेरी स्कूल-ड्रेस कहाँ हैं? | Mummy, where is my school-dress? |
| माँ : यह लो अपनी स्कूल-ड्रेस और जल्दी तैयार हो जाओ। | Here is your school-dress and get ready fast. |
| मोंटी (थोड़ी देर बाद) : मम्मी, मैं तैयार हूँ। | Mummy, I am ready. |

| | |
|---|---|
| माँ : स्कूल बस का इंतजार करो। | Wait for the school bus. |
| मोंटी : ठीक है, मम्मी। | Yes, mummy. |

## 2

## *With a Washerman*

| | |
|---|---|
| धोबी : बीबीजी, अपने कपड़े ले लीजिए। | Madam, take your clothes. |
| रमा : कितने कपड़े हैं? | How many clothes are there? |
| धोबी : दो साड़ी, दो कुरते और दो पैंट हैं। | Two sarees, two shirts and two trousers. |
| रमा : लाओ, देखूँ। | Let me check. |
| धोबी : अवश्य। | Sure Madam. |
| रमा : ठीक हैं! कितने पैसे हुए? | Clothes are ok. What is the amount to be paid? |
| धोबी : बीबीजी, सिर्फ पंद्रह रुपए। | Madam, fifteen rupees only. |
| रमा : यह लो। | Take it. |

## 3

## *With a Child*

| | |
|---|---|
| चिन्मय : बेटे, तुम्हारा नाम क्या है? | What is your name, son? |
| चिंटू : मेरा नाम चिंटू है। | My name is Chintu. |
| चिन्मय : तुम किस स्कूल में पढ़ते हो? | In which school do you study? |
| चिंटू : मैं बाल भारती स्कूल में पढ़ता हूँ। | I study in Bal Bharati School. |
| चिन्मय : यह स्कूल कहाँ है? | Where is this school? |
| चिंटू : यह मॉडल टाउन में है। | It is in Model Town. |
| चिन्मय : तुम किस कक्षा में पढ़ते हो? | In which class do you study? |

| | | |
|---|---|---|
| चिंटू | : मैं तीसरी कक्षा में पढ़ता हूँ। | I study in the third class. |
| चिन्मय | : तुम्हारे कक्षा अध्यापक कौन हैं? | Who is your class teacher? |
| चिंटू | : हमारे कक्षा अध्यापक श्री तिवारी हैं। | Our class teacher is Mr. Tewari. |
| चिन्मय | : तुम्हारी कक्षा में कितने विद्यार्थी हैं? | How many students are there in your class? |
| चिंटू | : हमारी कक्षा में तीस विद्यार्थी हैं। | There are thirty students in our class. |
| चिन्मय | : तुम्हारा शौक क्या है? | What is your hobby? |
| चिंटू | : पेंटिंग मेरा शौक है। | Painting is my hobby. |
| चिन्मय | : स्कूल में तुम्हारा सबसे अच्छा दोस्त कौन है? | Who is your best friend in school? |
| चिंटू | : रमेश मेरा सबसे अच्छा दोस्त है। | Ramesh is my best friend. |
| चिन्मय | : तुम्हें अपना स्कूल कैसा लगता है? | How do you like your school? |
| चिंटू | : मुझे अपना स्कूल बहुत अच्छा लगता है। | I like my school very much. |
| चिन्मय | : तुम्हारे पिताजी का क्या नाम है? | What is your father's name? |
| चिंटू | : मेरे पिताजी का नाम श्री राधेश्याम है। | My father's name is Shri Radheyshyam. |
| चिन्मय | : तुम्हारे पिताजी क्या काम करते हैं? | What is your father doing? |
| चिंटू | : मेरे पिताजी वकील हैं। | My father is an advocate. |
| चिन्मय | : तुम्हारे कितने भाई हैं? | How many brothers do you have? |
| चिंटू | : मेरा केवल एक छोटा भाई है। | I have only one younger brother. |

| | | |
|---|---|---|
| चिन्मय | : तुम्हारी कितनी बहनें हैं? | How many sisters do you have? |
| चिंटू | : मेरी कोई बहन नहीं है। | I have no sister. |
| चिन्मय | : तुम्हारी माताजी क्या करती हैं? | What is your mother doing? |
| चिंटू | : मेरी माताजी घरेलू महिला हैं। | My mother is a homemaker. |
| चिन्मय | : तुम जीवन में क्या बनना चाहते हो? | What do you want to become in life? |
| चिंटू | : मैं डॉक्टर बनना चाहता हूँ। | I want to become a doctor. |
| चिन्मय | : तुम अच्छे लड़के हो। | You are a good boy. |
| चिंटू | : धन्यवाद अंकल! | Thank you uncle! |

## 4

## *Talking to a Tailor*

| | | |
|---|---|---|
| सोहन | : मेरे सूट के लिए कितना कपड़ा लगेगा? | How much cloth will be required for my suit? |
| दर्जी | : सवा तीन मीटर। | Three and a quarter metres only. |
| सोहन | : सूट कितने दिन में तैयार कर दोगे? | When will you get the suit ready? |
| दर्जी | : कम-से-कम एक हफ्ता चाहिए। | It will take at least one week to stitch. |
| सोहन | : ठीक है, समय पर दे देना। | Ok, please deliver it on time. |

## 5

## *Going to a Party*

| | | |
|---|---|---|
| गीता | : (फोन पर) हैलो मीता! क्या हाल हैं? | Hello Meeta! How are you? |
| मीता | : मैं बिलकुल ठीक हूँ, और तुम? | I am quite well, what about you? |

| | | |
|---|---|---|
| गीता | : मैं भी ठीक हूँ। तुम यहाँ कब आ रही हो? | Same as you. When are you coming here? |
| मीता | : मैं आज लीना के जन्मदिन की पार्टी में जा रही हूँ। | Today, I am going to Leena's birthday party. |
| गीता | : ओह! मैं भी वहीं जा रही हूँ। | Oh! I am also going there. |
| मीता | : तब तो बहुत अच्छा है। जल्दी आओ, हमारे साथ चलो। | Very good. Then come on fast. I shall take you with me. |
| गीता | : ठीक है। धन्यवाद। | All right, thank you. |
| मीता | : इस पैकेट में क्या है? | What is there in this packet? |
| गीता | : यह लीना के लिए जन्मदिन का उपहार है। | It's a birthday present for Leena. |
| मीता | : परंतु मुझे तो अभी उपहार खरीदना है। | But I have still to purchase a present. |
| गीता | : तुम उपहार अनारकली गिफ्ट सेंटर से खरीद सकती हो। | Ok, you can buy the present from Anarkali Gift Centre. |
| मीता | : यह कहाँ है? | Where is it? |
| गीता | : यह लीना के घर की ओर जाते समय रास्ते में ही है। | It's on our way to Leena's house. |
| | (गिफ्ट सेंटर के पास पहुँचकर वे दोनों रुकती हैं। मीता दुकान के अंदर चली जाती है।) | (Both of them stop at the gift centre. Meeta gets inside the shop to purchase a present.) |
| मीता | : लो, मैं अपना उपहार ले आई हूँ। | Here I am with my present. |
| गीता | : ओह! बहुत अच्छा। यह तो बहुत सुंदर उपहार है। | Oh! very nice. It's an excellent present. |
| मीता | : हम पहुँच गए हैं। | We have reached now. |

| | | |
|---|---|---|
| गीता | : ओह! घर कितनी सुंदरता से सजाया गया है! | Oh! How beautifully the house has been decorated! |
| मीता | : हाँ, वास्तव में, यह सजावट बहुत ही सुंदर है। | Yes, it is really a very beautiful decoration. |

# 6

## *Enquiring about Health*

| | | |
|---|---|---|
| आकाश | : हैलो, आप कैसे हैं? | Hello! How are you? |
| मुकेश | : मुझे जुकाम है। | I have caught cold. |
| आकाश | : क्या आपने डॉक्टर को दिखाया? | Have you consulted the doctor? |
| मुकेश | : हाँ, डॉ. माथुर ने इलाज शुरू कर दिया है। | Yes, Dr. Mathur has started the treatment. |
| आकाश | : और कोई परेशानी? | Ok, any other problem? |
| मुकेश | : डॉ. माथुर का कहना है, मेरे गुर्दे ठीक से काम नहीं कर रहे हैं। | Dr. Mathur says that my kidneys are not functioning properly. |
| आकाश | : अब आपकी पत्नी की तबीयत कैसी है? | How is your wife now? |
| मुकेश | : वह पहले से ठीक है। | She is better now. |
| आकाश | : किस डॉक्टर का इलाज चल रहा है? | Who is treating her? |
| मुकेश | : डॉ. राठी का। वे अच्छे डॉक्टर हैं। | Dr. Rathi. He is a good doctor. |
| आकाश | : क्या डॉ. राठी के इलाज से आपको संतोष है? | Are you satisfied with Dr. Rathi's treatment? |
| मुकेश | : हाँ, वे एक काबिल डॉक्टर हैं। उन्होंने मेरे बेटे का भी इलाज किया था। | Yes, he is an able doctor. He had treated my son also. |
| आकाश | : हाँ, मुझे भी बाद में मालूम हुआ था। | Yes, I too came to know later. |

| | |
|---|---|
| मुकेश : चिंता न करें, सब ठीक हो जाएगा। | Don't worry, all will be well. |

## 7

# *Teacher and Student*

| | |
|---|---|
| छात्र : सुप्रभात, सर। | Good morning, sir. |
| अध्यापक : सुप्रभात। | Good morning. |
| छात्र : क्या मैं अंदर आ सकता हूँ, सर? | May I come in, sir? |
| अध्यापक : हाँ, तुम्हारा नाम क्या है? | Yes, what is your name? |
| छात्र : मेरा नाम शोभित है। | My name is Shobhit. |
| अध्यापक : क्या तुमने अपनी फीस जमा कर दी है? | Have you deposited your fees? |
| छात्र : जी, हाँ। | Yes sir, I have. |
| अध्यापक : क्या तुम हिंदी नहीं जानते हो? | Do you not know Hindi? |
| छात्र : नहीं सर, मैं अच्छी हिंदी सीखना चाहता हूँ। | No sir, I want to learn good Hindi. |
| अध्यापक : क्या तुम वास्तव में अपनी हिंदी सुधारना चाहते हो? | Do you really want to improve your Hindi? |
| छात्र : जी सर। | Yes sir. |
| अध्यापक : यदि तुम मेहनत करो तो बहुत जल्दी अपनी हिंदी सुधार लोगे। | If you work hard, you will improve your Hindi very soon. |
| छात्र : इसमें कितना समय लगेगा? | How much time will it take? |
| अध्यापक : यह तुम पर निर्भर करता है। | It depends on you. |
| छात्र : समझा नहीं, सर। | I could not make out, sir. |
| अध्यापक : यदि तुम नियमित अभ्यास | If you practise regularly, you |

| | | |
|---|---|---|
| | करो तो जल्दी ही सीख जाओगे। | will learn quickly. |
| छात्र | : सर, आप कब से मुझे पढ़ाना शुरू करेंगे? | Sir, when will you start to teach me? |
| अध्यापक | : अगले सोमवार से। | From next Monday. |

# 8

## *At a Shop*

| | | |
|---|---|---|
| ग्राहक | : श्रीमान, क्या आपके पास गेहूँ है? | Sir, do you have wheat? |
| दुकानदार | : हाँ, अगर आपको पसंद हो तो ले लीजिए। | Yes, there is. If it serves your purpose, take it. |
| ग्राहक | : नहीं, यह अच्छा नहीं है। | No, it is not of good quality. |
| दुकानदार | : हमारे पास अच्छी किस्म का गेहूँ भी है, लेकिन उसका मूल्य कुछ ज्यादा है। | We have some wheat of good quality also but it is available at higher rate. |
| ग्राहक | : ठीक है, मुझे वही दे दीजिए। | All right, give me that quality. |
| दुकानदार | : लीजिए। क्या आपको चावल और चीनी भी चाहिए? | Take it please. Do you want rice and sugar also? |
| ग्राहक | : हाँ, पाँच किलो चावल तथा दो किलो चीनी। | Yes, 5 kilograms of rice and 2 kilograms of sugar. |
| दुकानदार | : ये लीजिए। | Take it. |
| ग्राहक | : ये लीजिए पैसे। | Have the amount, please. |
| दुकानदार | : बहुत शुक्रिया। | Thank you very much. |

## 9

# *On the Telephone*

| | |
|---|---|
| श्याम : हैलो! | Hello...Hello. |
| शिखा : हैलो, मैं शिखा हूँ। आप कौन? | Hello, I am Shikha. Who is speaking? |
| श्याम : हैलो शिखा, मैं श्याम बोल रहा हूँ। | Hello Shikha, Shyam speaking. |
| शिखा : तुम कहाँ से बोल रहे हो? | From which place are you speaking? |
| श्याम : गेटवे ऑफ इंडिया से। तुम क्या कर रही हो? | From the Gateway of India. What are you doing? |
| शिखा : मैं एक मैगजीन पढ़ रही हूँ। | I am reading a magazine. |
| श्याम : तुमने परीक्षा की तैयारी अच्छी तरह से कर ली? | Have you prepared well for your exams? |
| शिखा : नहीं, बहुत अच्छी तरह तो नहीं, पर मुझे भरोसा है कि सफल हो जाऊँगी। | No, not very well, but I am sure I will get through. |
| श्याम : मुंबई पहुँचने पर मुझे सूचित कर देना, ताकि मैं तुम्हें लेने आ सकूँ। | Please inform me when you reach Mumbai so that I may receive you. |
| शिखा : यह ठीक रहेगा। | That's fine. |
| श्याम : ठीक है। सफलता के लिए मेरी शुभकामनाएँ। | Ok, all the best for your success. |

## 10

# *In a Shop*

| | |
|---|---|
| दुकानदार : मैं आपकी क्या सेवा करूँ, श्रीमानजी? | Sir, may I help you? |

| | | |
|---|---|---|
| विमल | : मुझे एक पर्स चाहिए। | I want a purse. |
| दुकानदार | : अच्छा, कृपया आप बाईं तरफ के शोकेस में देख लीजिए। | Ok sir, please look in the left-side show-case. |
| विमल | : क्या आप लाल रंग का वह पर्स दिखाएँगे? | Would you show me the red-coloured purse? |
| दुकानदार | : क्यों नहीं। यह रही आपकी पसंद। | Yes sir, here it is. |
| विमल | : बिल दीजिए। | Please give me the bill. |
| दुकानदार | : केवल पचास रुपए दीजिए। | Please pay fifty rupees only. |
| विमल | : कृपया यह लीजिए। | Please have it. |
| दुकानदार | : श्रीमानजी, और सेवा बताएँ। | Sir, any other thing? |
| विमल | : कृपया एक अच्छा खिलौना दिखाइए। | Please show me a good toy. |
| दुकानदार | : अच्छा सर! आप इस पर कितना खर्च करना चाहेंगे? | Ok sir. How much would you like to spend on it? |
| विमल | : इसके लिए पैसे की कोई बात नहीं है। | Money is no consideration for it. |
| दुकानदार | : सर, यह खिलौनों का सेक्शन है। कृपया कोई भी खिलौना छाँट लीजिए। | Sir, this is Toys section, please select any one. |
| विमल | : मैं नई डिजाइन की एक कार लेना चाहता हूँ। | I want to purchase a car of new design. |
| दुकानदार | : ठीक है सर, यह लीजिए नई डिजाइन की कार। | Ok sir, this is a car in a new design. |
| विमल | : इसकी क्या कीमत है? | What is its price? |
| दुकानदार | : सर, केवल दो सौ रुपए। | Sir, two hundred rupees only. |
| विमल | : यह लीजिए। | Take it, please. |

# 11

## *In an Interview*

| | | |
|---|---|---|
| उम्मीदवार : | मेरा नाम संत कुमार है, मुझे इंटरव्यू में बुलाया गया है। | My name is Sant Kumar. I have been called for an interview. |
| क्लर्क : | ठीक है महोदय, इनके बाद आपका ही नंबर है। | Right sir, it is your turn after him. |
| उम्मीदवार : | ठीक है, मैं ठीक समय पर पहुँचा हूँ। | Ok, I have reached in time. |
| क्लर्क : | कृपया जाइए, अब आपको अंदर बुलाया जा रहा है। | Please go inside, you are being called now. |
| उम्मीदवार : | श्रीमानजी, क्या मैं अंदर आ सकता हूँ? | Sir, may I come in? |
| अधिकारी : | हाँ, आइए। | Yes, come in. |
| उम्मीदवार : | नमस्ते सर, मैं संत कुमार। | Good morning sir, I am Sant Kumar. |
| अधिकारी : | मिस्टर संत कुमार, कृपया बैठ जाइए। | Mr. Sant Kumar please, sit down. |
| अधिकारी : | आपने किस पद के लिए आवेदन किया है? | For which post have you applied? |
| उम्मीदवार : | सर, मैंने ग्राफिक डिजाइनर पद के लिए आवेदन किया है। | Sir, I have applied for the post of Graphic Designer. |
| अधिकारी : | आपकी शैक्षिक योग्यता क्या है? | What is your educational qualification? |
| उम्मीदवार : | सर, मैंने इलाहाबाद विश्वविद्यालय से बी.ए. पास किया है। | Sir, I have passed my B.A. from Allahabad University. |

| | | |
|---|---|---|
| अधिकारी | : बी.ए. में तुम्हारे क्या विषय थे? | What were your subjects in B.A.? |
| उम्मीदवार | : सर, मेरे विषय थे— अंग्रेजी, इतिहास और राजनीतिशास्त्र। | Sir, my subjects were English, History and Political Science. |
| अधिकारी | : आपने ग्राफिक डिजाइनर का कोर्स कहाँ से किया है? | From which institute have you completed your Graphic Designing course? |
| उम्मीदवार | : सर, मैंने एन.आई.आई.टी., इलाहाबाद से यह कोर्स किया है। | Sir, I have done it from NIIT, Allahabad. |
| अधिकारी | : इस क्षेत्र में आपको कोई पहले का अनुभव है? | Do you have any experience in this field? |
| उम्मीदवार | : जी हाँ सर, मुझे एक साल का अनुभव है। | Yes sir, I have got one year experience. |
| अधिकारी | : क्या आप इस समय कहीं काम कर रहे हैं? | Are you working at the moment? |
| उम्मीदवार | : जी हाँ सर, पिछले एक वर्ष से मैं एक फर्म में काम कर रहा हूँ। | Yes sir, I have been serving in a firm for the last one year. |

## 12

## *About the Marriage*

| | | |
|---|---|---|
| श्रीवास्तव | : हैलो! प्रधानजी नमस्ते! आप कैसे हैं? | Hello Mr. Pradhan, how are you? |
| प्रधानजी | : मैं बिलकुल ठीक हूँ, धन्यवाद। | I am quite well, thank you. |
| श्रीवास्तव | : आपसे मिलकर बड़ी खुशी हुई। | I am glad to see you. |
| प्रधानजी | : खुशी की बात मेरे लिए है। | The pleasure is mine. |

| | | |
|---|---|---|
| श्रीवास्तव | : यह मेरी पत्नी रश्मि है। | This is my wife, Rashmi. |
| प्रधानजी | : नमस्कार रश्मिजी, आपका स्वागत है। | Hello Rashmiji, welcome. |
| श्रीवास्तव | : प्रधानजी, हम आपसे कुछ मदद माँगने आए हैं। | Mr. Pradhan, we have come to take your help. |
| प्रधानजी | : जी हाँ, कहिए, मैं आपके लिए क्या कर सकता हूँ? | Yes, what can I do for you? |
| श्रीवास्तव | : आपके ऑफिस में विपुल हैं, क्या आप उन्हें जानते हैं? | Do you know Mr. Vipul in your office? |
| प्रधानजी | : जी हाँ, वे मेरे अच्छे मित्र हैं। | Yes, he is my good friend. |
| श्रीवास्तव | : क्या आप उनके परिवार के बारे में जानकारी रखते हैं? | Do you know about his family? |
| प्रधानजी | : जी हाँ, मैं उन सबको बहुत अच्छी तरह से जानता हूँ। | Yes, I know them very closely. |
| श्रीवास्तव | : वास्तव में, विपुलजी अपने पुत्र के लिए मेरी पुत्री शीला से संबंध के बारे में चर्चा करना चाहते हैं। | In fact, Vipulji wants to consider a match for his son with my daughter Sheela. |
| प्रधानजी | : तो ये बात है। | Oh, I see. |
| श्रीवास्तव | : आप उनके पुत्र एवं परिवार के बारे में कुछ बताएँगे? | Could you please give me some details about their son and their family? |
| प्रधानजी | : उनके परिवार में तीन सदस्य हैं। मिस्टर एंड मिसेज विपुल तथा उनका बेटा अंकुर। | There are three members in his family, Mr. and Mrs. Vipul and their son Ankur. |
| श्रीवास्तव | : अंकुर क्या करता है? | What does Ankur do? |

| | | |
|---|---|---|
| प्रधानजी | : वह एक कंपनी में अधिकारी है। | He is an officer in a company. |
| श्रीवास्तव | : क्या आप अंकुर के स्वभाव के बारे में कुछ और बता सकते हैं? | Could you tell me something more about Ankur's nature? |
| प्रधानजी | : वह एक सरल और मिलनसार लड़का है। | He is a simple and adjustable boy by nature. |

## 13

## *Talks between Students*

| | | |
|---|---|---|
| ओम | : हैलो कोमल, तुम कैसी हो? | Hello Komal, how are you? |
| कोमल | : ठीक हूँ, तुम कैसे हो? | I am fine, what about you? |
| ओम | : मैं बिलकुल ठीक हूँ। | I am quite ok. |
| कोमल | : आजकल तुम क्या कर रहे हो? | What are you doing these days? |
| ओम | : मैं एम.ए. में पढ़ रहा हूँ। | I am studying in M.A. |
| कोमल | : तुमने एम.ए. कब जॉइन किया? | When did you join M.A.? |
| ओम | : इसी वर्ष। | This very year. |
| कोमल | : तुम्हारा कॉलेज कहाँ है? | Where is your college? |
| ओम | : यह उत्तरी दिल्ली में है। | It is in north Delhi. |
| रचना | : हाय कोमल! कैसी हो? | Hi Komal, how are you? |
| कोमल | : बिलकुल ठीक हूँ। | Quite ok. |
| रचना | : आज बहुत दिनों बाद दिखाई दीं। | I have seen you after a long time today. |
| कोमल | : हाँ, मैं बाहर गई हुई थी। | Yes, I was out of station. |
| रचना | : यहाँ आओ और मेरी सहेली जूही से मिलो। | Come here and meet my friend Juhi. |
| कोमल | : हाय जूही, नमस्ते। | Hi Juhi, good morning. |

| | | |
|---|---|---|
| जूही | : तुम कौन-सा कोर्स कर रही हो? | What course are you doing? |
| कोमल | : मैंने कंप्यूटर कोर्स में एडमिशन लिया है। | I have joined a computer course. |
| जूही | : तुम यह कोर्स कहाँ से कर रही हो? | From where are you doing this course? |
| कोमल | : मैं एन.आई.आई.टी. से कर रही हूँ। | I am doing this course from NIIT. |
| जूही | : तुम्हारे घर से यह इंस्टीट्यूट कितनी दूर है? | How far is this institute from your house? |
| कोमल | : करीब दो किलोमीटर। | About two kilometres. |
| जूही | : वहाँ पहुँचने में कितना समय लगता है? | How much time does it take to reach there? |
| कोमल | : कम-से-कम एक घंटा। | At least an hour. |
| जूही | : अच्छा! | Oh! |
| कोमल | : अरे! मैंने तुम्हारे बारे में नहीं पूछा। | Oh! I did not ask about you. |
| जूही | : मैं बी.ए. कर रही हूँ। | I am doing B.A. |
| कोमल | : बहुत अच्छा। | Very good. |
| जूही | : अच्छा, बाय कोमल। | Ok, bye Komal. |
| कोमल | : अच्छा जूही, फिर मिलते हैं। | Bye-bye Juhi, see you again. |

## 14

## *Career-related Interaction*

| | | |
|---|---|---|
| शेखर | : नमस्ते सर। | Good morning, sir. |
| प्रोफेसर | : नमस्ते शेखर। | Good morning, Shekhar. |
| शेखर | : सर, क्या मैं अंदर आ सकता हूँ? | May I come in, sir? |
| प्रोफेसर | : हाँ, कृपया आइए। | Yes, please come in. |

| | | |
|---|---|---|
| शेखर | : सर, मैं आपसे कुछ विचार-विमर्श करना चाहता हूँ। | Sir, I want to talk to you on certain matters. |
| प्रोफेसर | : हाँ, तुम बताओ। | Yes, tell me. |
| शेखर | : सर, मैं अपने कॅरियर के बारे में आपकी अमूल्य सलाह चाहता हूँ। | Sir, I want your valuable advice about my career. |
| प्रोफेसर | : शेखर, आजकल तुम क्या कर रहे हो? | Shekhar, what are you doing nowadays? |
| शेखर | : सर, मैंने इस वर्ष बी.ए. की परीक्षा दी है। | Sir, I have appeared in the B.A. examination this year. |
| प्रोफेसर | : शेखर, तुम्हारे पेपर कैसे हुए हैं? | Shekhar, how have you done your papers? |
| शेखर | : सर, मुझे 75 प्रतिशत अंक मिलने की उम्मीद है। | Sir, I expect to get about 75% marks. |
| प्रोफेसर | : बहुत अच्छा, तब तो तुमको एम.ए. में प्रवेश आसानी से मिल सकता है। | Very good. Then, you can get admission in M.A. easily. |
| शेखर | : परंतु सर, मैं कोई अच्छा प्रोफेशनल कोर्स करना चाहता हूँ। | But sir, I want to join a good professional course. |
| प्रोफेसर | : तब तुम कोई कंप्यूटर कोर्स जॉइन कर सकते हो। | Then, you can join any computer course. |
| शेखर | : सर! आपकी सलाह ठीक है। | Sir, your advice is good. |
| प्रोफेसर | : तुम कोई कम (शॉर्ट-टर्म) या अधिक अवधि (लॉन्ग-टर्म) वाला डिप्लोमा कोर्स कर सकते हो। | You can go for any short or long-term diploma course. |

| | | |
|---|---|---|
| शेखर | : इसमें कितना समय लगेगा, सर? | How much time will it take, sir? |
| प्रोफेसर | : शॉर्ट-टर्म कोर्स में छह महीने से एक साल और लॉन्ग-टर्म कोर्स में दो से तीन साल तक का समय लग सकता है। | A short-term course takes six months to one year, whereas a long-term course takes two-three years. |

## 15

## *In a Bank to Open an Account*

| | | |
|---|---|---|
| ग्राहक | : महोदय, मैं आपके बैंक में खाता खोलना चाहता हूँ। | Sir, I want to open an account in your bank. |
| क्लर्क | : श्रीमान, हमारे प्रबंधक श्री चावलाजी से मिल लीजिए। | Please see Mr. Chawla, our Bank Manager. |
| ग्राहक | : धन्यवाद। | Thank you. |
| क्लर्क | : कोई बात नहीं। | No mention. |
| मैनेजर | : मैं आपके लिए क्या कर सकता हूँ? | What can I do for you? |
| ग्राहक | : महोदय, मेरा नाम सलिल है। मैं आपके बैंक में एक बचत खाता खोलना चाहता हूँ। | Sir, my name is Salil and I want to open a savings account with your bank. |
| मैनेजर | : यह लीजिए फॉर्म। कृपया इसे भर दें और उसके बाद किसी ऐसे व्यक्ति से परिचय-पुष्टि करवा दें, जिसका पहले से इस बैंक में खाता हो। | Here is the form. Please fill it up and get it introduced by any person who already has an account with this bank. |

| | |
|---|---|
| ग्राहक : मैं चेक की सुविधा भी चाहता हूँ। | I want the cheque facility also. |
| मैनेजर : तब आपको कम-से-कम एक हजार रुपए के साथ इसे खोलना होगा। | Then you have to open it at least with ₹ 1,000. |
| ग्राहक : क्या मैं इस खाते के साथ नामांकन की सुविधा भी ले सकता हूँ? | Can I avail the nomination facility in this account? |
| मैनेजर : क्यों नहीं? यह सुविधा सभी प्रकार के खातों पर उपलब्ध है। | Why not? This facility is available for all types of accounts. |

## 16

## *Talking to a Servant*

| | |
|---|---|
| कल्लू, यहाँ आओ। | Kallu, come here. |
| एक कप चाय बनाओ। | Prepare a cup of tea. |
| क्या नाश्ता तैयार है? | Is the breakfast ready? |
| चाय और नाश्ता मेज पर रखो। | Put the tea and breakfast on the table. |
| आज खाना जल्दी बना लेना। | Prepare food early today. |
| अब तुम जाओ। | You may go now. |
| कल्लू, बरतन साफ कर दिए? | Kallu, have you cleaned the utensils? |
| अच्छा, बिजली बुझा दो। | Switch off the light. |
| राम को टेलीफोन करो। | Ring up Ram. |
| चार बजे का अलार्म लगा दो। | Set the alram at four o'clock. |
| बिस्तर बिछा दो। | Make the bed, please. |
| अंदर से दरवाजे की चिटकनी लगा दो। | Latch the door from inside. |
| कल सुबह मुझे जल्दी उठा देना। | Wake me up early in the morning. |

# 17

## About Food and Drinks

| | |
|---|---|
| आप क्या लेंगे? | What would you take? |
| एक कप कॉफी बनाओ। | Prepare a cup of coffee. |
| नाश्ते में आप क्या पसंद करेंगे? | What will you have in the breakfast? |
| दोपहर का भोजन हम एक बजे करते हैं। | We take our lunch at 1 p.m. |
| खाने के लिए मेज लगाओ। | Lay the table for meals. |
| आप सब जी भरकर खाएँ। | Eat to your heart's content, all of you. |
| शानू, आपका भोजन लग गया है। | Shanu, your dinner has been laid. |
| मुझे जोर की भूख लगी है। | I am awfully hungry. |
| बासी खाना कभी मत खाओ। | Never take stale food. |
| बासी खाना स्वास्थ्य के लिए हानिकारक होता है। | Stale food is harmful for health. |
| रोटी पर घी लगाओ। | Spread ghee on the bread. |
| हमें हरी सब्जियाँ खूब खानी चाहिए। | We should eat a lot of green vegetables. |
| मुझे चाय से कॉफी ज्यादा पसंद है। | I prefer coffee to tea. |
| आपने खाने-पीने की बहुत अच्छी व्यवस्था की है। | Your arrangement for eating and drinking is very good. |
| मैं गरमियों में अकसर शीतल पेय पीता हूँ। | I often take cold drinks in summers. |
| कृपया हम सभी के लिए चाय लाइए। | Please serve tea for all of us. |
| उनका रहन-सहन अच्छा है। | They have a good standard of living. |

# 18

# *Telephone Complaint*

| | | |
|---|---|---|
| रोमी | : हैलो ! टेलीफोन एक्सचेंज? | Hello! Telephone Exchange? |
| ऑपरेटर | : जी हाँ श्रीमान। | Yes sir. |
| रोमी | : मैं सिविल लाइंस से बोल रहा हूँ। मेरा टेलीफोन काम नहीं कर रहा है। | I am speaking from Civil Lines. My telephone is dead. |
| ऑपरेटर | : यह कब से खराब है? | Since when? |
| रोमी | : यह दस दिन से खराब है। | It has been dead for ten days. |
| ऑपरेटर | : क्या आपने अपनी शिकायत पहले दर्ज करवाई? | Have you registered your complaint earlier? |
| रोमी | : हाँ, मैंने पिछले शुक्रवार को दर्ज कराई थी। | Yes, I registered the complaint last Friday. |
| ऑपरेटर | : सर, आपका नंबर क्या है? | Sir, what is your telephone number? |
| रोमी | : कृपया नोट करें, 23848790. | Please note down. It is 23848790. |
| ऑपरेटर | : हाँ सर, मैंने नंबर नोट कर लिया है। | Yes sir, I have noted down the telephone number. |
| रोमी | : आप मुझे कंप्लेंट नंबर देंगे? | Could you give me the complaint number? |
| ऑपरेटर | : यस सर, यह है D-20. | Yes sir, it is D-20. |
| रोमी | : इसे जल्दी ठीक करा दें। | Please get it repaired soon. |
| ऑपरेटर | : जी हाँ, जल्दी ठीक हो जाएगा। | Yes, it will be done soon. |

# 19

## *Conversation between a Customer and a Bank Officer*

| | | |
|---|---|---|
| रोहित | : सर, मैं इस बैंक की शाखा में अपना अकाउंट खोलना चाहता हूँ। | Sir, I want to open an account in your bank. |
| ऑफिसर | : आप किस प्रकार का अकाउंट चाहते हैं— सेविंग्स या करेंट? | What type of account do you want–Savings or Current? |
| रोहित | : सेविंग्स अकाउंट, सर। | Savings account, please. |
| ऑफिसर | : यह रहा आवेदन फॉर्म। इसे भरने के बाद यहाँ एक फोटो लगाएँ और अपनी पहचान व पते के प्रूफ की एक फोटोकॉपी संलग्न करें। | Here is the application form. Once you have filled it, affix your photo here and enclose a photocopy of your identity-cum-residence proof. |
| रोहित | : जी सर, क्या कोई और दस्तावेज भी चाहिए? | Okay! Is there any other specific requirement? |
| ऑफिसर | : हाँ, अपने परिचय के लिए आपको इसमें किसी पूर्व बैंक सदस्य के हस्ताक्षर कराने होंगे। | Yes. For your introduction, you need to get it signed by an old account holder of our bank. |
| रोहित | : अच्छा! क्या नामांकन की सुविधा भी है? | Okay! What about the nomination facility? |
| ऑफिसर | : वह तो आजकल अनिवार्य है। | It is mandatory these days. |
| रोहित | : मुझे किसका नाम प्रस्तावित करना चाहिए? | Whose name should I propose? |
| ऑफिसर | : आप अपनी पत्नी, बेटे या बेटी का नाम प्रस्तावित कर सकते हैं। अगर नामांकन | You may fill in the name of your wife, son or daughter. In case the nominee is a |

| | | |
|---|---|---|
| | किसी माइनर का है तो आपको दो और साक्षियों के हस्ताक्षर कराने होंगे, ताकि यह सुरक्षित रहें। | minor, you will need to get it signed by two different witnesses for further safety. |
| रोहित : | बिलकुल, मैं राशि कहाँ जमा करा सकता हूँ? | Of course! Where can I deposit the money? |
| ऑफिसर : | आप काउंटर नं. 3 पर जाकर इस फॉर्म के साथ रुपए जमा करा सकते हैं। | You can go at Counter No. 3 and deposit the money along with this form. |
| रोहित : | मुझे इसकी पासबुक, चेकबुक व डेबिट कार्ड कब मिलेंगे? | When would I get my passbook, chequebook and debit card? |
| ऑफिसर : | आप एक हफ्ते बाद यह सब काउंटर नं. 4 से ले सकते हैं। | You will get these at Counter No. 4 after a week. |
| रोहित : | क्या आपके पास इंटरनेट-चालित बैंक सुविधा भी है? | Do you also have Internet access facility? |
| ऑफिसर : | जी बिलकुल, आपको दस दिनों के भीतर एक इंटरनेट स्वचालित कोड व पासवर्ड दिया जाएगा। क्या आप कुछ और जानना चाहेंगे? | Yes, of course. You will also get the Internet transaction code and password within 10 days. Is there anything else you would like to know? |
| रोहित : | जी नहीं, आपकी जानकारी के लिए शुक्रिया। | No, thank you very much for your guidance. |
| ऑफिसर : | आपका स्वागत है। | You are welcome. |

## 20

# After 10 Days in the Same Bank

| | | |
|---|---|---|
| रोहित : | सुप्रभात सर, मैं रोहित शर्मा। मैंने पिछले सप्ताह यहाँ एक सेविंग्स अकाउंट खोला था। कृपया मुझे उसकी पासबुक, चेकबुक व डेबिट कार्ड दे दें। | Good morning, sir. I am Rohit Sharma. I opened a savings account last week. Please provide the passbook, chequebook and debit card for it. |
| ऑफिसर : | हैलो मिस्टर शर्मा, यह रही आपकी पासबुक व डेबिट कार्ड। कृपया यहाँ हस्ताक्षर करें। आपके डेबिट कार्ड का पासवर्ड और चेकबुक डाक द्वारा भेज दिये गये हैं। ये संभवत: आपको दो दिन तक मिल जाएंगे। | Hello! Mr. Sharma. Here is your passbook and debit card. Kindly sign here. The password for debit card as well as chequebook has been sent by post. You are likely to receive it in two days. |
| रोहित : | आपकी सहायता के लिए धन्यवाद। | Thanks for your cooperation. |
| ऑफिसर : | कोई बात नहीं। आपका स्वागत है। | It's alright. You're welcome. |

## 21

# Getting a Fixed Deposit Done

| | | |
|---|---|---|
| रोहित : | गुड मॉर्निंग सर। | Good morning, sir. |
| बैंक ऑफिसर : | गुड मॉर्निंग मि. शर्मा, कहिए कैसे आना हुआ? | Good morning, Mr. Sharma. What brings you here? |
| रोहित : | मैं यहाँ एक एफ.डी. करवाने आया हूँ। | I have come to get an F.D. done. How much is the |

| | | |
|---|---|---|
| | लंबी अवधि के निवेश की ब्याज दर क्या है? | interest rate for long-term deposits? |
| बैंक ऑफिसर : | कृपया बैठें सर। क्या आप पहले पानी लेना पसंद करेंगे? | Please be seated, sir. Would you like to get a glass of water first? |
| रोहित : | जी नहीं, शुक्रिया। | No, thank you. |
| बैंक ऑफिसर : | सर, अलग-अलग निवेश पोलिसी व डिपॉजिट के लिए अलग-अलग ब्याज दर हैं, जैसे कि 365 दिन पर 8% वार्षिक। | Sir, we have different interest rates for different policies and deposits. For 365 days, it's 8% p.a. |
| रोहित : | ओह! मैंने तो 9.5% वार्षिक ब्याज सुना था। | Oh! I had heard it's 9.5% p.a. |
| बैंक ऑफिसर : | सर, तीन साल के सावधि निवेश पर 9% वार्षिक ब्याज उपलब्ध है, मगर 9.5% केवल सीनियर सिटीजन के लिए है। | Sir, we have 9% p.a. for fixed deposits over three years but 9.5% p.a. for only senior citizens. |
| रोहित : | तो क्या यह सुविधा मैं अपने पिताजी के नाम पर ले सकता हूँ? वे एक सीनियर सिटीजन हैं। | So, can I avail that scheme in the name of my father? He is a senior citizen. |
| बैंक ऑफिसर : | बिलकुल, वह मुख्य दावेदार बन सकते हैं और आप उनके नॉमिनी। | Of course. He may become the main proposer and you may become the nominee. |
| रोहित : | फिर तो बहुत अच्छा है, तो इसके लिए मुझे | That sounds good. So, what documents would I need to |

| | | |
|---|---|---|
| | कौन से दस्तावेजों की जरूरत होगी? | finish the formalities? |
| बैंक ऑफिसर : | इस आवेदन-पत्र पर मुख्य दावेदार की दो फोटो, एक पते व पहचान-पत्र की नकल व उनके हस्ताक्षर चाहिए होंगे। | You would need two photographs of the main proposer, a copy of residence-cum-identity proof and his signature on this application form. |
| रोहित : | क्या वोटर आई.डी. कार्ड चल जाएगा? | Will the voter ID card suffice the purpose? |
| बैंक ऑफिसर : | बिलकुल, यह लीजिए फॉर्म। | Definitely. Please take this form. |
| रोहित : | राशि किस तरीके से जमा होगी? | What would be the mode of payment? |
| बैंक ऑफिसर : | केवल अकांउट पेई चेक से, जो कि ए.बी.सी.एल. नेशनल बैंक की दिल्ली शाखा में देय हो। | Account payee cheque only in favour of ABCL National Bank, payable at Delhi. |
| रोहित : | क्या निवेश पूँजी की कोई अधिकतम सीमा भी है? | Is there any maximum limit for investment? |
| बैंक ऑफिसर : | जी हाँ, एक निवेशक के लिए 3 लाख व दो के लिए 6 लाख। | Yes, ₹ 3 lakh for single proposer and ₹ 6 lakh for joint proposers. |
| रोहित : | टैक्स राहत का क्या? क्या कुल जमा राशि की ब्याज राशि पर टैक्स में राहत मिलती है ? | What about the tax benefits? Is the interest on principal amount subject to any tax relief? |

| | | |
|---|---|---|
| बैंक ऑफिसर : | क्यों नहीं, आपकी निवेश राशि पर आप धारा 80डी व 80सी के अंतर्गत राहत पा सकते हैं। | Certainly, sir, your investments are exempted from tax under Sections 80D and 80C. |
| रोहित : | तब ठीक है। अच्छा, अगर मैं मैच्योरिटी की अवधि से पहले ही जमा राशि निकालना चाहूँ तो क्या होगा? | That's very good. What happens in case I wish to withdraw the amount before the maturity period? |
| बैंक ऑफिसर : | सर, आप अपनी जमा राशि 365 दिन के बाद ही निकाल सकते हैं, उससे पहले नहीं। उस पर भी आपकी निवेश राशि पर 5 प्रतिशत की कटौती मान्य होगी। | Sir, you can withdraw your amount after a period of 365 days only and not before that. In that case too, a deduction of 5% on your principal amount shall be applicable. |
| रोहित : | ठीक है, मैं समझ गया। क्या कोई और भी नियम व शर्तें लागू हैं, जो मुझे निवेश से पहले जाननी चाहिए? | Okay, I got that. Are there any other terms and conditions applied that I need to know before investment? |
| बैंक ऑफिसर : | सर आपको फॉर्म पर हस्ताक्षर करने से पहले इसमें लिखे सभी नियम व शर्तें ध्यानपूर्वक पढ़नी चाहिए। | Sir, you should carefully read all the terms and conditions for this fixed deposit scheme in this brochure as listed before signing the form. |
| रोहित : | अच्छा, जानकारी के लिए धन्यवाद। मैं | Fine, thanks for the information. I'll see you |

| | | |
|---|---|---|
| | आपसे दस्तावेजों के साथ कल मिलता हूँ। अभी के लिए विदा। | tomorrow with the papers. Goodbye for now. |
| बैंक ऑफिसर : | आपका स्वागत है सर। आपका दिन मंगलमय हो! | You're welcome, sir. Have a good day! |

## 22

# *Conversation between Two Friends*

| | | |
|---|---|---|
| रोहित : | हैलो सैम, कहो कैसे हो? | Hi Sam! How do you do? |
| सैम : | हैलो रोहित, मैं बिलकुल ठीक हूँ। अपनी कहो। क्या कर रहे हो आजकल? | Hello Rohit, I am fine. What about you? What are you doing these days? |
| रोहित : | मैं आजकल ए.बी.सी. इंस्टीट्यूट से इंग्लिश स्पीकिंग कोर्स कर रहा हूँ। | I am doing an English speaking course from ABC Institute these days. |
| सैम : | अच्छा, यह कैसा कोर्स है? | Aha! How is it? |
| रोहित : | यह बहुत अच्छा कोर्स है। इसमें ना सिर्फ बोलने की बल्कि सुनने व पढ़ने की ट्रेनिंग भी दी जाती है। | Well, the course is very good. It includes not only spoken but listening and reading modules also. |
| सैम : | क्या यह फायदेमंद है? | Is it useful? |
| रोहित : | हाँ बिलकुल, इस प्रोगाम को फॉलो करने से मुझे व्याकरण के सभी मूल नियम और शब्दों व वाक्यों का उच्चारण भी समझ आ गया है। | Yes, of course! By following this program, I have understood all the basic rules of grammar and also about how words and sentences are spoken. |
| सैम : | मैं कुछ समझा नहीं। | I did not get you. |

| | | |
|---|---|---|
| रोहित : | देखो, जब मैं ऑडियो टेप सुनता हूँ तो मुझे सही उच्चारण, स्ट्रेस, इंटोनेशन व मॉड्यूलेशन के बारे में सीखने को मिलता है। और जब मैं पढ़ता हूँ तो व्याकरण को समझ पाता हूँ। | See, when I listen to the audio-tapes, I learn about correct pronunciation, stress, intonation and modulation. And when I read, I learn about grammar. |
| सैम : | तुम्हारी कक्षा की अवधि कितनी होती है? | How long does your class run for? |
| रोहित : | एक कक्षा लगभग दो घंटे की होती है। | One session lasts for two hours. |
| सैम : | क्या तुम वहाँ रोज जाते हो? | Do you go there daily? |
| रोहित : | हाँ, मैं सभी वीकडेज में जाता हूँ। | Yes, I attend the classes on all weekdays. |
| सैम : | क्या बच्चे कक्षा में सवाल पूछ सकते हैं? | Are the students allowed to ask questions during the class? |
| रोहित : | बिलकुल, कक्षा में चल रहे विषय से संबंधित कोई भी सवाल पूछा जा सकता है। | Of course! One can ask any query related to the subject being discussed. |
| सैम : | क्या तुम्हें अपनी बातचीत में कोई सुधार महसूस होता है? | Do you feel any improvement in your conversation? |
| रोहित : | हाँ, बहुत ज्यादा। | Oh, yes! By leaps and bounds. |
| सैम : | तब तो बहुत अच्छा है, इसे बनाए रखना। | That's very good. Keep it up! |

# 23

## Conversation between a Father and a Son

| | | |
|---|---|---|
| रोहित : | हैलो पापा, मैं आपसे अपनी रिपोर्ट कार्ड साइन कराना चाहता हूँ। | Hello dad, I want you to please sign my report card. |
| पापा : | हैलो बेटा! जरूर, क्यों नहीं? जाओ, ले आओ और मुझे बताओ कि परीक्षा में इस बार तुमने कैसा परफॉर्म किया है? | Hello dear. I'll surely sign that. Bring it to me. Tell me how did you do in your exams this time? |
| रोहित : | पापा मैंने बहुत अच्छा नहीं किया। मैंने सभी विषयों में किसी तरह 'बी' पा लिया, लेकिन खेल-संबंधी विषय में केवल 'सी प्लस' ही ले पाया। | Dad, I did not do very well. I just managed to get B in all the subjects and scored the least in Physical Activities with just a C+ grade. |
| पापा : | यह तो सही नहीं है।, इस बार तुम्हारा प्रदर्शन लगातार खराब क्यों रहा? क्या कोई खास वजह है? | That's not happening. Why has your performance been consistently low this time? Is there any specific reason? |
| रोहित : | नहीं पापा, मैंने इस बार भी पिछले सत्र की तरह ही मेहनत की थी। मुझे नहीं पता कि क्या गलत हुआ। पिछली बार मेरे 'ए' और 'ए प्लस' ग्रेड थे, पर इस बार मुझे नहीं पता कि कहाँ गलती हुई। | No, dad. I worked as hard as I did in the last semester. I don't know what went wrong. Last time I had A and A+ grades but this time, I just don't know what went amiss. |
| पापा : | ठीक है, ज्यादा चिंता मत करो। मुझे यह बताओ कि | Okay! Don't worry much about that. Tell me how do |

| | | |
|---|---|---|
| | तुम अपना समय किस तरह से मैनेज करते हो? स्कूल के बाद तुम शाम के वक्त और क्या-क्या करते हो? | you manage your time? After school, during the evening time what all do you do? |
| रोहित : | पापा, मैं सिर्फ किताबों में घुस जाता हूँ। हर समय पढ़ाई करता रहता हूँ। ना तो बाहर जाता हूँ, ना खेलता हूँ और ना ही टी.वी. देखता हूँ। मेरे सभी दोस्तों ने मुझे 'पढ़ाकू कीड़ा' कहकर छेड़ना व तंग करना शुरू कर दिया है। | Dad, I just engross myself in the books. I keep studying all the time. I don't go out, I don't play or even watch T.V. All my friends have started teasing me and calling me nerd. |
| पापा : | ठीक है, मैं तुम्हारी परेशानी समझ गया। बेटे, वो ठीक कहते हैं। तुम्हें पढ़ाई और खेलकूद में एक बैलेंस बनाना होगा। | All right. I got your problem. Son, they are right. You need to strike a balance between your studies and co-curricular activities. |
| रोहित : | मैं कुछ समझा नहीं। | I did not get that. |
| पापा : | बेटा पढ़ाई करते समय छोटे-छोटे ब्रेक लेना बहुत जरूरी है। अगर तुम हर 44 मिनट पर 4-10 मिनट का छोटा विराम नहीं लोगे तो तुम्हारा ध्यान कम होने लगेगा। तुम्हारा खेलकूद में भाग लेना बहुत जरूरी है। तुम्हारी उम्र में शरीर के संपूर्ण विकास और दिमाग की तरोताजगी के लिए ऐसी क्रियाएँ बहुत जरूरी हैं। | Son, it's important to take short breaks while studying. If you do not take a 4-10 minutes break after every 44 mintues, your concentration will begin to decline anyway. Also, you need to be actively involved in sports, games and other physical exercises. At your age, such activities are very important for proper development of your body |

| | |
|---|---|
| तुम्हें खाली समय में खेल-कूद में जरूर हिस्सा लेना चाहिए, ताकि शारीरिक तंदुरुस्ती बनी रहे। मेरे बेटे, याद रखो 'तंदुरुस्त शरीर में ही तंदुरुस्त दिमाग का निवास होता है।' किसी भी काम को ज्यादा करने से परेशानी व तकलीफ ही होगी, जिससे और ज्यादा चिंता, घबराहट व अंडरपरफॉर्मेंस होगी। क्या तुम मेरी बात समझ पा रहे हो? | and for the rejuvenation of mind. You must pursue some games in your leisure time to retain physical fitness. Remember my child, "A healthy mind lives in a healthy body." Overdoing anything will cause trouble and discomfort, which, in turn, adds to the stress, tension and underperformance. Did you get my point? |
| रोहित : शुक्रिया पापा, मुझे नहीं पता था कि खेलकूद में भाग लेना इतना जरूरी है। मैं आगे से ध्यान रखूँगा। मैं आपकी सलाह जरूर मानूँगा और अपने परीक्षा के अंकों व ग्रेड में सुधार लाकर दिखाऊँगा। | Thanks dad. I did not really know that it so important to indulge in sports activities. I'll be watchful and careful from now. I promise to follow your advice and show some improvement in my test scores and grades. |
| पापा : बेटा मेरी शुभकामनाएँ तुम्हारे साथ हैं! अगली बार और बेहतर करना। अपनी सेहत का ख्याल रखो और अपने अच्छे कामों से मेरा नाम रोशन करो। | Good luck, son! Do better next time. Take good care of your health and make me proud by doing well. |

# 24

## *Telephonic Booking for a Movie Ticket*

| | | |
|---|---|---|
| बुकिंग क्लर्क : | पी.वी.आर. राजौरी में कॉल करने का शुक्रिया। मैं रोहन बात कर रहा हूँ। मैं आपकी किस प्रकार सहायता कर सकता हूँ? | Thank you for calling PVR Rajouri. I am Rohan. How may I assist you? |
| डेविड : | रोहन, मैं शुक्रवार की दोपहर के सुपरस्टार-2 सीरिज (शृंखला) के दो टिकट बुक कराना चाहता हूँ। क्या आप यह फोन पर कर सकते हैं? | Rohan, I want to book two tickets for the Friday matinee show of Superstar-II series. Could you do that over the phone? |
| बुकिंग क्लर्क : | जी बिलकुल सर, आप कौन-सी पंक्ति व सीट बुक करना चाहेंगे? | Certainly sir. Which row or seat would you like to go for? |
| डेविड : | मैं आखिरी पंक्ति की कोने की दो टिकटें लेना चाहूँगा। | I want the corner tickets in the last row, please. |
| बुकिंग क्लर्क : | क्षमा कीजिए सर, वे बिक चुकी हैं। हमारे पास पीछे से तीसरी पंक्ति में कोने की दो सीटों के टिकट बचे हैं, क्या आप यह लेना चाहेंगे? | Sorry, sir. They're already taken. But we do have the corner seat tickets for third row from the last. Would you like to go for that? |
| डेविड : | नहीं, मुझे आखिरी पंक्ति में ही चाहिए। | No, I want something in the last row itself. |

| | | |
|---|---|---|
| बुकिंग क्लर्क : | माफ कीजिए सर, यह तो सारी बुक हो चुकी हैं। लेकिन फिर भी आप पीछे से दूसरी पंक्ति में से कुछ चुन सकते हैं। उससे भी आप सारा नजारा देख सकते हैं। क्या आप यह लेना पसंद करेंगे? | Very sorry sir. It's all booked. But you can still go for the last but one row. It gives you full view as well. Would you like to go for that? |
| डेविड : | ओह, उसमें आपके पास कौन-सी टिकट उपलब्ध है? | Umm, which seats do you have in that? |
| बुकिंग क्लर्क : | मध्य की व बाएँ कोने की। | The centre and the left corner. |
| डेविड : | ठीक है, तो मुझे मध्य में से दो दे दीजिए। | Alright, book me two tickets from the centre then. |
| बुकिंग क्लर्क : | अच्छा सर, मैं आपकी पसंद एक बार दोहरा देता हूँ। आपको कल दोपहर के सुपरस्टार-2 शृंखला के दो टिकट चाहिए और वह 'बी पंक्ति', जो कि पीछे से दूसरी है, उसमें मध्य के होंगे। क्या यह सही है सर? | Ok, sir. I'll repeat your preference once. You want two tickets for tomorrow's matinee show of Superstar-II series and the centre tickets would be for the 'B row', that is second from last. Do you confirm, sir? |
| डेविड : | जी, बिलकुल सही है। | Yeah, that's correct. |
| बुकिंग क्लर्क : | सर, टैक्स के साथ आपकी देय राशि 500 रुपए बनती है। कृपया भुगतान के लिए क्या | Sir, the amount comes out to be ₹ 500/- with taxes. To process the payment, can I have your card number, |

| | | |
|---|---|---|
| | मैं आपका कार्ड नंबर जान सकता हूँ? | please? |
| डेविड : | जी बिलकुल। नंबर है 16111234 1234। | Yes, of course. It's 16111234 1234. |
| बुकिंग क्लर्क : | क्या आप इसकी समाप्ति की तिथि बता सकते हैं? | Could you provide the expiry date also? |
| डेविड : | हाँ, तिथि है 04/14 | Ya, that's 04/14. |
| बुकिंग क्लर्क : | जानकारी देने के लिए शुक्रिया। मैंने भुगतान की अदायगी कर दी है व आपकी टिकट बुक हो गई है। आप ऑनलाईन (कंप्यूटर द्वारा) कॉपी का प्रिंट (छाप) निकाल सकते हैं। | Thank you for providing the details. I have processed the payment and booked your tickets. You may print the copy online. |
| डेविड : | क्या आप मेरे मोबाइल पर भी एक कन्फर्मेशन (प्रमाण) भेज सकते हैं? | Uh! can you send the confirmation on my mobile as well? |
| बुकिंग क्लर्क : | बिलकुल सर, क्या मैं आपका मोबाइल नं. जान सकता हूँ? | Sure, sir. May I have your contact no.? |
| डेविड : | जी हाँ, नंबर है 9812312312। | Yes, that's 9812312312. |
| बुकिंग क्लर्क : | मैं एक बार इसे दोहरा देता हूँ। नंबर है 9812312312। क्या यह सही है सर? | I'll just repeat the number. It is 9812312312. Is that correct sir? |
| डेविड : | हाँ, यह सही है। | Yes, that's right. |

| | | |
|---|---|---|
| बुकिंग क्लर्क : | आपके सहयोग के लिए शुक्रिया सर। आपके मोबाइल पर एक प्रमाण रूपी एस.एम.एस. संदेश बुकिंग कोड नंबर व अन्य जानकारी के साथ भेज दिया गया है। आपको यह जल्दी ही मिल जाएगा। क्या मैं आपकी किसी और प्रकार से सहायता कर सकता हूँ? | Thank you for your patience, sir. A confirmation SMS has been sent to your mobile with the booking code and details. You will receive it shortly. Is there anything else I can help you with? |
| डेविड : | जी नहीं शुक्रिया, बस इतना ही काफी है। | Nope! Thanks, that's it. |
| बुकिंग क्लर्क : | पी.वी.आर. राजौरी में कॉल करने के लिए धन्यवाद। आपका दिन मंगलमय हो! | Thank you for calling PVR Rajouri. Have a good day! |

## 25

## *Conversation between a Customer and a Bookseller*

| | | |
|---|---|---|
| रोहित : | क्या आपके पास *सुपर स्पीड इंग्लिश स्पीकिंग कोर्स* की किताब है प्लीज? | Do you have *Superspeed English Speaking Course* book, please? |
| किताब विक्रेता : | मुझे खेद है कि यह स्टॉक में खत्म है। | I regret it is out of stock. |

| | | |
|---|---|---|
| रोहित : | ओह! मुझे लगा कि यह इतनी प्रसिद्ध नहीं होगी, चूँकि यह तो फिलहाल ही प्रकाशित हुई है। | Oh! I thought it had recently been launched and might not be so popular. |
| किताब विक्रेता : | इसकी उपयोगिता के कारणवश यह हाथों-हाथ बिक गई। मगर हमने नए स्टॉक का ऑर्डर दे दिया है। यह आपको कल तक मिल जाएगी। | Owing to its usefulness, it sold hand to hand. But we have already placed the order for the fresh stock. You will get it by tomorrow. |
| रोहित : | यह तो अच्छा है। क्या आपके पास प्रसिद्ध *जी.के. एनसाक्लोपिडिया* है, जो मार्शल ब्रेंट ने लिखी है? | That's very nice. Do you have the famous *G.K. Encyclopaedia* written by Marshall Brent? |
| किताब विक्रेता : | मुझे लगता है कि आपको लेखक के बारे में गलती लग रही है। क्या आपका मतलब मार्कस ब्रेंट के *जी.के. एनसाइक्लोपिडिया* से है? | I think you are mistaken about the author. Did you mean the *G.K. Encyclopaedia* by Marcus Brent? |
| रोहित : | जी हाँ, वही है। मुझे क्षमा कीजिए, मैं काफी उलझन में हूँ। | Oh yes! That's the one. I am really sorry, sir. I think I am mixed up. |
| किताब विक्रेता : | ओह! आपको इसके बारे में परेशान होने की जरूरत नहीं, यह | Ah! you need not worry about that. Here is the copy. Is there anything else I can |

| | | |
|---|---|---|
| | लीजिए इसकी प्रतिलिपि। क्या मैं आपकी किसी और प्रकार से सहायता कर सकता हूँ? | help you with? |
| रोहित : | जी बिलकुल, क्या आप मुझे नए प्रकाशित साईंस फिक्शन की तालिका दे सकते हैं? | Yes, of course. Could you also provide me the brochure of the latest science-fiction blockbusters? |
| किताब विक्रेता : | जी बिलकुल सर, यह लीजिए ब्रोशर। अगर आप इनकी प्रतिलिपियाँ देखना चाहते हैं तो आप दक्षिण क्षेत्र में बने बाईं ओर के रास्ते पर चले जाएँ। आपको सभी नए साईंस फिक्शन की कृतियाँ वहाँ मिल जाएँगी। क्या मैं आपको वहाँ छोड़ दूँ? | For sure, sir. Here's the brochure. In case you want to go through the arrivals, you could move to the south-block corridor on the left. You will find all the latest science-fiction works there. Do you want me to walk you down? |
| रोहित : | नहीं धन्यवाद, मैं खुद ही चला जाऊँगा। | No, thanks. I will help myself. |

## 26

## *Customer has Selected the Books and Wants to Buy and Borrow Them*

| | | |
|---|---|---|
| रोहित : | मैंने यह तीन किताबें पसंद की हैं, मगर मैं यह दो प्रकाशन | I have selected these three books. But I want to buy these two editions only. I |

| | | |
|---|---|---|
| | ही खरीदना चाहता हूँ। मैं तीसरी उधार पर लेना चाहता हूँ। क्या आपके पास यह सुविधा है? | want the third one on rental basis. Do you have this facility? |
| किताब विक्रेता | : जी बिलकुल है सर, मैं इसके कवर पर तिथि व बिक्री मूल्य की मोहर लगा दूँगा। अगर आप दो महीने में इसे लौटा देंगे तो आपकी 2/3 राशि वापिस लौटा दी जाएगी। क्या यह आपको मंजूर है? | By all means, sir. I will place the stamp of date and selling price on the cover. If you return it within two months, 2/3rd of your money would be refunded. Is that okay with you? |
| रोहित | : बहुत बढ़िया, बाकी के दो प्रकाशनों का क्या? क्या आप अधिकतम मूल्य पर कोई छूट देते हैं? | Great! What about the other two editions? Do you offer any discount on the listed MRP? |
| किताब विक्रेता | : चूँकि यह दोनों माँग पर हैं, हम केवल 10% छूट ही देते हैं। क्या मैं आपका बिल तैयार कर दूँ? | Since these two are in demand, we can offer only 10% discount on the MRP. Should I go ahead and prepare the bill? |
| रोहित | : हाँ, कृपया कर दें। | Yes! please go ahead. |
| किताब विक्रेता | : आपका कुल बिल केवल 650 रुपए है। यह रहा बिल। | The total bill is ₹ 650/- only. Here is the bill. |
| रोहित | : बहुत - बहुत धन्यवाद। मैं कल *सुपरस्पीड इंग्लिश* | Thanks a lot. I will come back tomorrow for *Superspeed English Speaking* book. |

| | | |
|---|---|---|
| | *स्पीकिंग* किताब लेने वापिस आऊँगा। | |
| किताब विक्रेता | : बिलकुल सर, यह ठीक रहेगा। | Sure, sir. That will be fine. |

## 27

# *Conversation between a Student and a Librarian*

| | | |
|---|---|---|
| रोहित | : गुड मॉर्निंग मैडम, मैं यह किताब वापिस करना चाहता हूँ। | Good morning, madam. I want to return this book. |
| लाइब्रेरियन | : सुप्रभात रोहित, लाओ यह मुझे दे दो। | Very good morning, Rohit. Please hand it over to me. |
| रोहित | : यह लीजिए। | Here is it. |
| लाइब्रेरियन | : तुम्हें पचास रुपए शुल्क भी देना होगा। | You will also have to pay a fine of ₹ 50. |
| रोहित | : हे भगवान्! किसलिए? | Oh God! What for madam? |
| लाइब्रेरियन | : इसे वापिस करने की अंतिम तिथि दो माह पहले थी। कृपया लाइब्रेरी की रसीद पर लगी इस मोहर को देखो। इस पर अंतिम तिथि व उसके पश्चात् प्रतिदिन 1 रुपया शुल्क राशि का दंड साफ लिखा है। | The due date for returning it was two months back. Please check the stamp on the library receipt. It clearly reflects the date and penalty charge of one rupee per day after the last date. |
| रोहित | : मुझे इस बात का खेद है, मगर मैं इसे इसलिए नहीं लौटा पाया, क्योंकि पिछले महीने मेरी माताजी अस्पताल में भरती थीं। | I am very sorry about that. But I could not return it as my mother was hospitalised last month. If you wish, I could show you the bills. |

| | | |
|---|---|---|
| | अगर आप चाहें तो मैं आपको बिल भी दिखा सकता हूँ। | |
| लाइब्रेरियन : | ओह! वह अब कैसी हैं? | Oh! How is she now? |
| रोहित : | वह अब ठीक हैं। | She is stable now. |
| लाइब्रेरियन : | रोहित स्वास्थ्य संबंधी या निजी आपातकालीन स्थिति में तुम्हें लिखित में लाइब्रेरी अध्यक्ष को सूचित कर उनसे विलंबित समय की अनुमति ले लेनी चाहिए। तुम हमें बिना सूचित किए अंतिम तिथि के बाद किताबें नहीं रख सकते। | Rohit, in case of such medical/personal emergency, you should inform the library in-charge in writing and seek an approval for the delayed time. You cannot keep the books beyond permissible limit without informing us. |
| रोहित : | मुझे यह पता नहीं था, मैं शर्मिंदा हूँ। | I did not know that. I am sorry. |
| लाइब्रेरियन : | फिलहाल तुम्हें इस बार तो शुल्क देना होगा, चूँकि हमें विलंब की कोई भी जानकारी तुम्हारी ओर से नहीं दी गई थी, मगर अगली बार से तुम्हें ध्यान रखना चाहिए। | Anyway, this time you will have to pay the fine as we did not have any intimation about the delay from your end. But from next time, you should take care. |
| रोहित : | जी मैडम, यह लें शुल्क अदाएगी। कृपया मुझे इसकी रसीद भी दे दें। | Okay madam. Here is the deposit. Kindly give me a receipt for this. |
| लाइब्रेरियन : | बिलकुल, यह लो तुम्हारी रसीद व लाइब्रेरी कार्ड, अगली बार ध्यान रखना। | Of course. Here is your receipt and library card. Take care next time. |
| रोहित : | मैं जरूर रखूँगा मैडम, आपकी सलाह के लिए धन्यवाद। | I will madam. Thank you for your advice. |

# 28

## Conversation between a Student and a Teacher/School-Counsellor

| | | |
|---|---|---|
| रोहित | : गुड मॉर्निंग सर, क्या मैं आपका एक मिनट ले सकता हूँ? | Good morning, sir. Could I bother you for a minute? |
| अध्यापक | : गुड मॉर्निंग। हाँ बताओ। | Good morning. Yes, go ahead. |
| रोहित | : सर, मैंने बहुत मेहनत से पढ़ाई की, मगर अच्छा परिणाम नहीं ला पाया। | Sir, I studied very hard but did not fare well. |
| अध्यापक | : ओह! मैंने तुम्हारी रिपोर्ट कार्ड देखी थी। मैंने पाया कि तुम्हारे गणित व अंग्रेजी के अंक इतने अच्छे नहीं हैं। मुझे बताओ कि इसका क्या कारण है? क्या तुम अध्यापकों के निर्देशों को समझ पाने में असमर्थ हो? | Ah! I saw your report-card. I saw that you did not score well in Mathematics and English. Tell me what's the reason? Are you unable to follow the teachers' instructions given in the class? |
| रोहित | : नहीं सर, मुझे कक्षा के दौरान दिए गए निर्देश बहुत अच्छे से समझ आते हैं। मैं यह भी सुनिश्चित करता हूँ कि मैं सारी कक्षाओं में उपस्थित रहूँ और मैं ध्यानपूर्वक कक्षा के दौरान दिए गए निर्देशों को लिख लेता हूँ, नोट कर लेता हूँ। | No, sir. I understand the classroom instructions well. I also make sure that I attend all the classes regularly and I always remain attentive and take notes during the class. |
| अध्यापक | : तो परेशानी क्या है? | So, where is the problem? |

| | | |
|---|---|---|
| रोहित : | सर, मैं अपने लिखे नोट्स को समझ नहीं पाता। जब मैं पढ़ाए गए विषय का अनुसरण करने बैठता हूँ तो मुझे कुछ भी समझ नहीं आता है। | Sir, I can't understand my own notes. When I sit to revise the taught material, I am at loss. |
| अध्यापक : | अच्छा, यह परेशानी है। मुझे लगता है कि तुम्हें कक्षा समाप्त होने के बाद जल्दी से जल्दी अपने बनाए नोट्स को रिव्यू करना (दोबारा देखना) चाहिए। तुम ऐसा लंचब्रेक में कर सकते हो और अपनी गलतियों में उसी समय सुधार कर सकते हो। तुम ना समझ आने वाले सिद्धांतों को रेखांकित कर सकते हो, ताकि अगली कक्षा में तुम उनके बारे में सवाल पूछ सको। इस तरह का लगातार किया गया अनुसरण तुम्हारी शिक्षा की पद्धति को विकासशील व फायदेमंद बना देगा। | Okay! That's the problem. I think you should review your notes as soon as possible after the class. You may do so during the lunch break and make corrections there and then. You could also underline the confusing text that you fail to comprehend, so that you could seek clarifications during the next class. This kind of continuous follow-up will make your learning more progressive and beneficial/consistent. |
| रोहित : | यह तो बहुत मजेदार लगता है। मैं निश्चय ही नोट्स को समय अनुसार रिव्यू व रिवाइज (दोबारा पढ़ना) करूँगा। मगर एक और परेशानी है। मैं शाम को | That sounds interesting. I will certainly review and revise the notes on a regular basis. But there is one more problem. I feel totally exhausted in the evening. I |

| | | |
|---|---|---|
| | पूरी तरह से थका हुआ महसूस करता हूँ। मैं लंबी अवधि तक पढ़ाई नहीं कर पाता और ठीक से ध्यान केंद्रित नहीं कर पाता। | am unable to study for long hours and fail to concentrate properly. |
| अध्यापक : | हम्म! तुम्हें 45 मिनट से ज्यादा लगातार नहीं पढ़ना चाहिए। हर 1 घंटे के बाद छोटे-छोटे ब्रेक लेने चाहिए। तुम इस ब्रेक के दौरान कुछ छोटा-मोटा खाने या हलके टाइम आउट का विचार कर सकते हो। तुम्हें रोजाना सात घंटे नींद लेनी चाहिए ताकि तुम्हारा दिमाग व शरीर स्वस्थ रहे। अपनी मनोस्थिति की तरोताजगी के लिए तुम्हारा आराम करना बहुत जरूरी है। | Hmm! You should not study continuously for over 45 minutes. Take short breaks after every one hour. You may consider taking some refreshment in between or even a short time-out. You should also sleep for seven hours daily to ensure healthy mind and body. Rest is very important to revive your spirit. |
| रोहित : | ओह! मुझे यह पता नहीं था। मुझे लगता है कि मैं बहुत ज्यादा काम कर रहा था। इसलिए बहुत मेहनत के बावजूद मेरा परिणाम अच्छा नहीं आया। मैं निश्चय ही आपकी सलाह मानूँगा और अपनी दिनचर्या में बदलाव लाऊँगा। आपके सुझाव के लिए बहुत-बहुत धन्यवाद। | Ah! I did not know that. I think I have been over-exerting myself. That's why, despite my best efforts, I failed to score well. I will certainly follow your advice and bring a change in my schedule. Thanks a lot for your feedback. |

| | | |
|---|---|---|
| अध्यापक : | आपका स्वागत है। अपनी सेहत का खयाल रखो और याद रहे कि स्वास्थ्य ही सबसे बड़ी पूँजी है। | You are welcome. Take good care of your health and remember that "health is wealth". |

## 29

## *Conversation between an Employer and a Candidate*

| | | |
|---|---|---|
| रोहित : | गुड मॉर्निंग सर। | Good morning, sir. |
| बॉस : | गुड मॉर्निंग मि. शर्मा, आइए बैठ जाइए। अपने बारे में हमें कुछ बताएँ। | Good morning, Mr. Sharma. Please take a seat and be comfortable. Tell us something about yourself. |
| रोहित : | सर, यह रहा मेरा बायोडाटा। मेरा पूरा नाम रोहित शर्मा है। मुझे सेल्स व मार्केटिंग में आठ साल से अधिक का अनुभव है। इससे पहले मैं मारुति में जनरल मैनेजर के रूप में कार्यरत था, जहाँ मैंने तीन वर्ष काम किया। उससे पहले मैं जनरल मोटर्स के साथ सीनियर सेल्स मैनेजर के रूप में कार्यरत था। मैंने एबीसीएल कंपनी के साथ दो साल, सन् 2006 से 2008 तक प्रोजेक्ट मैनेजर के रूप में भी काम किया है। | Sir, here is my biodata. My full name is Rohit Sharma. I have over eight years of work experience in sales and marketing. Previously, I was employed as General Manager with Maruti, wherein I worked for three years. Prior to that, I was working with General Motors as Senior Sales Manager. I have also worked as Project Manager for two years with ABCL Company from 2006 to 2008. |

| | | |
|---|---|---|
| बॉस : | यह काफी प्रशंसनीय है। सेल्स, मार्केटिंग व प्रोजेक्ट के अलावा आपकी और किन क्षेत्रों में रुचि है? | That sounds impressive. Apart from sales, marketing and project handling, what other areas interest you? |
| रोहित : | इनके अलावा, मुझे एच.आर. क्षेत्र व ऑपरेशन एग्जिक्यूशन क्षेत्र में काम करने का मौका भी मिला और जैसा उचित समझा जाए उसके अनुसार मैं किसी भी क्षेत्र में कार्य करने के लिए तैयार हूँ। | Apart from these, I also got an opportunity to work in the HR department and operation execution sector and I am willing to undertake any responsibility as deemed fit. |
| बॉस : | यह तो बहुत अच्छा है। दूसरे शहरों में सेवा-नियुक्ति का क्या? क्या आप अन्य शहरों में भी कार्यभार लेना चाहेंगे? | That's good. What about inter-city deployment? Would you be willing to take outstation projects as well? |
| रोहित : | जी बिलकुल, मैं अन्य शहरों में भी यात्रा करने व कार्यरत होने के लिए तैयार हूँ। मुझे यात्रा करने का काफी शौक है और मैं नए-नए स्थान खोजने, विभिन्न लोगों से मिलने और भिन्न-भिन्न जीवन शैलियों को जानना काफी पसंद करता हूँ। | Yes, of course. I am open to outstation travel and work. I am very fond of travelling and I love to explore different places, meet different people and experience different vistas of life. |
| बॉस : | हमारी कंपनी की 24×7, 365 दिन कार्य करने की पद्धति है। क्या आप बदलती समय प्रणाली के | Our organisation has 24×7, 365 days working strategy. Are you open to work on rotational shift basis? |

| | | |
|---|---|---|
| | नियमानुसार कार्य करने के लिए तैयार हैं? | |
| रोहित : | जी हाँ, मैं काम-रूपी कीड़ा हूँ। मुझे रात में भी काम करने में कोई आपत्ति नहीं है। | Yes, I am a workaholic. I have no qualms about working in the night shifts as well. |
| बॉस : | बहुत अच्छा! तो अब मुझे यह बताओ कि तुमने अपनी पुरानी कंपनी क्यों छोड़ी? | Wonderful! Now tell me as to why did you leave your last organisation? |
| रोहित : | मेरी निजी तरक्की ही एकमात्र कारण थी। तीन वर्षों तक एक ही जैसे कार्य के बाद, मैं कार्यशैली व पद्धति में बदलाव चाहता था। | The only reason was the personal growth. After three years of the same kind of work, I aspired for a change in the working environment and profile. |
| बॉस : | तो क्या आप किसी और तरीके से भी अपनी पहली कंपनी की आलोचना करना चाहेंगे? | So, is there any other way in which you would like to criticize your ex-employers? |
| रोहित : | जी नहीं, बिलकुल नहीं। मैं उनके कार्य के तरीके, व्यवसाय नियमों व कामकाज की शर्तों से काफी संतुष्ट था। यह तो मेरी अलग-अलग जगहों व चुनौती भरे मौकों से सीखने की चाह थी, जिसने मुझे बदलाव के लिए प्रेरित किया। | No, not at all. I was very happy and satisfied with their work policies, business rules and working conditions. It was my own desire to gain in-depth experience from various places and challenging situations that motivated me to seek a change. |
| बॉस : | अच्छा! हमें अपनी कमियों के बारे में बताएँ। | Aha! Tell as about your weaknesses. |

| | | |
|---|---|---|
| रोहित : | मुझे लगता है कि मेरी काम करने की धुन ही मेरी एकमात्र कमजोरी है। मेरी कभी ना खत्म होने वाली यह चाहत कि मैं और ज्यादा सीखूँ, मुझे एक क्षण के लिए भी आराम नहीं करने देती। | I think my only weakness is my workaholic attitude. My never ending desire to learn more and more never lets me rest even for a while. |
| बॉस : | क्या सूझबूझ से भरा जवाब है! आपके ख्याल में परफेक्ट नौकरी क्या होती है? | What a diplomatic answer! What about your idea of perfect job? |
| रोहित : | एक परफेक्ट (सर्वोत्तम) नौकरी, मेरे ख्याल में वह होगी जिसमें मुझे मेरी क्षमता के अनुसार मौके, उचित वेतन, नियमित तरक्की व नए कौशल सीखने की ट्रेनिंग मिले। | A perfect job, according to me, is the one that provides opportunities as per my calibre, commensurate emoluments, timely appraisals and regular training for new skills. |
| बॉस : | अच्छा, तो क्या ऐसे ट्रेनिंग मौकों के लिए आप और समय या धनराशि खर्च करना चाहेंगे? | Ok. So, would you be willing to spare extra time or money for such training programs? |
| रोहित : | मैं ऐसे ट्रेनिंग प्रोगाम से सीखने के लिए बहुत उत्सुक रहूँगा और अगर अधिक समय या धनराशि की जरूरत हो तो भी उसे पूरा करने का कोई भी अवसर हाथ से नहीं जाने दूँगा। | I would be more than happy to undertake such training and would not miss even a single chance to pursue that even if extra money or time is involved. |

| | | |
|---|---|---|
| बॉस : | एक ऐसा मौका बताएँ जब आपको किसी रुष्ट खरीददार को हैंडल करना पड़ा। | Tell us of an incident when you had to handle an irate customer. |
| रोहित : | सन् 2008 में मुझे एक बहुत गुस्से वाले खरीददार को हैंडल करना पड़ा, जो कि अपनी राशि वापिस माँग रहा था, क्योंकि उसे दिए गए स्पेयर पार्ट गलत थे। | In the year 2008, I came across a very irate customer who demanded a refund as the spare parts delivered to him were found to be faulty. |
| बॉस : | तो तुमने क्या किया? | So, what did you do? |
| रोहित : | सबसे पहले तो मैंने ध्यानपूर्वक व तसल्ली से उसकी सारी शिकायतें सुनीं। इसी से उसका गुस्सा काफी हद तक शांत हो गया। फिर मैंने उससे दिए गए उत्पादों को लिया व अपने कैटेलॉग में चेक किया और पाया कि उसे गलत डिलीवरी पैकेट दे दिया गया था। तुरंत ही मैंने उसे दो दिन के अंदर बदला हुआ डिब्बा भेजने का आश्वासन दिया और उसे खुशी-खुशी घर भेज दिया। इसके बाद मैंने अपने सुपरवाइजर से संपर्क साधा और उन्हें इस घटना के बारे में सूचित किया, जिस पर उन्होंने मुझे इसको ठीक से | First of all, I patiently and carefully listened to all his complaints. That in itself pacified him to a great extent. Then I undertook his products and checked the catalogue and realised that he had been given the wrong delivery packet. Instantly, I assured him a replacement within the next two days and sent him back happy. Afterwards, I contacted my supervisor and informed him about the incident who instructed me to take care of it properly. I ensured that the matter was resolved satisfactorily as per the customer's needs. |

| | | |
|---|---|---|
| | हल करने का निर्देश दिया। मैंने भी यह सुनिश्चित किया कि यह मुद्दा खरीददार की जरूरत के अनुसार संतुष्ट रूप से हल हो जाए। | |
| बॉस : | ठीक है, तो तुमने उस अनुभव से क्या सीखा? | Alright. So, what did you learn from that experience? |
| रोहित : | यही कि सब्र का फल मीठा होता है, बातचीत से मुश्किल से मुश्किल मुद्दे का भी शांतिपूर्वक हल निकल आता है और यह कि जीवन में सफलता के लिए उत्तम बातचीत/वार्तालाप का कौशल बहुत जरूरी है। | That "patience bears sweet fruits", that communication can resolve biggest problems peacefully and that effective interpersonal skills are very important to succeed in life. |
| बॉस : | तुम्हारे ख्याल में और दूसरा कौन-सा गुण जीवन में सफल होने के लिए जरूरी है? | Which other quality, if any, do you think is important to be successful in life? |
| रोहित : | मेरे हिसाब से यह नेतृत्वकारी क्षमता होगी। चूँकि मुद्दों व मसलों को हल करने के लिए पहल करना बहुत जरूरी होता है। एक नेता जलती हुई मशाल की तरह काम करता है और दूसरों का मार्गदर्शन करता है। चूँकि ऐसे लोग अन्य लोगों के लिए | I think it would be the leadership quality. As taking initiatives to resolve problems and issues is very important. A leader works like a "beacon of light" showing direction to everybody. As such people set examples for others, they are like |

| | | |
|---|---|---|
| | उदाहरण स्थापित करते हैं, अतः वे किसी भी कंपनी के लिए बहुत ही मूल्यवान होते हैं। | assets to any organization. |
| बॉस : | बहुत बढ़िया! तुम्हें सेवाकाल में कौन-सी चीज निराश करती है? | Very good! What makes you unhappy at work? |
| रोहित : | वह एकमात्र चीज जो मुझे निराश करती है, वह है कार्यस्थान पर उपलब्ध संसाधनों का अनुपयुक्त इस्तेमाल। जब लोगों व संसाधनों का पूरा इस्तेमाल नहीं होता तो इससे उत्पादन व क्षमता कम हो जाती है। मुझे लगता है कि सभी डिपार्टमेंट्स की लगातार छानबीन होनी चाहिए, ताकि कामयाब व बढ़िया परिणाम निकाले जा सकें। | The only thing that disheartens me is poor use of available resources. When the workforce and other resources are not utilised fully, it results in less productivity and efficiency. I feel that regular screening of all departments should be encouraged to improvise efficient and effective outcomes. |
| बॉस : | अच्छा, अंतिम सवाल— हम तुम्हें क्यों चुनें और तुम हमारी कंपनी के साथ क्यों काम करना चाहते हो? | Okay, the last question : Why should we hire you? And why do you want to work with our company? |
| रोहित : | सर, मैं पूरे आदर के साथ यह कहना चाहूँगा कि आपने मेरे बायोडाटा में कार्य-प्रणाली को देख लिया है। अभी तक मैं काफी प्रभावशाली परिणाम लाता आया हूँ। मेरे पास | With due respect sir, I would say that you have gone through my CV and work profile. So far, I have been able to produce consistent results. I hold not only the required qualifications and |

| | | |
|---|---|---|
| | ना केवल जरूरी डिग्रियाँ व अनुभव हैं बल्कि नए संघर्षों को आशावादी तरीके से निपटाने का जज़्बा भी है। जहाँ तक आपकी कंपनी का सवाल है, यह फॉर्चून-500 संस्थानों में से एक है और ऑटोमोबिल क्षेत्र में एक चुनिंदा, जाना-माना नाम है। 5,000 नौकरी-पेशा लोगों व देशभर में 15 केंद्रों के साथ यह कंपनी ग्राहकों व कार्य संतुष्टि की दृष्टि से भी ऊपर से 25वीं स्थान पर मानी गई है। इसीलिए मैं यहाँ काम करना चाहता हूँ। | experience but also a drive to take up the new challenges positively. As for your company, it is one of the Fortune-500 establish-ments and has an undisputed rapport in the automobile sector. With over 5,000 employees and 15 centres across the nation, it has been ranked as 25th from top with regard to customer and employee satisfaction forum. Hence, I wish to serve here. |
| बास : | आपका बहुत-बहुत धन्यवाद, हम आपको एक या दो दिनों में अपना निर्णय बता देंगे। अगर आप चुने गए तो आपको यहाँ दोबारा बुलाया जाएगा, ताकि आप अपना नियुक्ति-पत्र ले सकें। आपसे मिलकर अच्छा लगा। | Thank you very much. We will inform you about our decision within a day or two. If selected, you will be called again to come and collect your appointment letter. It was a pleasure to meet you. |
| रोहित : | आप सब का शुक्रिया। मैं अब आपकी इजाजत चाहता हूँ। गुडबाय। | Thank you, all. I will take your leave now. Goodbye! |

# 30

## *Conversation between a Patient and a Doctor*

| | | |
|---|---|---|
| डॉक्टर : | गुड मॉर्निंग मि. राम, आप कैसे हैं? | Good morning, Mr. Ram. How do you do? |
| मरीज : | आज की सुबह में क्या गुड है? मुझे अच्छा नहीं लग रहा। | What's good about this morning? I don't feel well. |
| डॉक्टर : | क्यों? क्या हुआ? | Why? What happened? |
| मरीज : | मेरी आँखों में काफी दर्द है। इनमें जलन है व पानी आ रहा है। | I have severe pain in my eyes. They are sore and watering. |
| डॉक्टर : | ओह! यह दुख की बात है। मुझे आपकी आँखें व बी.पी. चेक करने दें। | Oh! that's sad. Let me check your eyes and b.p. (blood pressure). |
| | **(चेक करने के बाद)** | **(After checking)** |
| डॉक्टर : | मुझे आपकी आँखों में लाली व इंफेक्शन नजर आ रहा है, आपका बी.पी. भी ज्यादा है और आपके मुँह के अंदर सिस्ट फॉर्मेशन बनना दिखाता है कि आपको वायरल इंफेक्शन हुआ है। मैं यह दवाई लिख रहा हूँ। आप अपनी आँखें इस दवाई वाले रसायन से दिन में दो बार धो लें और इस आँखों की दवाई की दो-दो बूँदें दोनों आँखों में | I see the redness and infection is your eyes. Your blood pressure is also high and the cyst formation in your mouth shows that you have viral infection. I am writing you this prescription. You need to wash your eyes with this medicated solution twice a day and put these eye-drops, two drops each in both the eyes thrice daily for the next two days. Also take |

| | | |
|---|---|---|
| | तीन बार अगले दो दिन तक डालें। और यह गोली दिन में दो बार अगले तीन दिन तक लें व कम-से-कम 8-10 गिलास पानी रोज पीएँ। | this pill twice daily for the next three days and drink at least 8-10 glasses of water everyday. |
| मरीज : | यह दर्द कब तक जाएगा? | When will the pain go away? |
| डॉक्टर : | आज की खुराक निर्देशानुसार लें और यह कल शाम तक चला जाएगा। पूरे आरोहित के लिए बताए गए तरीके से दवा खाते रहें व मुझे तीन दिन बाद आकर दिखाएँ। | Take today's dosage as directed and it will subside by tomorrow evening. For the full relief, continue as directed and come to see me three days from now. |
| मरीज : | मगर मुझे यह इंफेक्शन क्यों हुआ? | But why did I catch this infection? |
| डॉक्टर : | इसके कई कारण हो सकते हैं, मगर आपके केस में मुझे यह अपर्याप्त सफाई लगता है। | There could be several reasons. But, in your case, it seems poor hygiene. |
| मरीज : | मैं आपकी बात समझा नहीं। | I did not get you. |
| डॉक्टर : | मेरा मतलब है कि संक्रमण शायद गंदे पानी की वजह से हुआ होगा। | I mean the infection could have been caused by dirty water. |
| मरीज : | ओह! मैं अब समझा, मगर मेरे पास तो पानी फिल्टर करने की मशीन है। | Ah! Now I get you. But I have a water filter at my place. |
| डॉक्टर : | स्वीमिंग पूल के बारे में क्या कहना है। क्या तुम तैराकी की क्लास लेते | What about the swimming pool? Do you wear any eye-protection like eye-goggles/ |

| | | |
|---|---|---|
| | समय कोई आँखों का चश्मा, आँखों का सुरक्षा-कवच पहनते हो? | eye-gear while taking swimming classes? |
| मरीज | : नहीं, मैं पिछले सप्ताह यह भूल गया था। ओह! मुझे अब याद आया, उसके बाद ही मुझे आँखों में चुभन, दर्द व बैचेनी शुरू हो गई थी। | No, I forgot that last weekend. Ah! Now I remember, after that only, I started feeling itching, pain and irritation in my eyes. |
| डॉक्टर | : अच्छा, तो अब तुम्हें कारण याद आया। अगली बार से सावधान रहना। सुरक्षित रहने के लिए हमेशा सावधानी बरतो। अपनी आँखों का खयाल रखो व इन दवाओं को निर्देश अनुसार ले लेना। | Ok, so now you have recalled the cause. Be careful next time. Always use protection to be on the safer side, take good care of your eyes and follow this prescription. |
| मरीज | : धन्यवाद डॉक्टर, मैं आपसे शुक्रवार को मिलूँगा। मैं निश्चय ही यह याद रखूँगा कि बचाव पछतावे से बेहतर है। गुडबाय! | Thank you, doctor. I shall see you on Friday. I will surely remember that "it is better to be safe than sorry". Goodbye! |
| डॉक्टर | : गुडबाय। | Goodbye. |

## 31

## *Conversation between a Beautician and a Customer at a Beauty Clinic/ Salon/Parlour*

| | | |
|---|---|---|
| रमा | : हैलो मैडम, मैं अगले सप्ताह होने वाली एक | Hello madam! I want to get a haircut and facial massage |

| | | |
|---|---|---|
| | पार्टी के लिए हेयर कट व फेस मसाज कराना चाहती हूँ। | done for a party next week. |
| ब्यूटीशियन : | हैलो मैडम, पार्टी कब है ? | Hello madam! When is the party? |
| रमा : | यह दो दिन बाद है। | It's two days away. |
| ब्यूटीशियन : | ओह! तब तो यही सर्वोत्तम समय है कि आप फेस मसाज कराएँ, चूँकि चेहरे पर चमक तीन दिन बाद ही सबसे ज्यादा आती है। क्या आप अपना चेहरा ब्लीच भी कराना चाहेंगी? | Aha! Then it's the perfect time to go for a facial massage. As the glow reflects best on the third day only. Would you also like to bleach your face? |
| रमा : | उसका क्या फायदा होता है ? | What is the benefit? |
| ब्यूटीशियन : | इससे आपके चेहरे के बाल हलके हो जाएँगे व चेहरे पर एक चमक आ जाएगी। | It will lighten your facial hair and add radiance to your face. |
| रमा : | क्या इसका कोई दुष्प्रभाव भी है? | Is there any side-effect also? |
| ब्यूटीशियन : | नहीं! हम आपके चेहरे पर पहले एक प्री-ब्लीच क्रीम लगाते हैं जिससे यह सुनिश्चित होता है कि आपका चेहरा किसी भी तेज रासायनिक प्रभाव से सुरक्षित रहे। | No. We make sure that a pre-bleach cream is applied on your face to save it from any harsh chemical exposure. |
| रमा : | इसमें कितना समय लगेगा और इसकी कीमत कितनी है? | How much time will it take and how much does it cost? |

| | | |
|---|---|---|
| ब्यूटीशियन : | इसमें केवल 15-20 मिनट ही लगेंगे और जहाँ तक कीमत की बात है, यह अलग-अलग उत्पादों पर निर्भर करता है। हमारे पास 50 रुपए से 150 रुपए तक की ब्लीच क्रीम हैं। आप कौन-सी पसंद करेंगी? | It will take only 15-20 minutes. As for the cost, it varies from product to product. We have bleach creams from ₹ 50 to 150. Which one would you prefer? |
| रमा : | इसमें इतना अंतर क्यों है? मेरा मतलब है कि इनमें क्या अंतर है? | Why is there such a huge variation? I mean what's the difference? |
| ब्यूटीशियन : | मैडम, इनमें से कुछ हर्बल व कुछ रसायन पर आधारित हैं। इनका परिणाम भी अलग-अलग है। ब्रांड जितनी महँगी होती है, असर उतना ही लंबा रहता है। उदाहरणत: 50 रुपए की क्रीम का असर 15 दिन व 100 रुपए वाली का 30 दिन तक रहता है। | Madam, some are herbal whereas others are chemical-based. Also the result may vary. The costlier the brand, the longer its result lasts. For example, the result of ₹ 50 cream shall last for 15 days whereas ₹ 100 cream shall set you free for the next 30 days. |
| रमा : | आह! तो मैं हर्बल उत्पादों का उपयोग करना चाहूँगी और मैं चाहती हूँ कि इसका परिणाम लगभग 30 दिनों तक रहे। तो आप मुझे कौन-सी प्रस्तावित करेंगी? | Aha! So, I would like to use the herbal products. And I want the results to last for 30 days or so. So, which one would you suggest to me? |

| | | |
|---|---|---|
| ब्यूटीशियन : | मैं समझती हूँ 100 रुपए वाली। यह हर्बल है तो कोई नुकसान नहीं और इससे आपके चेहरे पर लगभग एक माह के लिए चमक आ जाएगी। | I think ₹ 100 one. It's herbal, so no side-effects and it will leave a glow on your face for almost one month. |
| रमा : | अच्छा, तो फेशियल का क्या? मेरी तैलीय त्वचा है। मैं अत्यधिक क्रीम वाले उत्पाद नहीं चाहती, क्योंकि उनसे मुझे मुँहासे हो जाते हैं तो आप कौन-सा फेशियल सुझाएँगी। | Alright, what about the facials? I have an oily skin. I don't want excessively cream-based products as they may cause acne breakout. So, which facial type would you recommend? |
| ब्यूटीशियन : | आपके लिए रोजएन पर्ल सबसे अच्छा रहेगा। इसमें एस्ट्रींजेंट जैसे गुण हैं। यह आपके चेहरे का अत्यधिक तेल सुखाकर आपके चेहरे में ताजगी व कमसिनता भर देगा। क्या मैं आपकी सेवा शुरू करूँ? | Rosen Pearl facial would be the best for you. It has astringent like properties. It would absorb the excessive oil from your face, giving you a very fresh and young look. Shall I begin the services? |
| रमा : | जी बिलकुल, लेकिन हेयरकट का क्या? मेरे बेजान व कमजोर बाल हैं। मुझ पर कैसा हेयरकट अच्छा लगेगा? | Yes, of course. But what about the hair-cut? I have dull and limp hair. What type of hair-cut would suit me? |
| ब्यूटीशियन : | आपका अंडाकार चेहरा है तो मैं आपके चेहरे के अनुसार कुछ घुँघराली लटें छोड़ दूँगी और दोमुँहे | You have an oval face. So, I would leave curving fringes around your face and trim the splitends. I would also |

| | | |
|---|---|---|
| | बाल काट दूँगी। मैं आपको कंडीशन कराने की सलाह भी दूँगी, जिससे आपके बाल नरम व चमकदार हो जाएँ। क्या आप यह इस्तेमाल करने के लिए इच्छुक होंगी? | suggest you conditioning to make your hair look smooth and shiny. Would you be willing to try that? |
| रमा : | क्या यह बालों को किसी भी प्रकार का नुकसान पहुँचाता है? मेरी एक सहेली ने मुझे बताया था कि इससे बाल काफी ग्रीस भरे लगने लगते हैं। | Does it harm the hair in any way? My friend told me that it makes the hair look greasy. |
| ब्यूटीशियन : | नहीं बिलकुल नहीं, या तो आपकी सहेली ने गलत उत्पादन इस्तेमाल किया होगा या गलत तरीके से किया होगा। | Not at all. Your friend may have either used the wrong product or used it in an improper way. |
| रमा : | तो सही तरीका क्या है? | What is the right way? |
| ब्यूटीशियन : | कंडीशनर को लगाने का सही तरीका है इसे सर से दूरी बनाकर रखें। बालों की ऊपर से नीचे की तरफ एक मिनट तक मसाज करनी चाहिए। फिर एक मिनट तक छोड़ देने के बाद ठंडे या गुनगुने पानी से धो देना चाहिए। कभी भी अत्यधिक गर्म पानी से बाल या सर ना | The right way for the application of conditioner is away from scalp. Leaving the scalp, you should massage it for a minute working towards the tip. Then leave it for a minute and rinse off with either cold or lukewarm water. Never use too hot water on hair or scalp as it damages them. |

| | | |
|---|---|---|
| | धोएँ क्योंकि इससे वह खराब हो जाते हैं। | |
| रमा : | ओह, अच्छा! आप काफी जानकार साबित हुईं, धन्यवाद। चलिए, अब आप मेरी सेवा शुरू कर दें। | Ah! Ok, you have been very informative. Thanks. Now go ahead and start my regime. |
| ब्यूटीशियन : | जी, अभी लीजिए मैडम। | Right away, madam. |
| | **( सारे कामों के बाद )** | **(After all the services)** |
| रमा : | आहा! कोई हैरानी की बात नहीं कि लोग आपके पार्लर की काफी तारीफ करते हैं। तुमने मुझे देखने में वाकई बहुत खूबसूरत बना दिया है। मेरा चेहरा व बाल इतने चमक रहे हैं, जैसे पहले कभी नहीं चमके। बहुत-बहुत धन्यवाद। | Aha! No wonder people speak highly of your parlour. You have made me look really pretty. My hair and face are glowing like never before. Thanks a lot. |
| ब्यूटीशियन : | आपका स्वागत है, मैडम। यह रहा आपका पहली-बार का कूपन। आप अगली बार कुल राशि पर 20 प्रतिशत तक की छूट का लाभ ले सकती हैं। | You are welcome, madam. Here is your first-time coupon. You may avail upto 20% discount on the bill next time. |
| रमा : | वाह! यह तो और भी फायदे की बात है। इस बार मेरा बिल कितना हुआ? | Wow! That's an added advantage. How much is my bill this time? |
| ब्यूटीशियन : | यह केवल 250 रुपए है, मैडम। | It's ₹ 250/- only, madam. |

| | | |
|---|---|---|
| रमा : | यह लीजिए, एक बार फिर आपके सुझाव व सेवाओं के लिए शुक्रिया। मैं निश्चय ही आपके द्वारा बताई उपयोगी बातें अपने मित्रों के साथ बांटूँगी व उन्हें आपके बढ़िया काम के बारे में भी बताऊँगी। | Here it is. Once again, thank you for your recommendation and services. I shall surely share the tips that you gave me with my friends and tell them about your good work. |
| ब्यूटिशियन : | मैडम, यह तो आपकी विनम्रता है। मुँह की कही बातें आग की तरह फैलती हैं और हमारे लिए तो यही पुरस्कार की तरह होती हैं। आपकी उदारता के लिए शुक्रिया। गुड ईवनिंग। | Madam, that's very kind of you. Words of mouth spread like fire and are like reward for us. Thanks for your generosity. Good evening! |
| रमा : | गुड ईवनिंग। मैं अगले माह फिर आऊँगी, अब चलती हूँ। अभी के लिए गुडबाय। | Good evening. I shall see you next month. Bye for now. |

## 32

## *Conversation between a Master and His Servant*

| | | |
|---|---|---|
| मालिक : | रोहित, यहाँ जल्दी आओ। | Rohit, come here fast. |
| रोहित : | जी सर। | Yes, sir. |
| मालिक : | जाओ, मेरे लिए एक गिलास पानी व आज का अखबार ले आओ। | Go and get me a glass of water and today's newspaper. |
| रोहित : | जी सर, यह रहा। | Ok, sir. Here it is. |

| | | |
|---|---|---|
| मालिक : | मेरा चश्मा कहाँ है? तुम इसे कभी भी पढ़ाई की टेबल पर नहीं रखते, तुम्हारी क्या परेशानी है? | Where are my spectacles? You never keep them on my study table. What's wrong with you? |
| रोहित : | कुछ नहीं सर, मैंने इसे कल शाम ही यहाँ रखा था। कृपया मुझे ढूँढने दें। | Nothing, sir. I did keep them here last evening. Let me search for them. |
| | **( चीजें इधर-उधर बिखेरता है। )** | **(Ruffles things)** |
| | सर, मुझे मिल गया। यह रहा। | I found them, sir. Here they are. |
| मालिक : | यह क्या गंद मचा दिया! यह तुमने क्या किया? जल्दी जाओ, इसे साफ करो। | What a mess! What have you done? Go, clean it quickly. |
| रोहित : | जी सर। | Ok sir. |
| मालिक : | मुझे सुबह की सैर के लिए जाना है। पीटर (कुत्ते) को भी ले आओ। मैं उसे भी अपने साथ ले जाऊँगा। | I have to go for the morning walk. Bring Peter (dog) also. I shall take him along with me. |
| रोहित : | जी सर। | Ok, sir. |
| | **( कुत्ते को ले आता है। )** | **(Brings the dog)** |
| मालिक : | अरे बेवकूफ, तुमने इसकी चेन क्यों निकाल दी? इसकी चेन वापिस लगा दो, नहीं तो मैं इसे कैसे नियंत्रित करूँगा? | You fool, why did you take off the chain? Put the chain back on. How else would I control him? |
| रोहित : | जैसी आपकी मरजी सर। | As you command sir. |
| मालिक : | अच्छा, मैं जब तक घर से बाहर रहूँ, घर का खयाल | Ok, while I am away from home, take care of the house. |

| | | |
|---|---|---|
| | रखना। मेरे आने से पहले नाश्ता तैयार रखना। अगर कोई कॉल करे तो उसका संदेश व नंबर लिख लेना। अगर तब तक ड्राइवर आ जाए तो उसे पेट्रोल टैंक पूरा भरवाने को कह देना। और तुम, मेरे आने से पहले यह सब साफ कर देना, जल्दी करो। अब जाओ और अपना काम शुरू कर दो। बेवकूफों की तरह यहाँ खड़े रहकर मुझे देखते मत रहो। | Get the breakfast ready before I return. If anyone calls, note down his message and number. If the driver comes by then, tell him to get the petrol tank full. And you, clean up this mess before I come back. Make haste. Go away. Start doing your work. Don't keep standing here and staring at me foolishly. |
| रोहित : | जैसी आपकी आज्ञा सर। | At your service sir. |

## 33

## *Conversation between a Professor and a College Student*

| | | |
|---|---|---|
| रोहित : | गुड मॉर्निंग सर। क्या मैं आपसे एक मिनट बात कर सकता हूँ? | Good morning sir. Can I talk to you for a minute? |
| प्रोफेसर : | हाँ, कहो रोहित, क्या बात है? | Go ahead Rohit. What is it? |
| रोहित : | सर, मुझे आपके दिए गृहकार्य को समझने में परेशानी हो रही है। मुझे नहीं पता कि मैं इस रिपोर्ट को कैसे तैयार करूँ। क्या आप मेरा इस बारे में मार्गदर्शन कर सकते हैं? | Sir, I have problem in understanding the assignment that you gave. I don't know how to compile the report. Could you guide me about it? |

| | | |
|---|---|---|
| प्रोफेसर : | रोहित, मेरे खयाल से यह तो मैं पहले ही क्लास में बता चुका हूँ। फिर भी तुम क्या सोचते हो? इसे कैसे करना चाहिए? | Rohit, I think I have already discussed that in the class. Anyway, what do you think? How should it be done? |
| रोहित : | सर, मुझे लगता है, इसे विभिन्न कलाओं के संग्रह या टेंपलेट (मुख्य वाक्यों) के तरीके से किया जा सकता है, मगर मैं पूरे दावे से नहीं कह सकता कि सही तरीका क्या है। | Sir, I think it could either be in a collage or a template form. But I'm not sure which one is the right way. |
| प्रोफेसर : | अच्छा, किसी भी प्रोजेक्ट को करने का कोई सुनिश्चित सही या गलत तरीका नहीं होता, इसलिए इसकी ज्यादा चिंता मत करो। बस इनमें से किसी भी एक तरीके पर काम शुरू कर दो। तुम्हें जो बढ़िया लगे, उस पर काम शुरू कर दो। | Alright. There is never a fixed right or wrong way of doing a project. So, don't worry about that. Just start working on any of these. You should prefer the one that suits you. |
| रोहित : | सर, मैं पूरे दावे से नहीं कह सकता कि सर्वोत्तम तरीका कौन-सा है। | Sir, I am not sure what would be the best way. |
| प्रोफेसर : | रोहित, तुम पहले से एक लघु सूची क्यों नहीं बनाते, जिसमें तुम यह लिखो कि तुम अपने प्रोजेक्ट में क्या सिद्ध करना चाहते हो और तुम कैसे इस सारी जानकारी | Rohit, why don't you first prepare an objective list of what you aim to achieve in your project and how you are going to organise your information. Show me that |

| | | |
|---|---|---|
| | को संगठित करोगे? पहले मुझे अपनी वह रिपोर्ट दिखा देना और फिर हम यह बातचीत कर सकते हैं कि तुमने यह प्लान ठीक से समझा है या नहीं। क्या तुम्हें लगता है कि यह तुम्हारे लिए ठीक रहेगा? | report first and then we can discuss whether you have understood the plan or not. Do you think that will work for you? |
| रोहित : | जी, बिलकुल सर। मैं पहले एक लघु रिपोर्ट तैयार करूँगा। मैं आपको यह कब दिखाने आऊँ? | Of course, sir. I will first prepare an objective report. When shall I come to show you that? |
| प्रोफेसर : | क्या तुम्हें लगता है कि तुम इसे सोमवार तक तैयार कर सकते हो? | Do you think you can prepare that by Monday? |
| रोहित : | जी, बिलकुल। मैं इसे सोमवार तक ले आऊँगा। आपकी सलाह के लिए धन्यवाद। | Of course, sir. I will bring it on Monday. Thanks for your advice. |
| प्रोफेसर : | तुम्हारा स्वागत है। | You are welcome. |

## 34

# *Conversation at the Visa Office for Immigration*

| | | |
|---|---|---|
| वीजा ऑफिसर : | हैलो मि. रोहित, आप कहाँ से आए हैं? | Hello, Mr. Rohit. Where have you come from? |
| रोहित : | गुड मॉर्निंग सर। मैं पंजाब से आया हूँ। | Good morning sir. I have come from Punjab. |
| वीजा ऑफिसर : | आप क्या काम करते हैं? | What work do you do? |

| | | |
|---|---|---|
| रोहित : | मैं एक सहायक शिक्षक हूँ। | I am a teaching assistant. |
| वीजा ऑफिसर : | आप कनाडा क्यों जाना चाहते हैं? | Why do you want to migrate to Canada? |
| रोहित : | सर, वहाँ बेहतर संसाधन, आजीविका के मौके व आधुनिक तकनीक उपलब्ध हैं। मैं विभिन्न जानकारियों के जरिए और सीखने की चाह रखता हूँ, इसीलिए मैं वहाँ जाना चाहता हूँ। | Sir, it offers better resources, employment opportunities and updated technology. I want to experience different vistas of knowledge and learn more. Hence, I wish to migrate there. |
| वीजा ऑफिसर : | अच्छा, क्या आपके पास कोई नौकरी का प्रस्ताव है? | Okay. Do you have any job offer? |
| रोहित : | नहीं, अभी तो नहीं, मगर मुझे पूरा यकीन है कि इस महीने के अंत तक मुझे यह मिल जाएगी। | Not as yet. But I am sure I would get that by this month's end. |
| वीजा ऑफिसर : | आप ऐसा कैसे कह सकते हैं? क्या आपके वहाँ कोई रिश्तेदार हैं? | How can you say that? Do you have any relatives there? |
| रोहित : | जी, मेरे वहाँ जानकार हैं। इसके अलावा मैंने कनाडा में सहायक शिक्षक की नौकरी के लिए आवेदन भरा था और मुझे बता दिया | I have aquaintances there. Besides, I have applied for an assistant teacher's post in Canada and have been intimated about my selection. The offer letter is under |

| | | |
|---|---|---|
| | गया है कि मेरा वहाँ चयन हो गया है। मेरा नियुक्ति-पत्र तैयार हो रहा है और मुझे यह शायद एक हफ्ते के दौरान मिल जाएगा। | process and I am likely to receive it within a week or so. |
| वीजा ऑफिसर : | ठीक है, क्या आपका कोई आपराधिक रिकॉर्ड है? | Okay. Do you have any criminal record? |
| रोहित : | नहीं सर, यह लीजिए मेरे पुराने मालिक के द्वारा जारी प्रमाण-पत्र। | No, sir. Here is my character certificate from my previous employer. |
| वीजा ऑफिसर : | क्या आपको कोई संक्रमित कर देने वाली बीमारी है? | Do you suffer from any contagious disease? |
| रोहित : | नहीं, बिलकुल नहीं। मेरी स्वास्थ्य जाँच की रिपोर्ट भी फाईल में लगी हुई है, आप देख सकते हैं। | No, not at all. My medical report is also enclosed in the file. You may have a look. |
| वीजा ऑफिसर : | कोई पुरानी या छोटी बीमारी जैसे हृदय रोग, अधिक रक्तचाप या अस्थमा इत्यादि? | What about any chronic/ acute disease like heart problem, high b.p., asthma, etc.? |
| रोहित : | नहीं सर, इसी महीने किए गए टेस्ट के अनुसार मैं बिलकुल ठीक व स्वस्थ हूँ। भगवान् की कृपा से मुझे कोई भी बड़ा- | No, sir. I am fully fit and fine as per medical tests conducted this month itself. By God's grace, I have no major/minor health problem. |

| | | |
|---|---|---|
| | छोटा स्वास्थ्य रोग नहीं है। | |
| वीजा ऑफिसर : | कोई अन्य एलर्जी? | Any known allergies? |
| रोहित : | मुझे सल्फ्यूरिक रसायन से एलर्जी है। | I am allergic to sulphuric chemicals. |
| वीजा ऑफिसर : | क्या आपने अपने मेडिकल फॉर्म में इसका वर्णन किया हैं? | Did you make a note of it in your medical form? |
| रोहित : | जी, मैंने किया है। | Yes, I did. |
| वीजा ऑफिसर : | क्या आप पहले किसी दूसरे देश में गए हैं? | Have you been to any other foreign land earlier? |
| रोहित : | जी, मैं एक छोटे दौरे के लिए ऑस्ट्रेलिया गया था। | Yes, I have been to Australia for a short while. |
| | यह दो माह की व्यापार-संबंधी यात्रा थी और फिर मैं लौट आया। | It was a business trip for two months and then I returned. |
| वीजा ऑफिसर : | आप कनाडा की सामाजिक व्यवस्था के लिए कैसे सहायक होंगे? | How will you contribute to the Canadian society? |
| रोहित : | मैं अपने खाली समय में वहाँ के सामाजिक कार्यों में हिस्सा लूँगा और लोगों को योग, ध्यान व अध्यात्म के बारे में बताऊँगा, जो कि पूर्वी समाज में काफी प्रचलित हैं। | I would involve myself in the community work in my spare time and teach people about yoga, meditation and spirituality as prevalent in Eastern culture. |

| | | |
|---|---|---|
| वीजा ऑफिसर : | आप अंग्रेजी का इस्तेमाल कब से कर रहे हैं? | How long have you been using English? |
| रोहित : | मैं यह स्कूल के समय से कर रहा हूँ। यह लगभग 10 वर्ष या उससे अधिक होगा। | I have been using it since school time. So, that would be approximately 10 years or so. |
| वीजा ऑफिसर : | अंग्रेजी में लिखते हुए आपको क्या परेशानियाँ आती हैं? | What difficulties do you face when you write in English? |
| रोहित : | मुझे अंग्रेजी में लिखने में कोई परेशानी नहीं होती। मुझे IELTS की परीक्षा में 7 का स्कोर मिला है। मैं अंग्रेजी का अच्छा ज्ञाता हूँ। | I don't face any difficulties while writing in English. I got a good score of 7 in my IELTS exam. So, I am a competent user of English. |
| वीजा ऑफिसर : | क्या आप कैनेडियन समाज की किसी प्रकार उपेक्षा करेंगे? | Is there any way in which you criticize the Canadian culture? |
| रोहित : | नहीं, मैं यह मानता हूँ कि पश्चिमी शैली पूर्वी शैली से पूरी तरह भिन्न है, मगर मैं यह भी मानता हूँ कि विविधता ही जीवन में स्वाद भरती है। मैं इस विभिन्नता की कद्र करता हूँ और अपने आपको किसी पर लादता नहीं और | No, I do feel that Western culture is poles apart from Eastern culture but I believe that variety adds spice to life. I respect the difference and do not wish to impose myself on others or vice-versa. |

| | | |
|---|---|---|
| | ना ही इसका विपरीत होने देता हूँ। | |
| वीजा ऑफिसर : | आप अपनी इस विभिन्नता की कद्र करने की क्षमता के बारे में इतने दावे के साथ कैसे कह सकते हैं? | How can you be so assertive about your ability to respect the differences? |
| रोहित : | सर, भारत एक बहु-शैली, बहु-भाषी व बहु-धार्मिक देश है। 234 से भी अधिक आम भाषाएँ, 35 राज्य/केंद्र-शासित राज्य और कई धर्मों के साथ हम सबसे बड़े जन-निर्वाचित व धर्म-निरपेक्ष देशों में से एक हैं। इसके बावजूद हम एकता में रहते हैं, अखंडता में विश्वास करते हैं। तो यह विभिन्न तौर-तरीकों, शैलियों, मूलों व सिद्धांतों की कद्र हमारे खून में है। | Sir, India is a multi-cultural, multi-lingual and multi-religious country. With over 234 local dialects, 35 states/UTs and several religions, we are one of the biggest democratic and secular nations. In spite of this, we stand in unity and believe in integrity. So, this appreciation for the different ways, lifestyles, values and beliefs is there in our blood. |
| वीजा ऑफिसर : | अच्छा शुक्रिया, आपका वीजा मंजूर किया जाता है। मुबारक हो। | Fine, thank you. Your visa has been approved. Congratulations. |
| रोहित : | सर बहुत-बहुत शुक्रिया, आपका दिन मंगलमय हो! | Thanks a lot sir. Have a good day! |

# 35

## *Conversation between a Student and a Visa Officer for the Student Visa*

| | | |
|---|---|---|
| वीजा ऑफिसर : | हैलो मिस रमा, आप कहाँ से हैं? | Hello Miss Rama! Where have you come from? |
| रमा : | मैं पटना से आई हूँ। | I have come from Patna. |
| वीजा ऑफिसर : | आप डैलेस विश्व-विद्यालय में क्यों पढ़ना चाहती हैं? | Why do you want to study in Dallas University? |
| रमा : | मैं वहाँ उच्चस्तरीय पढ़ाई करना चाहती हूँ, क्योंकि वहाँ बेहतर अवसर, सीखने का मौका, रिसर्च की सुविधाएँ, अंतर्विषयी मौके व आधुनिक तकनीक उपलब्ध हैं। | I want to go there for higher studies because of the availability of better opportunities, exposure, research facilities, inter-disciplinary interaction and latest technology. |
| वीजा ऑफिसर : | तो क्या आप कहना चाहती हैं कि भारत की तकनीकी आधुनिकता पर्याप्त नहीं है? | So, do you mean in India the technology is not advanced enough? |
| रमा : | सर, मैं अपनी मास्टर्स खेल एवं व्यायाम के विषयों में करना चाहती हूँ, मगर इस पर भारत में कोई खास रिसर्च नहीं चल रही है। इसके | Sir, I want to do my Masters in sports and exercise but there is not much research going on here in India in these subjects. Besides, there are very few universities which offer this subject. I |

| | | |
|---|---|---|
| | अलावा यहाँ बहुत कम विश्वविद्यालय हैं जो यह विषय पढ़ाते हैं। मैं सर्वोत्तम माहौल व शैक्षिक संस्थान में पढ़ना चाहती हूँ। इसलिए मैं डैलेस विश्वविद्यालय जाना चाहती हूँ। | want to study in the best environment and academia. Hence, I want to go to Dallas University. |
| वीजा ऑफिसर : | क्या आपने किसी और विश्वविद्यालय में भी आवेदन भरा है? | Have you applied to any other university? |
| रमा : | नहीं, मैंने नहीं भरा। मैंने इस विश्वविद्यालय के बारे में इतनी रुचि इसलिए दिखाई, क्योंकि यहाँ का स्थान, मौसम, फीस, रिसर्च विषय व एम.ए. प्रोगाम की अवधि भी मेरे लिए काफी उपयुक्त हैं। | No, I did not. I was very particular about this university because its location, weather, fees, research topics and even course tenure of M.A. program suit me well. |
| वीजा ऑफिसर : | क्या तुम्हारे वहाँ कोई रिश्तेदार हैं? | Do you have any relatives there? |
| रमा : | नहीं, श्रीमान्। मेरे कुछ मित्र हैं, जो वहाँ डैलेस विश्वविद्यालय में पढ़ रहे हैं, मगर | No, sir. I have some friends who are studying at Dallas University but I do not have any relatives overseas. |

| | | |
|---|---|---|
| | परदेस में मेरे कोई भी रिश्तेदार नहीं हैं। | |
| वीजा ऑफिसर : | तुम्हारे विदेश जाने के बारे में तुम्हारे परिवार का क्या विचार है? | How does your family feel about your moving abroad? |
| रमा : | वे काफी खुश हैं व सहायक हैं। उन्होंने मुझे खुद ही सर्वोत्तम विश्वविद्यालय में प्रवेश लेने के लिए प्रेरित किया है। | They are very happy and supportive. They themselves have encouraged me to go for the best university. |
| वीजा ऑफिसर : | क्या कोई भी कारण, इनसान या चीज है जो तुम्हें विदेश जाने से रोकती है? | Is there any reason, person or thing that stops you from going abroad? |
| रमा : | नहीं, ऐसी कोई चीज नहीं। | None as such. |
| वीजा ऑफिसर : | क्या तुम्हारा कभी भी कोई आपराधिक मामला, इल्जाम या फैसला रहा है? | Did you ever have any criminal charge, case or trial against you? |
| रमा : | नहीं सर, मैं एक मौलिक चरित्रवान इनसान हूँ व मेरे खिलाफ कोई- भी इल्जाम, भूतकाल या वर्तमान में नहीं रहा है। मेरे चरित्र का प्रमाण-पत्र इस फाईल में पहले ही लगा हुआ है। | No, sir. I am a morally upright person with no pending, ongoing or settled criminal charges. My character certificate has already been enclosed in this file. |

| | | |
|---|---|---|
| वीजा ऑफिसर : | मैं जानता हूँ कि तुम प्रति सप्ताह 20 घंटों का पार्ट-टाईम कार्य कर सकती हो। तुम वहाँ किस प्रकार का कार्य करना चाहोगी? | Given the fact that you can do part-time work for 20 hours per week, what work would you like to take up there? |
| रमा : | सर, मेरे अनुसार मैं कॉलेज परिसर में ही कोई नौकरी या कार्य करूँगी, जैसे कि लैब सहायक या उप-रिसर्च सहायक इत्यादि। | Sir, most probably I would take up some campus placement or campus job such as lab assistantship or fellow-research associate, etc. |
| वीजा ऑफिसर : | आपका अपने एम.ए. प्रोगाम को खत्म करने के पश्चात् क्या प्लान है? | What do you plan to do after completion of your M.A. program? |
| रमा : | मैं भारत वापिस आना चाहूँगी व यहाँ आकर गरीबों की बेहतरी के लिए कार्य करना चाहूँगी। | I propose to come back to India and work for the betterment of underprivileged here. |
| वीजा ऑफिसर : | आप यह कैसे साबित कर सकती हैं कि आप वापिस आने की इच्छा रखती हैं? | How can you prove that you intend to come back? |
| रमा : | सर, मैंने पहले ही सिक्योरिटी जमा करा दी है। मेरी बैंक द्वारा जारी स्टेटमेंट रिपोर्ट भी यहाँ संलग्न है और | Sir, I have already deposited the security fund. Also, the bank statements enclosed here reflect my family's liquid assets and well- |

| | | |
|---|---|---|
| | यह मेरी कुल जमा पूँजी व सरलता को दरशाती है। तो मैं वहाँ हमेशा के लिए नहीं रहना-बसना चाहती। दरअसल, यहाँ भारत में हमारा खुद का स्कूल चल रहा है। अपनी पढ़ाई खत्म हो जाने के बाद, मैं अपने खानदानी शैक्षिक व्यवसाय में ही कार्य करना चाहती हूँ और जो मैंने इस समाज से प्राप्त किया है, वह उनकी सेवा में तत्पर होकर लौटाना चाहती हूँ। | established status. So, I do not intend to settle there permanently. In fact, we have our own school running here in India. Once I finish my academics, I want to join my family's educational enterprise and serve the community by giving them back what I have received from it. |
| वीजा ऑफिसर : | तुम अमेरिकी शैली के मुताबिक बदलने के लिए कितनी तैयार हो? | How much prepared are you to adapt as per the US culture? |
| रमा : | सर, मैं अमेरिकी शैली की जीवनशैली व तौर-तरीके से परिचित हूँ और इस विभिन्नता की कद्र करती हूँ। मेरा मानना है कि विभिन्नता ही जीवन में विविधता की कुंजी है और यह | Sir, I appreciate the difference and am aware of cultural and social ways of US. I believe that variety is the spice of life and it's the vast culture, lifestyle, ways and plethora of global opportunities in US that fascinate me a lot. I am a very adaptive person and |

| | | |
|---|---|---|
| | अमेरिकी शैली की विविधता, जीवन-शैली, तरीके और अपार अंतरराष्ट्रीय अवसर ही हैं, जो मुझे इसकी ओर बहुत आकर्षित करते हैं। मैं एक मिलनसार व्यक्ति हूँ व वहाँ की जीवनशैली के बदलाव के बारे में अच्छे से समझती हूँ। चूँकि मैं बहुत ही मिलनसार व्यक्ति हूँ, मुझे लगता है कि मैं आसानी से अमेरिकी जीवन पद्धति के अनुसार अपने आप को ढाल लूँगी। | have done my homework well about the cultural differences. Being very resourceful that I am, I think I'll be easily able to adopt and adapt as per US lifestyle. |
| वीजा ऑफिसर : | क्या आप पहले कभी विदेश गई हैं? | Have you ever been to any other foreign country previously? |
| रमा : | जी बिलकुल, मैं एक बार दक्षिणी अफ्रीका गई हूँ, जब मैं 13 वर्ष की थी। यह गरमी की छुट्टियों के दौरान की गई स्कूल यात्रा थी व मुझे यह बहुत पसंद आई। | Well, yes. I have been to South Africa once, when I was about 13 years old. It was a school trip during summer vacations and I really liked it. |

| | | |
|---|---|---|
| वीजा ऑफिसर : | क्या आप अंग्रेजी में आराम से बात कर पाती हैं? | Do you feel comfortable while speaking in English? |
| रमा : | जी, सर आप मेरे आई ई एल टी एस टेस्ट का स्कोर कार्ड देख सकते हैं, जो यह दरशाता है कि मैं अंग्रेजी की अच्छी ज्ञाता हूँ। | Yes, sir. You may see my IELTS test score card, which reflects that I am a competent user of English. |
| वीजा ऑफिसर : | क्या आप कोई और विदेशी भाषा भी बोलती हैं? | Do you also speak any other foreign language? |
| रमा : | नहीं सर, मगर मैं फ्रेंच समझ सकती हूँ। | No sir. But I can understand French. |
| वीजा ऑफिसर : | अच्छा! क्या ऐसी कोई खास जगह है, जो आप देखने की इच्छुक हैं? | Alright. Is there any specific place you are looking forward to see? |
| रमा : | जी, मैं लॉस एंजेलस जाना चाहती हूँ, क्योंकि मैंने इसकी रंगीन रातों व बढ़िया जीवनशैली के बारे में बहुत सुना है। | Yes, I wanna visit Los Angeles because I have heard a lot about its night-life and lively culture. |
| वीजा ऑफिसर : | विदेश में आपकी पढ़ाई का खर्च कौन उठा रहा है? | Who's sponsoring your educational expenses? |
| रमा : | मैंने ए.बी.सी.एल. बैंक से विद्यार्थी लोन पास करवा लिया है। | I've got a student's educational loan approved from ABCL Bank. |

| | | |
|---|---|---|
| वीजा ऑफिसर : | क्या आपको विदेश में पढ़ाई करने व रहने का खर्च उठाने में कोई परेशानी है? | Do you have any financial difficulties in bearing the education and living cost abroad? |
| रमा : | नहीं सर, सब चीजों का पहले ही प्रबंध हो गया है। इस फाइल में बैंक दस्तावेज, कुल पूँजी का प्रमाण व लोन पास संबंधी कागज लगे हैं। आप इससे सारी जानकारी चेक कर सकते हैं। | No, sir. Everything has been arranged beforehand. The file contains the bank statements, liquid asset proof and loan approval documents. You may verify the details from this file. |
| वीजा ऑफिसर : | ठीक है, आपका विद्यार्थी वीजा मंजूर किया जाता है। मुबारक हो! | Alright. Your student visa has been approved. Congrats! |
| रमा : | सर, बहुत-बहुत शुक्रिया। आपका दिन मंगलमय हो! | Thanks a lot sir. Have a good day! |

## 36

## *Conversation at a Supermarket*

| | | |
|---|---|---|
| सीमा : | हैलो रितू, तुम यहाँ क्या कर रही हो? | Hello Ritu! What are you doing here? |
| रितू : | मैं यहाँ खरीददारी के लिए आई हूँ। तुम कहो? यहाँ कैसे आई हो? | I came for shopping. What about you? What brings you here? |
| सीमा : | वही बात। मैं घर के लिए कुछ सामान खरीदना | Same here. I wanted to buy some household items. I |

| | | |
|---|---|---|
| | चाहती थी। मैंने यहाँ चल रही 50% सेल के बारे में सुना तो मैंने सोचा कि मौके का फायदा उठाया जाए। | heard about the ongoing 50% sale here. So, I thought of availing this opportunity. |
| रितू : | यह तो तुमने खूब सोची। चलो जल्दी चलें, इससे पहले कि सारी दुकानों में से सामान खत्म हो जाए। | That's really smart of you. Come, let's get going before shops run out of stock. |
| सीमा : | हा! हा! हाँ, तुम सही कह रही हो। यह बेहतर होगा कि हम जल्दी करें, इससे पहले कि देर हो जाए। | Ha! Ha! Yes, you are right. It would be better if we make haste while the sun shines. |
| | **(राशन की दुकान पर)** | **(At a grocery shop)** |
| सेल्समैन-1 : | गुड मॉर्निंग मैडम, मैं आपकी किस प्रकार सहायता कर सकता हूँ? | Good morning madam. How can I help you? |
| सीमा : | यह लीजिए लिस्ट, कृपया यह सारी चीजें पैक करवा दें। तब तक मैं कपड़ों के सेक्शन से होकर आती हूँ। | Here is the list, please get all these items packed. Meanwhile, I shall go to the apparel section and come back. |
| रितू : | कृपया मेरी सूची भी रख लें। इन चीजों को जल्दी से जल्दी पैक करवा दें। हम शीघ्र ही वापिस आ जाएँगे। | Please keep my list also. Get these things packed as early as possible. We will come back very soon. |
| सेल्समैन-1 : | मैडम चिंता ना करें। 15 मिनटों में ही आप इसे ले सकती हैं। यह तब तक तैयार हो जाएगा। | Don't worry madam. You can collect it within 15 minutes. It will be ready by then. |
| रितू : | सीमा, चलो कपड़ों के सेक्शन में चलते हैं। | Seema, let's rush to the apparel section. |

| | (कपड़ों के सेक्शन में) | (In the apparel section) |
|---|---|---|
| सेल्सगर्ल : | हैलो मैडम, मैं आपकी किस प्रकार मदद कर सकती हूँ? | Hello, madam. How may I assist you? |
| सीमा : | कृपया हमें सिल्क साड़ियों के सबसे नए डिजाइन दिखाएँ। | Please show us some latest designs of silk saris. |
| सेल्सगर्ल : | यह सबसे नए डिजाइन हैं। मैडम आप कौन-सा रंग पसंद करेंगी? | These are the latest arrivals. Which colour would you like, madam? |
| रितू : | क्या आपके पास यह डिजाइन हरे रंग में है? | Do you have this design in green? |
| सीमा : | कृपया मुझे यही नीले में दिखाएँ। | And I would like to have it in blue, please. |
| सेल्सगर्ल : | बिलकुल, यह लें एक हरा व दूसरा नीला। | Sure, here's the one in green and another in blue. |
| रितू : | इसकी क्या कीमत है? | How much does it cost? |
| सेल्सगर्ल : | 50 प्रतिशत छूट के बाद प्रत्येक की 500 रुपए। | ₹ 500 each madam, after 50% discount. |
| सीमा : | ठीक है, इन दोनों को पैक कर दें। यह लीजिए मेरा कार्ड। कृपया भुगतान अदायगी कर दें। | All right. Go ahead and pack both of these. Here's my card. Please process the payment. |
| सेल्सगर्ल : | जी बिलकुल, यह लीजिए आपकी नायाब नौ गज पोशाक का पैकेट। | Of course. Here's your packet with nine yards of wonder. |
| रितू : | धन्यवाद। | Thank you. |
| सेल्सगर्ल : | कृपया हमारे यहाँ दोबारा पधारें। | Please visit us again. |
| सीमा : | (रितू से) चलो ऊपर म्यूजिक स्टोर में चलते हैं। | (to Ritu) Let's go upstairs to the music store. I need to buy |

| | |
|---|---|
| मुझे आजकल के बढ़िया गानों की वीसीडी और डीवीडी खरीदनी हैं। | some VCDs and DVDs of the latest chartbusters. |
| रितू : तुम्हें कब से नए गाने पसंद आने लगे? | Since when have you started liking the new songs? |
| सीमा : ओह! मेरे अपने लिए नहीं। मुझे यह अपनी बेटी के लिए खरीदने हैं। तुम तो जानती ही हो कि उसे नई चीजों का कितना शौक है। | Ah! Not for myself. I have to buy them for my daughter. You know how fond she is of all the new stuff. |
| रितू : हाँ बिलकुल, सभी जवान बच्चे ऐसे ही होते हैं। अच्छा, वो कैसी है? | Of course. All the teenagers are like that. By the way, how's she doing? |
| सीमा : वह ठीक है। सच कहूँ तो आजकल वह काफी जिम्मेदार हो गई है। | She is fine. To be very honest, off late she has become really responsible. |
| **( म्यूजिक स्टोर में )** | **(At the music stores)** |
| सेल्सबॉय : हैलो मैडम, मैं आपकी किस प्रकार सहायता कर सकता हूँ? | Hello madam. How can I help you? |
| सीमा : हैलो, मुझे नए गानों की डीवीडी व नई फिल्मों की वीसीडी चाहिए। पिछले शुक्रवार कौन-सी फिल्म रिलीज हुई थी? | Hi! I want the DVDs of the latest chartbusters and VCDs of the latest releases. Which movie was released last Friday? |
| सेल्सबॉय : यह सुपर किड्स-2 थी। क्या आपको उसके लिए केवल वीसीडी चाहिए? | It was Superkids-II. Do you want only one VCD for that? |
| सीमा : हाँ अभी के लिए। डीवीडी है क्या? | For now, yes. What about the DVDs? |

| | | |
|---|---|---|
| सेल्सबॉय : | देखिए, यह रहे नए हिट गाने। आप अपनी पसंद के अनुसार चुन सकते हैं। अगर आप इन्हें पहले सुनना चाहें तो आप स्टेशन पर पड़े खुले पैक को चलाकर सुन सकती हैं। आप हेडफोन लगा लें और खुद ही चयन कर लें कि आप कौन-सी सीडी खरीदना चाहती हैं। | See, these are few latest chartbusters. You may select as per your liking. If you wish to hear them first, you may play the opened packs there at the station. Plug in the headphones and decide for yourself as to which ones do you wanna buy. |
| सीमा : | वाह! यह तो बहुत बढ़िया है। पर मुझे लगता है मैं बहुत पुराने समय की हूँ यह समझने के लिए कि क्या प्रचलित है और क्या नहीं। क्या आप एक 14 साल के युवा की पसंद के अनुसार कुछ सुझा सकते हैं? | Wow! That's great. But I think I'm too old to decide what's in and what's not. Could you suggest something likeable for a youngster of about 14 years old? |
| सेल्सबॉय : | जी बिलकुल मैडम, मुझे लगता है आपको यह डीवीडी चेक करनी चाहिए और वो वाली (इशारा करते हुए)। यह इस माह के बहुत ज्यादा बिकने वाले गाने हैं। हर नौजवान इन्हें खरीदना चाहता है। मैं पूरे दावे से यह कह सकता हूँ कि आपके बेटे-बेटी को भी यह पसंद आएँगे। अगर | At your service madam. I think you should go for this DVD and that one (pointing fingers). They are hot-sellers of the month. Every youngster wants to have them. I'm sure your son/ daughter is also gonna like it. In case they don't, you could still come back within a week and get it replaced |

| | | |
|---|---|---|
| | इन्हें यह पसंद नहीं आए तो आप एक हफ्ते में वापिस आकर इसे मुफ्त में बदलवा सकती हैं। क्या आप यह खरीदना चाहेंगी? | with another one free of cost. Would you like to go ahead with this order? |
| सीमा : | ठीक है, मैं यह ले लूँगी। कृपया बिल तैयार करें। | It's okay. I'll take these. Please prepare the bill. |
| रितू : | बहुत मजा आया। वह अपने काम में काफी माहिर है। | It was fun. He's really good at his job. |
| सीमा : | हाँ, मुझे भी यही लगता है। मैं उम्मीद करती हूँ कि यह मेरी बेटी को पसंद आए। | Yeah, I guess so. I hope my daughter likes it. |
| सेल्सबॉय : | मैडम परेशान ना हो। वह इसे जरूर पसंद करेगी। | Don't worry about that, madam. She'll certainly like it. |
| सीमा : | आपकी सहायता के लिए शुक्रिया। | Thanks a lot for your help. |
| सेल्सबॉय : | आपका स्वागत है मैडम। | You are welcome madam. |
| रितू : | क्या तुम्हें नहीं लगता कि हमें देर हो रही है? मुझे लगता है कि हमें राशन वाले की दुकान की ओर चलना चाहिए। वह हमारी राह देख रहा होगा। | Don't you think we're getting late? I think we should head towards the grocer's store. He must be expecting us. |
| सीमा : | हाँ, तुम सही कह रही हो। यह तो मेरे दिमाग से ही निकल गया। चलो, जल्दी चलें। | Ya, you're right. It just skipped my mind. Let's hurry up. |

| | (दोबारा राशन की दुकान पर) | (At the grocer's store again) |
|---|---|---|
| सीमा : | माफ कीजिए, हमने आपको प्रतीक्षा करवाई। | Sorry, we kept you waiting. |
| सेल्समैन-1: | कोई बात नहीं मैडम। यह रहा आपका ऑर्डर। क्या आप चाहती हैं कि मैं किसी को भेजकर इसे आपकी कार में रखवा दूँ? | No issues madam. Here's your order. Do you want me to send someone to load it in your car? |
| रितू : | यह तो आपकी बहुत मेहरबानी होगी। क्या आप यह जल्दी करवा सकते हैं? | That would be really nice of you. Could you arrange that fast? |
| सेल्समैन-1: | मैडम, बस एक मिनट। (एक हैल्पर को बुलाता है।) रामू जाओ, जल्दी से यह पैकेट इनकी कार में रख आओ। जी मैडम, यह तो हो गया। क्या आपको किसी और चीज की आवश्यकता है? | In a minute, madam. (Calls a helper) Ramu, go, load these packets in their cars quickly. Yes madam. That is taken care of. Is there anything else you need help with? |
| रितू : | नहीं, धन्यवाद। यह लीजिए रुपए। कृपया बिल के मुताबिक काट लें व छुट्टे रख लें। यहाँ से खरीददारी करने का अनुभव बहुत सुखद रहा। मैं यहाँ निश्चय ही वापिस आऊँगी, चाहे सेल ना लगी हो, तब भी। | No, thank you. Here's the money. Please adjust against the bill and keep the change. It has been a real pleasure to shop for things here. I'll surely come back, even if the sale is not on. |
| सीमा : | हाँ, मैं दावे से कह सकती हूँ कि तुम आओगी। | Yeah, I bet you will. Ok, let's get going. Thanks once again |

| | | |
|---|---|---|
| | अच्छा, चलो चलते हैं। एक बार फिर आपकी तुरंत सर्विस के लिए शुक्रिया। | for your quick service. |
| सेल्समैन-1: | आपका स्वागत है, यहाँ फिर पधारिएगा। | You're welcome. Do visit us again. |

## 37

## *Conversation at a Drug Store/ Chemist Shop*

| | | |
|---|---|---|
| रोहित : | क्षमा कीजिए, क्या आप मुझे इस परची के अनुसार दवाइयाँ दे सकते हैं? | Excuse me, could you give me the medicines as per this prescription, please? |
| कैमिस्ट : | जी बिलकुल सर, इस परची के अनुसार आपको सात दिन की दवाइयाँ चाहिए और यह 3 नंबर पर लिखी दवा अभी हमारे पास उपलब्ध नहीं है, मगर हमारे पास इसका सबस्टीट्यूट मौजूद है। क्या आप वह लेना पसंद करेंगे? | Of course, sir. As per this slip, the prescription is for seven days. Also, this number 3 medicine is not available at the moment. But we do have the substitute. Would you like to go for that? |
| रोहित : | हाँ, सात दिन, कोई बात नहीं। जल्दी से इन्हें पैक कर दें। मगर जहाँ तक सबस्टीट्यूट की बात है, मैं पक्का नहीं कह सकता। क्या कोई और दवा लेना सही है? क्या आपको नहीं लगता कि पहले डॉक्टर से परामर्श ले लेना चाहिए? | Ya! seven days, that's ok. Go ahead and pack them. But as for the substitute, I am not very sure. Is it all right to take some other medicine? Don't you think I should ask the doctor first? |

| | | |
|---|---|---|
| कैमिस्ट : | सर, अगर आप चाहें तो निश्चय ही अपने डॉक्टर से पूछताछ कर सकते हैं। लेकिन आपकी तसल्ली के लिए इस सबस्टीट्यूट में वही रसायन है जो कि डॉक्टर द्वारा सुझाई गई दवा में है। और इसकी गुणवत्ता उससे भी बेहतर है। देखिए, क्या आप यहाँ एबीसी कंपनी का चिह्न देख सकते हैं? यह मार्किट में अपनी गुणवत्ता के नियंत्रण के लिए काफी प्रसिद्ध है। फिर भी अगर आपको इसके बारे में कोई शंका हो तो आप पहले अपने डॉक्टर से अनुमति ले सकते हैं। यह रहा टेलीफोन। क्या आप पहले एक कॉल करना चाहेंगे? | Sir, if you wish you can certainly ask your doctor. However, just to let you know, this substitute has the same salt/chemical Composition as the one recommended by the doctor. And it has better quality. See, do you see the ABC Company's logo here? They are universally acclaimed in the market for their excellent quality control. Still, in case you have any doubt/reservation, you may get it approved first by your doctor. Here's the telephone. Do you wish to make a call first? |
| रोहित : | नहीं, कोई बात नहीं। मैं यह खरीद लूँगा। मैं यह समझता हूँ। मुझे कितने रुपए अदा करने हैं? | No, that's fine. I'll take that. I understand that. How much do I need to pay? |
| कैमिस्ट : | आपको केवल 350/- रुपए की अदायगी करनी है। | You need to make the payment of ₹ 350/- only. |
| रोहित : | माफ कीजिए, मैं भूल गया कि मुझे एक टूथब्रश व शेविंग क्रीम भी चाहिए। | Sorry, I forgot that I also need a toothbrush and a shaving cream. |

| | | |
|---|---|---|
| रोहित | : अभी लीजिए सर, आपका नया बिल 380/- रुपए बनता है। | Right away, sir. The new total comes out to be Rs. 380/-. |
| रोहित | : अच्छा, यह लीजिए रुपए। कृपया यह सब एक प्लास्टिक के बैग में डाल दें। | Fine, here is the money. Please put all these in a plastic bag. |
| कैमिस्ट | : माफ कीजिए, हम यह नहीं रखते। यह निषेध हो गया है। यह कागज से बना बैग लीजिए। सर कुछ और लेंगे? | Sorry about that. We don't keep them. It has been banned. Here's a paper bag instead. Anything else, sir? |
| रोहित | : नहीं, बस हो गया। धन्यवाद। | No, I'm done. Thank you. |
| कैमिस्ट | : आपका स्वागत है। | You're welcome. |

## 38

## *Conversation between a Boy and a Girl*

| | | |
|---|---|---|
| डेविड | : हैलो प्रिया! क्या तुम्हारा कल के लिए कोई विशेष प्लान है? | Priya Hi! Do you have any important plan for tomorrow? |
| प्रिया | : हैलो डेविड, नहीं, अभी कुछ सुनिश्चित नहीं है, क्यों? | David Hello!. No, I don't have any fixed plan as yet. Why? |
| डेविड | : मैं सोच रहा था कि क्या तुम मेरे साथ कल सॉकर टूर्नामेंट में चलना पसंद करोगी। मेरे पास पहली पंक्ति के दो वीआईपी पास हैं। यह काफी रोमांचकारी | I was wondering if you would be interested in accompanying me to the soccer tournament tomorrow. I have got two VIP passes for the first row. It's |

| | | |
|---|---|---|
| | होगा। क्या तुम आना चाहोगी? | gonna be really exciting. Do you wanna come? |
| प्रिया : | हाँ बिलकुल, पूछने के लिए शुक्रिया पर तुम्हें यह कैसे प्राप्त हुए? | Yes, definitely. Thanks for asking me. But how did you get them? |
| डेविड : | यह बिलकुल किस्मत से हुआ। यकीन मानो, तुम यह जानना नहीं चाहोगी। | It was sheer luck. Trust me, you won't (would not) wanna know that. |
| प्रिया : | मुझे नहीं पता था कि तुम रहस्य भी छुपा सकते हो। जब तक तुम सच नहीं बताओगे, मैं तुम्हारे साथ नहीं आऊँगी। | I did not know that you were capable of holding secrets. I wouldn't come along with you unless you tell me the truth. |
| डेविड : | ठीक है, गुस्सा मत करो। क्यों तुम्हें पिछले सत्र का वह समय याद है, जब मैं पार्ट-टाईम में कॉलेज कैंटीन में काम करता था? एक दिन मालिक ने खुद आकर मेरे काम की बहुत तारीफ की। उन्होंने अकस्मात् ही यह बताया कि इस प्रतियोगिता के प्रबंधक साझेदार होने के तहत वे वीआईपी सीट के टिकट आसानी से ले सकते थे। तो इस मैच के लिए मैं उनसे मिला व उन्होंने मुझे दो टिकट दे दिए। | Okay, don't get angry. Do you remember the last semester when I worked part time at the college canteen? One day the owner himself came and appreciated my good work. He just mentioned casually that he could easily get hold of the VIP seat tickets as he is one of the stakeholders of the event. So, for this match, I approached him and he gave me two tickets. |
| प्रिया : | तो क्या तुमने अपनी सारी बचत इसके लिए उड़ा दी? | Did you splurge all your savings for this? I can't |

| | | |
|---|---|---|
| | मुझे यकीन नहीं हो रहा। इसकी कितनी कीमत लग गई? | believe that. How much did they cost? |
| डेविड : | ओह नहीं! तुम मुझे गलत समझ रही हो। मेरा मालिक एक नर्म व दयालु इंसान है। उसने मुझे यह फ्री में दे दिए। मैंने इसकी अदायगी करनी चाही, मगर उन्होंने कहा कि यह प्रशंसा उपहारस्वरूप है। | Oh! no, you are getting me wrong here. My boss is a very kind and generous man. He gave these to me free of cost. I did try to pay for them but he said it was a complementary gift. |
| प्रिया : | ठीक है, फिर तो मैं खुशी से आ जाऊँगी। | Okay. Then I'll come along happily. |
| डेविड : | धन्यवाद, तो मैं कल शाम 5.30 बजे तुम्हें लेने आऊँगा। क्या यह तुम्हारे लिए सही होगा? | Thanks. So, I'll come to pick you up at 5.30 p.m. tomorrow. Is that fine with you? |
| प्रिया : | हाँ, कोई परेशानी नहीं है। फिर कल मिलते हैं, गुडबाय। | Yeah, no problem. See you tomorrow then. Goodbye! |
| डेविड : | अच्छा, गुडबाय! | Ok, goodbye! |
| | **(अगले दिन उस जगह पर।)** | **(Next day at the venue)** |
| प्रिया : | हे भगवान्! इस लंबी कतार को देखो। शुक्र है कि हमने टिकट पहले ही ले ली थी। | Oh my God! Look at this long queue! Thank God, we got the tickets beforehand. |
| डेविड : | हाँ! यह हम दोनों के लिए अच्छा है। मुझे लगता है हमें द्वार एक पर जाना चाहिए। क्या तुम वह बोर्ड | Yeah! It's good for both of us. I think we need to go to the entrance one. Do you see that signboard? It says 'VIP'. |

| | | |
|---|---|---|
| | देख रही हो? इस पर लिखा है 'वीआईपी'। तो मुझे लगता है कि हमें उस तरफ चलना चाहिए। | So, I guess we should move over there. |
| प्रिया : | हाँ, तुम सही कह रहे हो। मगर मुझे कुछ खाने-पीने का सामान ले आने दो। तुम क्या लेना पसंद करोगी—ठंडा या गरम? | Yes, you're right. But let me get some refreshments first. What would you like to have—cold drink or hot beverage? |
| प्रिया : | मैं एक कप चाय लूँगी, प्लीज। | I'll have a cup of tea, please. |
| डेविड : | सैंडविच का क्या? ग्रिल्ड लोगी या सादा? | What about the sandwich? Do you want grilled or plain? |
| प्रिया : | मैं सादा ही लूँगी, प्लीज। बस कृपया चीनी व केचअप दोनों का एक-एक पैकेट ज्यादा ले आना। | I'd like it plain, please. Just get an extra sachet each of sugar and ketchup, please. |
| डेविड : | तुम्हें यह कहने की जरूरत नहीं। मुझे तुम्हारे स्वाद का पहले ही पता है। अच्छा, यहीं इंतजार करना। मैं कुछ मिनटों में ही वापिस आ जाऊँगा। | You need not mention that. I already know your taste. Ok, just wait here. I'll be back in a few minutes. |

| | | |
|---|---|---|
| | **( खाने-पीने की चीजें लाने के बाद। )** | **(After bringing snacks)** |
| डेविड : | मुझे उम्मीद है कि मैंने तुम्हें ज्यादा इंतजार नहीं करवाया। यह लो तुम्हारा सैंडविच, चाय व केचअप का एक्सट्रा पैकेट। चलो, | I hope I didn't keep you waiting for long. Here is your sandwich, tea and extra sausage. Come, let's hurry up. We are getting late. |

| | |
|---|---|
| जल्दी चलते हैं। हमें देर हो रही है। | |
| प्रिया : परेशान ना हो, अभी तो केवल अनाउंसमेंट ही हो रही है। प्रीमियर तो अभी शुरू होना बाकी है। चलो पहले आराम से बैठ जाएँ। | Don't worry. It's just the announcement. The premier is yet to start. Let's get settled first. |
| **( शो खत्म होने के उपरांत। )** | **(After the show gets over)** |
| डेविड : तो प्रिया, तुम्हें यह कैसा लगा? | So Priya, how did you like it? |
| प्रिया : यह बहुत ही बढ़िया था। जैसा कि तुमने वायदा किया था, यह बहुत रोमांचकारी व वास्तविक था। मैंने इसे कभी इतने करीब से नहीं देखा। मुझे ऐसा लग रहा था जैसे मैं मैदान पर ही थी। भीड़ का रोमांच बहुत शोर-गुल भरा, मगर मजेदार था। मुझे इसमें इतना आनंद पहले कभी नहीं आया। बहुत-बहुत धन्यवाद, क्योंकि यह तुम ही थे जो मुझे यहाँ ले आए। | It was incredible. Just as you had promised, it was so real and thrilling. I have never seen it so close. It felt as if I was out there on the ground itself. The uproar of the crowd was maddening, yet so lively. I loved it like never before. Thanks a lot. For it was you who brought me here. |
| डेविड : ऐसा सोचना तुम्हारा बड़प्पन है। मुझे लगता है कि अब हमें चलना चाहिए। हमें देर हो रही है। तुम्हारी माताजी को तुम्हारी चिंता हो रही होगी। | It's very kind of you to think so. I think we should get going now. We are getting late. Your mother would start worrying about you. |

| | | |
|---|---|---|
| प्रिया : | ओह! मुझे समय का ध्यान ही नहीं रहा। चलो चलें। | Ah! I just lost the track of time. Let's go. |

## 39

## *Conversation between a Traffic Police Officer and a Car Driver*

| | | |
|---|---|---|
| ऑफिसर : | ठहरो! कृपया खिड़की का शीशा नीचे करें। | Stop! Roll down the window, please. |
| कार-चालक : | गुड मॉर्निंग ऑफिसर। क्या बात है? मैंने क्या गलत किया? | Good morning, officer. What's wrong? What wrong did I do? |
| ऑफिसर : | कृपया अपना लाइसेंस दिखाएँ। | Show me your licence, please. |
| कार-चालक : | मगर हुआ क्या, सर? | But what happened, sir? |
| ऑफिसर : | मैं आपको जरूर बताऊँगा। क्या आप वहाँ वह कैमरा लगा देख सकते हैं? यह बताता है कि आप जरूरत से ज्यादा तेज रफ्तार पर गाड़ी चला रहे थे। | I'll surely tell you that. Do you see that camera placed there? It reflects that you were overspeeding. |
| कार-चालक : | आपको कुछ गलती लग रही है। मुझे नहीं लगता कि मैंने सीमा पार की है। | There's some mistake. I don't think I crossed the limit. |
| ऑफिसर : | जी बिलकुल, आपने की। वह गति-मापक यंत्र देखें। इसमें 60 | Of course, you did. Look at that speedometer. It reads 60 km/hr. As per that signboard |

| | | |
|---|---|---|
| | किलोमीटर प्रति घंटा की स्पीड है। वहाँ उस सूचक बोर्ड के अनुसार यह एक आम रास्ता है। आप यहाँ 50 किलोमीटर प्रति घंटा से अधिक तेज गाड़ी नहीं चला सकते। तो अब जल्दी से अपना ड्राइविंग लाइसेंस दिखाएँ। | over there, it's a common road. You cannot go beyond 50 km/hr. here. So, show me your driving licence real quick. |
| कार-चालक : | जी अच्छा, यह लीजिए। मगर मेरा ऐसा कोई इरादा नहीं था। मैंने बस ध्यान नहीं दिया। | Ok. Here it is. But I did not mean to go so fast. I just didn't take a note of that. |
| ऑफिसर : | आपकी बात आपके नियम के उल्लंघन की पुष्टि नहीं करती। क्या मैं आपकी कार के रजिस्ट्रेशन के दस्तावेज देख सकता हूँ? | That does not explain your violation of rules. Can I see your car registration papers? |
| कार-चालक : | क्षमा कीजिए, वह तो अभी मेरे पास नहीं हैं। | I'm sorry. I don't have it right now. |
| ऑफिसर : | इंश्योरेंस का क्या? वह है? जरा उसके कागज दिखाएँ। | What about the insurance? Do you have it? Show me the papers, please. |
| कार-चालक : | जी बिलकुल। यह रहे। | Ya sure. Here they are. |
| ऑफिसर : | ठीक है, यह लो तुम्हारा चालान। तुम्हें | Ok. Here's your challan/ ticket. You have to submit the |

| | | |
|---|---|---|
| | इसे 30 दिन के भीतर त्रिमूर्ति रोड न्यायालय में जमा कराना है। अगली बार ध्यानपूर्वक गाड़ी चलाना और नियमों का पालन करना। एक छोटी-सी गलती भी जीवन भर के लिए तकलीफदेह बन सकती है। सुरक्षा करना पछतावे से बेहतर है। | penalty within 30 days at the Trimurti Road Court. Drive carefully next time and follow the traffic rules. One mistake could mar you for life. It is better to be safe than sorry. |
| कार-चालक : | आपकी सलाह के लिए धन्यवाद। मैं अगली बार से ध्यान रखूँगा। | Thank you for your advice. I'll be watchful next time. |

# 40

## *Conversation between a Post Office Clerk and a Customer*

| | | |
|---|---|---|
| प्रिया : | क्षमा कीजिए श्रीमान्, मुझे एक लिफाफा व 10 रुपए की टिकट चाहिए। | Excuse me, sir. I need an envelope and a ticket for ₹ 10/-. |
| क्लर्क : | यह रहे। कृपया 15 रुपए दें। | Here you go. You need to pay ₹ 15/-. |
| प्रिया : | ठीक है, यह लीजिए। | All right. Please accept this. |
| | **(दस्तावेज लिफाफे में डालने के बाद।)** | **(Puts the documents inside)** |
| | सर, मैं यह पार्सल रजिस्टर्ड | Sir, I want to send this parcel |

| | |
|---|---|
| डाक द्वारा मुंबई भेजना चाहती हूँ। | to Mumbai by registered post. |
| क्लर्क : उसके लिए पहले इसके भार का अनुमान लगाना होगा। कृपया इसे वहाँ ले जाएँ और इसके भार का अनुमान लगवा लें। | For that it needs to be weighed first. Please take it there and get it weighed. |
| प्रिया : सर, यह 150 ग्राम का है। | Sir, it's 150 grams. |
| क्लर्क : ठीक है, इसमें और 15 रुपए की टिकट लगाकर इसे 25 रुपए का बना दो। यह रही टिकट। इसे लो और लिफाफे के दाहिने हाथ के कोने पर चिपका दो। | Ok. Then affix another ₹ 15/- stamp on it to make it worth ₹ 25/-. Here is the stamp. Take this and affix on the top right-hand side corner of the envelope. |
| प्रिया : श्रीमान्, यह हो गया। मुझे और क्या करने की जरूरत है? | It's done, sir. What else do I need to do? |
| क्लर्क : ज्यादा कुछ नहीं। इस पार्सल की यह रसीद ले लो। जब यह डिलीवर हो जाएगा तो तुम्हें ऐक्नॉलेजमेंट भी मिल जाएगी। | Nothing much. Take this receipt of the parcel. Once it gets delivered, you will get the acknowledgement too. |
| प्रिया : तो इसे डिलीवर होने में कितना समय लगेगा? | So, how long will it take to get delivered? |
| क्लर्क : यह वहाँ तीन कार्यकारी दिनों में पहुँच जाएगा। | It will reach there within three working days. |
| प्रिया : वाह ! यह तो बहुत शीघ्र है। | Wow! That's really quick. |
| क्लर्क : हम यह रजिस्ट्री आज ही भेज देंगे। | We will dispatch the registered parcel today itself. |

| | | |
|---|---|---|
| प्रिया : | जी, बहुत-बहुत शुक्रिया। | Thank you very much. |
| क्लर्क : | आपका स्वागत है। यह तो हमारा फर्ज है। क्या आपको कोई और सहायता चाहिए? | You're welcome. It's part of our duty. Is there anything else you need? |
| प्रिया : | क्या आपके पास कुछ पोस्टकार्ड भी हैं? मुझे केवल दो चाहिए। | Do you also have some post cards? I need two of them. |
| क्लर्क : | जी बिलकुल, यह लीजिए। आपको इनके लिए एक रुपया और देना है। | Yeah, of course. Take these. You need to pay ₹ 1/- more for these. |
| प्रिया : | कृपया यह लें। शुक्रिया। | Take it, please. Thanks again. |
| क्लर्क : | कोई बात नहीं। | It's alright. |

## 41

## *Conversation between a Priest and a Disturbed Visitor*

| | | |
|---|---|---|
| रोहित : | फादर, क्षमा कीजिए। क्या मैं आपके कुछ कीमती क्षण ले सकता हूँ? मुझे आपकी मदद की जरूरत है। | Excuse me, Father. Can I take your few precious moments? I need your help. |
| पादरी : | बिलकुल, मेरे बच्चे। क्या बात है? तुम उदास व निराश लग रहे हो। | Of course, my child. What is it? You sound so gloomy and despondent. |
| रोहित : | फादर, मुझे लगता है कि मैं बड़ा पापी हूँ। मैंने भगवान् को नाराज कर दिया है और अपने आप को उनकी नजरों में गिरा लिया है। मैं अपने लक्ष्य को प्राप्त करने के लिए बहुत मेहनत करता हूँ, मगर उन्हें पूरा नहीं कर पाता। | Father, I think I'm a sinner. I have offended God and disgraced myself. I work very hard to get my desirable goals but just can't achieve them. |

| | | |
|---|---|---|
| पादरी : | ऐसा संभव नहीं, मेरे बेटे। भगवान् अपने सभी बच्चों से बराबर प्रेम करते हैं। वो ना तो बेवजह किसी का पक्ष लेते हैं और ना विपक्ष। मुझे ठीक से बताओ कि क्या बात है। | That cannot be, my son. God loves all His children alike. He neither favours nor punishes unnecessarily. Tell me exactly what's wrong. |
| रोहित : | फादर, मैं अमीर, प्रसिद्ध और धनवान होना चाहता हूँ। मैं दूसरों की तरह बनना चाहता हूँ, मैंने अपने लिए बहुत ऊँचे लक्ष्य निर्धारित किए हैं और मैं दिन-रात मेहनत करने के बावजूद उन्हें पाने में नाकामयाब रहा। मुझे उन सबसे ईर्ष्या होती है, जो अमीर व प्रसिद्ध हैं। मैं जैसा हूँ, मुझे उससे सख्त नफरत है। | Father, I want to be rich, famous and wealthy. I aspire to be like others. I have set high goals for myself and work day-in and day-out but have been unable to get success. I envy those who are rich and famous. I hate myself as I am. |
| पादरी : | मेरे प्यारे बच्चे, तुम्हें चीजों को तसल्ली से लेना सीखना होगा। और लोगों की चीजों से ईर्ष्या मत करो। प्रतियोगी आचरण केवल तब तक अच्छा है जब तक मौलिक हो। हद से ज्यादा व अत्यधिक तौर-तरीके से किए काम सिर्फ पराजय, असंतुष्टि व दुःख ही देते हैं। अपने सभी कार्यों में ईमानदार व संतुष्टि भाव | Dear son, you need to learn to take things easy. Do not envy other's possessions. Competition is good but only as long as it is healthy. Crossing the limit and overdoing things will bring failure, dissatisfaction and misery. Learn to be patient and honest in all your dealings. Then only you'll be happy. |

| | | |
|---|---|---|
| | लाना सीखो। तभी तुम सुखी हो पाओगे। | |
| रोहित : | मगर मैं सफल क्यों नहीं हूँ? ऐसा क्या है, जो मेरे पास नहीं है? मैं बहुत इच्छावान हूँ, पर मेहनती भी हूँ। लेकिन फिर भी मैं भगवान् को खुश नहीं कर पाया। शायद इसीलिए मुझे जो चाहिए, वह नहीं मिल पा रहा। फादर, मैं भगवान् को खुश करने के लिए क्या करूँ? | But why am I not successful? What is it that I do not have? I am ambitious but persistent too. Yet I failed to appease God. May be that's why I'm not getting what I want. What do I do father to propitiate God? |
| पादरी : | मेरे बच्चे, मैं तुम्हें यह याद दिलाना चाहता हूँ कि "भगवान् उसी की मदद करता है, जो अपनी मदद स्वयं करता हैं"। वह किसी भी पूजा-रूपी पाखंड से परे है। अगर तुम अपना रास्ता सुधार लोगे तो तुम सफलता के पथ पर आ जाओगे। तुम्हारे अच्छे कर्म ही तुम्हें उन्नति के पथ पर ले जाएँगे। याद रखो "जैसा करोगे, वैसा ही भरोगे"। ईर्ष्या, घृणा, लालच, इच्छावादी आचरण—सब अमौलिक हैं, जो कष्ट ही देते हैं। अपनी काबिलियत के अनुसार ही अपने लक्ष्य | My son, I need you to remember that "God helps those who help themselves." He is beyond any propitiation. If you mend your ways, you will be on your road to success. It's your good deeds that will take you higher. Remember, "as you sow, so shall you reap." Jealousy, envy, greed, overambition are all vices that lead to misery. Set your goals as per your capabilities. Do not become impractical in your approach and success will be yours. |

| | | |
|---|---|---|
| | निर्धारित करो। अपने कार्यकारी तरीकों को अनुचित मत बनाओ, और तुम्हें सफलता मिलेगी। | |
| रोहित : | ओह! मैं यह जरूर अपनाऊँगा पर मुझे नहीं लगता कि इस सब के बावजूद भी मैं सफल हो पाऊँगा। | Oh! I will surely follow that. But I think I'm still not going to make it. |
| पादरी : | मेरे बच्चे, अपने कर्मों में विश्वास रखो। उन्हें 100 प्रतिशत पूरे दिल से करो और बाकी सब भगवान् पर छोड़ दो। किस्मत को नियंत्रित करने की इस इच्छा से या फल को पहले ही जान लेने की चाह से अपने जीवन को कष्टपूर्ण मत बनाओ। उस सर्वशक्तिमान के नियंत्रण का सम्मान करो। उस महान् शक्तिवान को ही जीवन-रूपी खेल को पालने दो। उस सर्वशक्तिमान के कार्य में बाधा मत डालो। और जहाँ तक सफलता की बात है, यह एक रैलेटिव शब्द है। | My child, believe in your action. Do them 100% wholeheartedly and leave the rest to God. Do not kill yourself with this desire to control destiny or know results beforehand. Let the Supernatural Power take control. Let the Almighty run the show. Don't meddle with Higher power. As for success, it is a relative term. |
| रोहित : | फादर, मैं समझा नहीं। रैलेटिव शब्द, इसका क्या मतलब है? | Father, I did not get that. Relative term, what does that mean? |

| | | |
|---|---|---|
| पादरी : | मेरे बच्चे, अगर तुम अपनों से कम समर्थ लोगों से तुलना करोगे तो ही तुम जानोगे कि तुम कितने खुश व संपन्न हो। जो तुम्हारे पास है, उसमें संतुष्ट होना सीखो। अपने स्टेटस की कद्र करो व भगवान् की कृपा के लिए उसका शुक्रिया अदा करो। | My son, if only you compare yourself with those beneath you, you would feel how happy and well-placed you are. Learn to be satisfied with what you have. Appreciate your assets and thank God for His graceful blessings. |
| रोहित : | ठीक है फादर, मैं अपकी सलाह मानूँगा और सहज व संतुष्ट रहने की कोशिश करूँगा। मुझे अभी से अपना जीवन आशावादी लगने लगा है। | Okay, Father. I'll follow your advice and learn to be patient and satisfied. I already have started feeling positive about my life. |
| पादरी : | हाँ बेटे, तुम्हें इस भौतिकवादी संसार के गलत असर से दूर रहने की जरूरत है। और परलौकिक मूल्यों व अच्छे सिद्धांतों को पाने की जरूरत है। वह ही जीवन में असली सफलता की कुंजी है। अगर तुम हमेशा खुश रहना चाहते हो तो अपने वर्तमान का ध्यान रखना सीखो, चूँकि तुम्हारा वर्तमान ही कल तुम्हारा भविष्य बन जाएगा। अपने भूतकाल के बारे में बहुत ज्यादा चिंता | Yes dear. You need to stop being so negatively influenced by material world and engross in the noble aspirations and pursue the higher ideals in life. That's the real key to success in life. If you want to be ever happy, learn to take care of your present, for it is your present that'll become your future tomorrow. Don't be worried too much about your past as there is nothing you can do about that. Learn to be |

| | | |
|---|---|---|
| | मत करो, क्योंकि तुम उसे बदल नहीं सकते। लगातार आशावादी होने व ध्यान केंद्रित करने की कोशिश करो, ताकि तुम अपनी ऊर्जा को सही दिशा में लगा सको। | progressively positive and meditate to channelise your inner strengths in the right direction. |
| रोहित : | फादर, शुक्रिया। मैं आपके मूल्यवान सुझावों की कद्र करता हूँ और वादा करता हूँ कि जो विश्वास आपने मुझमें दिखाया है, अपने आपको उस विश्वास के काबिल सिद्ध करूँगा। गुड ईवनिंग, फादर। | Thanks a lot, Father. I appreciate your valuable suggestions and promise to prove myself worthy of the faith that you've put in me. Good evening Father. |
| पादरी : | गुड ईवनिंग मेरे बेटे। भगवान् तुम्हारा भला करे। अपना खयाल रखना। | Good evening my child. God bless you! Take care. |

## 42

## *Conversation between an Optician and a Customer*

| | | |
|---|---|---|
| सेल्समैन : | गुड मॉर्निंग सर मैं आपकी किस प्रकार सहायता कर सकता हूँ? | Good morning sir. How may I help you? |
| सैम : | सर, मुझे मेरी आँखों में तकलीफ लगती है। मैं दूर की चीजें ठीक से नहीं देख पाता। क्या आप चेक कर सकते | Sir, I have problem with my vision. I can't see distant objects clearly. Could you check what's wrong with my eyes? |

| | | |
|---|---|---|
| | हैं कि मेरी आँखों में क्या तकलीफ है? | |
| सेल्समैन : | जी बिलकुल सर। हमारे पास कंप्यूटर-चालित व हाथ से चालित यंत्र है। कृपया आप ऊपर ऑप्टीशियन के पास चले जाएँ। वह आपकी आँखों की जाँच करेगा और बताएगा कि आपको चश्मे की जरूरत है या नहीं। | Of course, sir. We have computerised as well as manual eye-testing system. Please go upstairs to see the optician. He will examine your eyes and assess whether you need any corrective glasses or not. |
| सैम : | ठीक है। (ऊपर जाता है।) | Alright. (Goes upstairs) |
| | हैलो सर, मैं आँखों की जाँच कराना चाहता हूँ, ताकि यह पता चल सके कि मेरी आँखें ठीक हैं या नहीं। | Hello, sir. I want to take an eye test to check if my eyes are working fine or not. |
| ऑप्टीशियन : | क्या आपको फिलहाल कोई परेशानी महसूस होती है? | Do you experience any problem at present? |
| सैम : | जी, मैं दूर की चीजें ठीक से नहीं देख पाता। मुझे आँखों में काफी तकलीफ व दबाव महसूस होता है। शाम होने तक मुझे बहुत तीव्र सिरदर्द और आँखों में जलन महसूस होती है। मेरे डॉक्टर ने मुझे | Yes, I can't see the distant objects clearly. It causes a lot of stress and strain in my eyes. By the evening, I feel a severe headache and shooting pain in my eyes. My physician suggested me to get an eye test done. |

| | | |
|---|---|---|
| | आँखों की जाँच कराने का सुझाव दिया है। | |
| ऑप्टीशियन : | जी सर। कृपया यहाँ बैठ जाएँ। इस कोने पर अपनी ठोड़ी रखें और लेंस में बनी तसवीर की तरफ बिना आँखें झपके देखें। कंप्यूटर अपने आप ही आपकी आँखों का नंबर नोट कर लेगा। | Okay, sir. Please be seated here. Place your chin on this edge and look at the picture inside the lens without blinking your eyes. The computer will automatically register your lens number. |
| सैम : | अच्छा! मगर मैं पलक झपकना रोक नहीं सकता। | Okay, but I can't stop blinking. |
| ऑप्टीशियन : | इसे जितनी देर तक हो सके, रोकें। बस ठीक है। चलिए, यही दूसरी आँख के साथ भी दोहराते हैं। कृपया हिलें नहीं। बस ठीक है, हो गया। आप साधारण स्थिति में वापस आ सकते हैं। | Just control it as long as you can. That's it. Now let's do that with the second eye also. Here, please relax. That's it, we're done. You may return to normal position. |
| ऑप्टीशियन : | मुझे लगता है आप सही थे। आपको सही चश्मे की जरूरत है। आपकी बाईं आँख में −0.5 डी और दाहिनी आँख में −0.75 डी नंबर आया है। आप यह परची लेकर नीचे चले जाएँ। | I guess you're right. You need corrective glasses. Your left eye has a minus power of 0.5D and right eye has minus 0.75D. You may go downstairs with this slip. I have penned down your lens power specifications. Please, |

| | | |
|---|---|---|
| | मैंने इसमें आपके नंबर संबंधी जानकारी लिख दी है। कृपया नीचे जाकर अपनी पसंद के अनुसार फ्रेम व शीशे चुन लें और 2 दिनों में आपका चश्मा तैयार हो जाएगा। | select a frame and type of lenses you want and your spectacles will be ready within two days. |
| सैम : | ओह! ठीक है, शुक्रिया। मगर क्या आपको नहीं लगता कि मेरा नंबर बहुत ज्यादा नहीं है और मुझे असल में हमेशा के लिए चश्मे की जरूरत नहीं है? | Oh! fine, thanks. But don't you think my number is not very high and I do not really need permanent glasses? |
| ऑप्टीशियन : | सर यह दूरदृष्टि की परेशानी उम्र के साथ बढ़ती जाएगी। अगर आप चश्मा या कॉन्टेक्ट लेंस नहीं लगाएँगे तो आपकी आँखों की जलन व सिरदर्द बना रहेगा और आपकी आँखें प्रतिदिन कमजोर होती जाएँगी। | Sir, this myopia will become progressive with age. If you do not wear glasses or contact lenses, your eyes' strain and headache will persist and your eyes will become weaker day by day. |
| सैम : | ओह! मैं नहीं चाहता कि ऐसा हो। आपके सुझाव के लिए धन्यवाद। मैं निश्चित ही चश्मा बनवा लूँगा। | Ah! I don't want that to happen. Thanks for your suggestion. I'll definitely get the spectacles made. |

| | | |
|---|---|---|
| ऑप्टीशियन : | मगर यह जरूर सुनिश्चित कर लें कि आप उसे हमेशा पहनें, नहीं तो उनका कोई फायदा नहीं होगा। | But make sure that you wear/use them regularly. Otherwise, they will be of no use. |
| सैम : | कॉन्टेक्ट लेंस का क्या? क्या मैं साधारण चश्मे के बजाय उन्हें पहन सकता हूँ? कम से कम यह आकर्षक दिखते हैं। | What about the contact lenses? Can I wear contact lenses instead of the normal spectacles? At least they look trendy. |
| ऑप्टीशियन : | सर, आप कॉन्टेक्ट लेंस या चश्मे में से कुछ भी इस्तेमाल कर सकते हैं। दोनों ही आँखों की क्षीण होती शक्ति को नियंत्रित करने के बचावकारी तरीके हैं। मगर कॉन्टेक्ट लेंस के लिए लगातार साफ-सफाई व सँभाल करनी पड़ती है जबकि चश्मे का रख-रखाव व इस्तेमाल आसान है। आप नीचे चले जाएँ और वहाँ मौजूद सेल्समैन इसमें आपकी मदद कर देगा। आपको वहाँ काफी प्रकार के फ्रेम, कॉन्टेक्ट लैंस व चश्मे मिलेंगे, जिनमें से आप अपनी पसंद के | Sir, you may either use contact lenses or spectacles. Both of them are preventive measures to control deteriorating eye power. But contact lenses require regular hygiene and maintenance whereas spectacles are easy to use and keep. You may go downstairs and the salesman there will asist you with it. You will find a wide variety of frames, contact lenses and glasses to choose from. You can place your order as per your liking. Is there anything else I can do for you? |

| | | |
|---|---|---|
| | मुताबिक चुनकर ऑर्डर पर बनवाई के लिए दे सकते हैं। क्या आप किसी और तरह की सहायता चाहते हैं? | |
| सैम : | नहीं, ठीक है। आपकी सलाह के लिए फिर से धन्यवाद। | No, that's alright. Thanks again for your advice. |
| ऑप्टीशियन : | यह तो मेरे लिए खुशी की बात है। आपसे मिलकर अच्छा लगा। | It's my pleasure, sir. Nice to meet you. |

## 43

## *Conversation between a Customer and a Mobile-seller*

| | | |
|---|---|---|
| सेल्समैन : | गुड मॉर्निंग सर। मैं आपकी किस प्रकार सहायता कर सकता हूँ? | Good morning sir. How may I assist you? |
| रमेश : | नमस्कार, मैं एक अच्छा मोबाइल खरीदना चाहता हूँ, जिसमें सभी आधुनिक फीचर हों, जैसे कि कलर स्क्रीन, एफएम रेडियो, कैमरा, ई-मेल इत्यादि। आपके पास क्या-क्या है? | Hello! I want to buy a good mobile phone with latest features like colour screen, FM radio, camera, e-mail, etc. What do you have? |
| सेल्समैन : | सर, हमारे पास सभी ब्रांड, प्रकार व मॉडल हैं। यह आपकी पसंद व बजट पर निर्भर करता है। क्या मैं जान सकता हूँ कि आपका लगभग कितना बजट है? | Sir, we have all types, brands and models. It depends on your choice and budget. May I ask you what's your approximate budget or range? |

| | | |
|---|---|---|
| रमेश | : हाँ, मुझे 10,000 रुपए से 12,000 रुपए तक के बजट में वह चाहिए। | Yes, I want it in the range of ₹ 10,000 to 12,000. |
| सेल्समैन | : कोई खास ब्रांड? | Any specific brand? |
| रमेश | : नोकिया या सोनी प्लीज। | Nokia or Sony please. |
| सेल्समैन | : ठीक है! यह देखिए, यह रहे। यह नोकिया का अत्यधिक आधुनिक इंटरनेट चालित फोन है। यह काफी पतला, आधुनिक, आसानी से रखा जाने वाला रंगीन व द्विभाषी भी है। यह चार अलग-अलग रंगों में मिलता है, जैसे कि काला, लाल, सिल्वर और नीला। यह रहा इसका मैन्युअल। आप इससे इसके फंक्शन व फीचर्स के बारे में जान सकते हैं। | Okay! Here they are. This is the latest Nokia Internet-friendly phone. It's sleek, portable advanced, coloured and bilingual too. It is available in four different colours such as black, red, silver and blue. Here's the manual. You can refer to it for its functions and features. |
| रमेश | : आहा! मुझे यह पसंद आया। क्या इसके साथ कोई ब्लूटूथ, इयरफोन आता है? | Aha! I really like it. Does it come with a bluetooth, earphone as well? |
| सेल्समैन | : बिलकुल, आपको इसके साथ एक इयरफोन, ब्लुटूथ, हेडसेट व यू.एस.बी. तार भी मिलेगी। आप पेज नं. 12 पर दी गई जानकारी द्वारा इसके साथ मिलने वाली फ्री चीजों के बारे में जान सकते हैं। | Definitely, you'll get an earphone, bluetooth, headset and a USB data cable along with it. You can turn to page No. 12 to have a look at its complementary accessories. |

| | | |
|---|---|---|
| रमेश : | बैटरी बैकअप का क्या? यह कितनी देर चलती है? | What about the battery back-up? How long does it last? |
| सेल्समैन : | सर, यह तो आपके इस्तेमाल पर निर्भर करता है, मगर एक बार पूरी तरह से चार्ज करने के बाद इसकी बैटरी बिना परेशानी कम से कम 24 घंटों तक चलती है। | Sir, it depends on your usage. But once fully charged, the battery lasts upto 24 hours without any problem. |
| रमेश : | वाह! यह तो बहुत बढ़िया लगता है। डाउनलोडिंग का क्या? क्या यह डेटाबेस व एमएमएस भी भेजता है? | Wow! That sounds great. What about downloading? Does it support database and MMS transfer also? |
| सेल्समैन : | सर, यह बहुत जल्दी डाउनलोड करता है, क्योंकि इसकी मेमोरी क्षमता 8 जीबी है। आप इसमें 2,000 से भी अधिक गाने व फोटो-वीडियो रख सकते हैं। जहाँ तक एमएमएस, वीडियो व फोटो भेजने की बात है, उसके लिए आपको फोन सर्विस कंपनी द्वारा किए जीपीआरएस-चलित फंक्शन की जरूरत होगी। यह सभी आधुनिक फोनों में संभव होता है, अगर फोन सर्विस कंपनी द्वारा भेजी खास सेटिंग सेलफोन में चालू हों। | Sir, it downloads very quickly because its memory storage is upto 8 GB. You can store more than 2,000 songs and pictures/videos. As for sending MMS, videos and pictures, you would require GPRS activation from the service provider. All mobile phones support such functions if you have GPRS settings installed in your cellphone. |

| | | |
|---|---|---|
| रमेश : | ओह! मैं समझ गया। इस टचस्क्रीन का क्या? क्या इसमें आसानी से खरोंच नहीं लग जाती? | Ah! I got that. What about this touchscreen? Does it not get scratched easily? |
| सेल्समैन : | सर, आप चाहें तो इसे स्क्रीन-गार्ड लगा कर बचा सकते हैं। उसके अलग से 50 रुपए लगेंगे। क्या आपके लिए एक ले आऊँ? | Sir, you may protect it with a screen-guard if you wish. That'll cost you around ₹ 50/- extra. Shall I get you one? |
| रमेश : | कृपया ले आएँ। ब्रिकी के उपरांत की सर्विस व गारंटी का क्या? | Yes please. What about after-sale service and warranty? |
| सेल्समैन : | सर, यह फोन सभी बिजली-चालित पुर्जों व आईसी सर्किट के लिए एक साल की गारंटी के साथ आता है। अगर एक साल के भीतर कोई भी इस्तेमाल-संबंधी असुविधा पैदा होती है तो आपको फ्री में इसे ठीक करके दिया जाएगा। किसी भी तरह की प्लास्टिक संबंधी टूट-फूट, पानी में गिरने की खराबी व गलत इस्तेमाल संबंधी स्थिति में ग्राहक को स्वयं ही बदले गए हिस्सों की कीमत अदा करनी होगी। | Sir, this phone comes with a one year warranty on electronic items and I.C. circuits. If there be any functional disorder within one year, it shall be repaired free of cost. For any plastic breakage due to fall, water spilling dysfunctionality or manhandling, the customer will have to bear the expenses for the replaced parts. |
| रमेश : | हाँ, मैं यह समझता हूँ। ठीक है, चलो इसी को | Yes, I understand that. Fine, let's go ahead with this. |

| | | |
|---|---|---|
| | खरीद लेते हैं। कृपया बिल बना दें और फोन संबंधी सारी जानकारी व आपकी मोहर इसके वारंटी कार्ड पर लगा दें। आप वीजा कार्ड लेते हैं या मास्टर कार्ड? | Please prepare the bill and place the details and your stamp on the warranty card as well. What do you accept - VISA or MASTER CARD? |
| सेल्समैन : | सर कोई भी चलेगा। आपका कुल बिल 10.2 प्रतिशत सर्विस टैक्स व स्क्रीन-गार्ड की कीमत के साथ बनता है मात्र 10,150 रुपए। क्या मैं इस राशि का कार्ड से भुगतान पूरा कर दूँ? | Either will do, sir. Your total bill along with the 10.2% service tax and screen-guard comes out to be ₹ 10,150 only. Shall I go ahead and process the payment? |
| रमेश : | ठीक है, कर दो। | Ya, go ahead. |
| सेल्समैन : | यह लीजिए आपके बिल की कॉपी व आपके भुगतान की रसीद। इस सेल की कॉपी पर कृपया हस्ताक्षर कर दें। धन्यवाद। आप अपना सामान रिसेप्शन से ले सकते हैं। | Here is your copy of the bill and payment receipt. Please sign this sale's copy. Thank you. You may collect your packet from the main reception. |
| रमेश : | अच्छा, आपकी सहायता के लिए शुक्रिया। | Fine, thanks a lot for your help. |
| सेल्समैन : | सर, आपका स्वागत है। मुझे इसमें काफी खुशी हुई। गुडबाय। | You're welcome, sir. It was my pleasure. Goodbye! |
| रमेश : | गुडबाय। | Goodbye! |

# 44

## *Conversation between Two Friends about Career Counselling*

| | | |
|---|---|---|
| रोहित | : हैलो शाम, तुम कैसे हो? | Hello Sham! How do you do? |
| शाम | : हैलो रोहित, मैं ठीक हूँ। शुक्रिया। आजकल कहाँ रहते हो? मैंने कितनी बार तुमसे संपर्क करने की कोशिश की, मगर तुमने कभी जवाब नहीं दिया। | Hey Rohit ! I am fine. Thank you. Where have you been off late? I contacted you so many times but you never replied. |
| रोहित | : माफ करना, मैं आजकल काफी व्यस्त रहता हूँ। आजकल मैं एक पार्ट-टाइम नौकरी व कंप्यूटर एप्लीकेशंस में डिप्लोमा कोर्स कर रहा हूँ, इसलिए बातचीत या मिलने-जुलने के लिए समय नहीं बचता। | Sorry about that. I have been really occupied these days. I have taken up a part-time job and a diploma course in computer applications and, therefore, I am left with no spare time for chatting or socialising. |
| शाम | : वाह! मुझे यह जानकर तुम्हारे लिए बहुत खुशी हुई, मगर तुमने यह इतनी खूबसूरती से कैसे किया? हमारा परीक्षाफल तो अभी ही आया है और कॉलेजों में प्रवेश प्रक्रिया तो अभी बाकी है। तुमने इतनी जल्दी कहाँ प्रवेश ले लिया? | Wow! I am very happy for you. But how did you manage it so well? Our result has just been declared and the college admissions are yet to start. Where did you enrol yourself so early? |
| रोहित | : देखो शाम, तुम तो जानते ही हो कि मैं अपने जीवन व करियर को लेकर कितना गंभीर हूँ। तुम्हें वो | See Sham, you know how focussed I am about my career and life. Do you remember that *Superspeed* |

| | | |
|---|---|---|
| | *सुपरस्पीड कंप्यूटर कोर्स* याद है? मैंने वह किताब खरीदकर घर पर ही अपनी तैयारी की और आई.टी.आई. के डिप्लोमा कोर्स में आवेदन-पत्र भर दिया। जब मुझे इंटरव्यू के लिए बुलाया गया तो मैंने उनके सभी प्रश्नों का संतुष्टिजनक उत्तर दिया क्योंकि मैंने पहले ही *सुपरस्पीड कंप्यूटर कोर्स* की किताब अच्छे से पढ़ ली थी। इंटरव्यू पैनल के लोग मेरी तैयारी से संतुष्ट हो गए और मैं चुन लिया गया। और जहाँ तक नौकरी का सवाल है, मैं आई.टी.आई. के करियर-काउंसलर से मिला और अपना नाम वहाँ दर्ज करा दिया। एक हफ्ते में ही मुझे लैब-सहायक के रूप में कॉलेज-परिसर में काम मिल गया व क्लास के बाद हर रोज प्रतिमाह 3 घंटों के काम के लिए 2,000 रुपए का स्टाइपंड मिलने का आश्वासन भी। | *Computer Course*? I purchased that book and prepared myself at home and applied for diploma program at ITI. On being called for an interview, I answered all their queries satisfactorily as I had read that *Superspeed Computer Course* from A to Z. The panel was satisfied with my preparation and I got selected. As for the job, I went to see the career counsellor at ITI and registered my name there. Within a week, I was called for the lab assistance job of within the campus and promised a stipend of ₹ 2,000 per month for devoting three hours daily after my classes. |
| शाम | : बहुत बढ़िया। यह तो दुगुने फायदे की बात है। | Wonderful! That's like double the benefit. |
| रोहित | : हाँ, कमाई के साथ पढ़ाई। | Yes, earn while you learn. |

| | | |
|---|---|---|
| | इस तरह से मैं जो भी क्लास में सीखता हूँ, मुझे उसका प्रेक्टिकल ज्ञान शाम को मिल जाता है। इस कोर्स की यह सबसे अच्छी बात है। | Thus, whatever I learn during my class, I get its practical exposure in the evening. That's the best part of the course. |
| शाम : | यह तो तुम्हारे लिए बहुत ही अछा है। मुझे तुमसे ईर्ष्या हो रही है। अरे, मजाक कर रहा हूँ। क्या तुम्हें लगता है कि मुझे भी इसकी कोशिश करनी चाहिए? | It must be really nice for you. How I envy you! Just kidding, ha! Do you think I should also try for that? |
| रोहित : | क्यों नहीं! बस अच्छे से तैयारी करो और फिर अपनी योग्यता के अनुसार सही कोर्स में आवेदन करो। अगर तुम इंटरव्यू ठीक से दे पाओगे तो तुम्हें निश्चय ही किसी कॉलेज में सीट मिल जाएगी। | Why not! Just do your homework well and then apply for a suitable course. If you manage the interview well, you shall certainly get a seat in the campus. |
| शाम : | ठीक है। तुम्हारी अनमोल सलाह के लिए शुक्रिया। तुमसे आज मिलकर बहुत अच्छा लगा। मैं भी अपना समय व ऊर्जा बरबाद नहीं करना चाहता। काश! मैं भी सफल हो पाता। | Alright! Thanks for your precious advice. It was really nice to meet you today. I don't wanna waste my time and energy either. I hope I get successful too. |
| रोहित : | शाम याद रखो, 'जहाँ चाह वहाँ राह।' बस सही काम करो और बाकी भगवान् पर छोड़ दो। तुम्हारे | Remember, Sham : "Where there is a will, there is a way." Just do the right actions, and leave the rest to God. All the |

| | | |
|---|---|---|
| | मंगलमय प्रयास के लिए शुभकामनाएँ! | best for your efforts in advance! |
| शाम : | शुक्रिया, तुम वाकई में एक हीरो जैसे हो। तुम जिससे भी मिलते हो, उसे प्रेरित कर देते हो। तुम्हारे इतने आशावादी स्वभाव को देखकर बहुत हैरानी होती है। | Thanks. You're a real hero. You inspire everyone you meet. It's amazing to see your so optimistic outlook. |
| रोहित : | अब बस करो। तुम्हारी इतनी ज्यादा प्रशंसा भरी तारीफें सुनकर मैं शर्मसार महसूस कर रहा हूँ, पर फिर भी तारीफ के लिए शुक्रिया। अब मैं तुम्हारी इजाजत चाहता हूँ। मुझे घर के लिए देर हो रही है। माँ चिंता करना शुरू कर देगी। | Now, don't go on. I'm feeling embarrassed with your compliments being so lavish. But anyway, thanks for the praise. Now, I'll take your leave. I'm getting late for home. Mom would start worrying. |
| शाम : | ठीक है, गुडबाय। अपनी माताजी को मेरा सादर प्रणाम कहना। अपना खयाल रखना। | Ok, Goodbye! Pay my regards to your mother. Take care. |
| रोहित : | गुडबाय! फिर मिलेंगे। | Goodbye! See you, later. |

## 45

## *Conversation between a Loan Agent and a Customer*

| | | |
|---|---|---|
| एजेंट : | हैलो मि. शर्मा, मैंने आपका लोन का आवेदन-पत्र देखा है और मैं आपसे कुछ | Hello, Mr. Sharma! I have seen your application for the loan approval and would like |

| | | |
|---|---|---|
| | सवाल पूछना चाहता हूँ। क्या आप इसके लिए तैयार हैं? | to ask you few questions. Are you ready for that? |
| रोहित | : जी सर, पूछिए। | Yes, sir. Go ahead. |
| एजेंट | : आप किस तरह का लोन चाह रहे हैं? | What type of loan are you looking for? |
| रोहित | : मैं होम लोन लेना चाहता हूँ। | I am interested in home loan. |
| एजेंट | : ठीक है, आप कुल कितनी राशि का लोन लेना चाहते हैं? | Alright. How much total amount do you wish to be loaned? |
| रोहित | : लगभग 15 लाख रुपए। | Approximately ₹ 15 lakh. |
| एजेंट | : आप कितने साल की किश्तें बनवाना चाहते हैं? | For how many years do you propose to make easy monthly installments? |
| रोहित | : अगर संभव हो तो मैं सात साल के प्लान के लिए जाना चाहता हूँ। | If possible, I wish to go for a 7-years' plan please. |
| एजेंट | : अच्छा, हम देखेंगे कि यह लगभग कितना बैठता है। कागजी कार्रवाई का क्या? क्या आपके पास पैन नंबर है? | Fine, we'll see how much that comes around to be. What about the paper work? Do you have PAN number in handy? |
| रोहित | : हाँ मेरे पास है यह रहा कार्ड। | Yes, I do. Here's the card. |
| एजेंट | : आपकी आई.टी.आर. का क्या? क्या आप अपनी रिटर्न्स लगातार व ईमानदारी से भरते हैं? | What about your ITR? Do you regularly and honestly maintain your returns? |
| रोहित | : हाँ, पिछले 5 सालों से मैं लगातार अपनी रिटर्नस भर | Ya! For the last five years, I have been consistently filing |

| | | |
|---|---|---|
| | रहा हूँ और मेरे पास इसकी सभी रसीदें व कागज हैं। | my returns and have all the supporting receipts and papers for that. |
| एजेंट | : अच्छा है! आपकी मौजूदा कमाई के साधन के बारे में बात करते हैं। आप अभी कहाँ नौकरी करते हैं? | Good! Let's talk about your present source of income. Where are you employed presently? |
| रोहित | : मैं पिछले पाँच वर्षों से टाबा स्टील इंडस्ट्री में प्रोजेक्ट मैनेजर की हैसियत से काम कर रहा हूँ। | I am working with Taba Steel Industry as project manager for the last five years. |
| एजेंट | : आपकी सालाना कमाई कितनी है? | How much is your annual CTC? |
| रोहित | : लगभग 15 लाख वार्षिक। सभी कटौतियों, करों व पी.एफ. भागीदारी इत्यादि के उपरांत मुझे सालाना लगभग 12 लाख रुपए मिलते हैं। | It's roughly ₹ 15 lakh p.a. After deductions, adjustments and P.F. contirubion, etc. I get in-hand ₹ 12 lakh p.a. |
| एजेंट | : क्या जरूरत पड़ने पर आप अपनी तनख्वाह की रसीद, बैंक स्टेटमेंट व अपना नौकरी नियुक्ति-पत्र दिखा पाएँगे? | Can you produce supporting salary slips, bank statements and appointment letter if need be? |
| रोहित | : जी बिलकुल, मुझे इसमें कोई आपत्ति नहीं। | Of course, I have no problem with that. |
| एजेंट | : क्या आपने पहले भी कभी कोई और लोन लिया है? | Have you ever taken any other loan? |
| रोहित | : नहीं, यह पहली बार है कि मैं किसी भी तरह के लोन के लिए आवेदन भर रहा हूँ। | No, this is the first time I'm applying for any type of loan. |

| | | |
|---|---|---|
| एजेंट : | क्या आप कभी भी किसी कानूनी कार्रवाई के लिए कोर्ट में प्रस्तुत या सजा के भागी हुए हैं? | Have you ever been accused or tried for any legal charge? |
| रोहित : | भगवान् की दया से नहीं। मैं कभी भी किसी आपराधिक या गैर-आपराधिक गतिविधि के लिए बदनाम, प्रस्तावित या सजा का भागी नहीं हुआ हूँ। अगर जरूरत हो तो मैं अपने मौलिक व्यवहार का प्रमाण-पत्र अपने वर्तमान या भूतपूर्व कंपनी से ला सकता हूँ। | With God's grace, no. I have never been charged, accused or tried for any criminal or non-criminal proceedings. I can even produce a bona fide certificate from my previous or current employer, if needed. |
| एजेंट : | नहीं, इसकी जरूरत नहीं। आपकी बाकी संपत्ति का क्या? आपके पास कुल कितनी जमा राशि व अन्य वस्तु स्वरूपी मूल है—जैसे कि घर, शेयर, स्टॉक, निवेश, फंड व आदि? | That's alright. What about your other assets? How much total worth in liquid and otherwise do you possess including housing, shares, stocks, investments, funds and movables? |
| रोहित : | लगभग 30 लाख रुपए। | Around ₹ 30 lakh. |
| एजेंट : | लोन जल्दी पास कराने के लिए क्या आप हमें आपके नाम पर जारी सभी वस्तुओं के दस्तावेजों की कॉपी दे पाएँगे? | Would you be able to supply us the xerox copy of the documents of all the assets in your name to process the loan fast? |
| रोहित : | बिलकुल, मैं कब पेपर ले आऊँ? | Definitely. When shall I supply the papers? |
| एजेंट : | आप जितनी जल्दी ला सकें, उतना अच्छा और | As soon as you can arrange. As for the loan at 8% p.a., we |

| | | |
|---|---|---|
| | जहाँ तक आठ प्रतिशत वार्षिक दर पर लोन का सवाल है, हम आपकी सुविधानुसार 7–8 साल के लिए लगभग 1,000 रुपए की तिमाही भुगतान अदायगी तय कर देंगे। क्या यह आपके लिए ठीक रहेगा? | will make installments for 7-8 years as per your convenience for around ₹ 1,000 as quarterly payment. Would that be fine with you? |
| रोहित : | हाँ, मुझे लगता तो है। ठीक है, तो मैं कल सभी दस्तावेजों के साथ वापिस आता हूँ, ताकि हम इसकी बारीकियाँ व भुगतान राशि तय कर सकें। | Yes, I think so. Fine, so I'll come back tomorrow with all the papers and then we can finalise the figures and details. |
| एजेंट : | क्या आप कुछ और जानकारी लेना चाहते हैं? | Is there anything else you want to know? |
| रोहित : | नहीं, अभी तो नहीं। आपकी सहायता के लिए धन्यवाद। मैं अब आपकी इजाजत चाहता हूँ। कल मिलते हैं। गुडबाय। | Not as of now. Thank you for your patience and cooperation. I shall take your leave now. See you tomorrow. Goodbye! |
| एजेंट : | गुडबाय, सर। | Goodbye, sir. |

## 46

## *Conversation between a Husband and a Wife about Their Child*

| | | |
|---|---|---|
| पति : | प्रिय, क्या तुम्हें नहीं लगता कि अब रूबी को प्लेस्कूल भेजने का समय आ गया है? वह तीन साल की हो | Dear, don't you think it's high time we should send little Ruby to playschool? She is three already and talks a |

| | | |
|---|---|---|
| | चुकी है और बहुत बातें करती है। | lot. |
| पत्नी : | ओह! नहीं अभी नहीं, वह तो अभी बस 2 साल और 8 महीनों की ही है। मुझे लगता है कि वह अभी स्कूल जाने के लिए बहुत छोटी है। | Oh, no dear. Not as yet. She is just of 2 years and 8 months. I think she is too young to attend school. |
| पति : | सीमा, मैं तुम्हें नाराज नहीं करना चाहता, मगर तुमने मेरी बात गौर से नहीं सुनी। मैंने कहा प्लेस्कूल, ना कि फॉर्मल स्कूल। मेरे मुताबिक रूबी टॉयलेट-ट्रेंड है। वह सब कुछ बता पाती है। वह जानती है कि कैसे उसे अपना संदेश दूसरों तक पहुँचाना है। वह जो भी चाहती है, उसके बारे में बात कर पाती है। मुझे लगता है कि यह सही उम्र है, जब वह प्लेस्कूल जाकर दूसरे बच्चों के साथ उठना-बैठना व मिलना-जुलना सीख सकती है। तीन साल बाद तो वह फॉर्मल स्कूल जाना शुरू कर देगी। तुम अचानक से उससे यह नहीं करवाना चाहोगी, है ना? | Seema, I didn't mean to offend you but you didn't listen to me carefully. I said the playschool, not the formal school. I mean, Ruby is toilet-trained. She speaks everything. She knows how to convey her message across. Whatever she wants, she can easily talk about that. I think it's the right age for her to attend playschool to learn how to sit, behave and coordinate within a given environment. After three years, she would attend a formal school. You don't want her to do that suddely, do you? |
| पत्नी : | नहीं, मैं ऐसा भी नहीं चाहती। मगर उसे अपने | No, I don't want that either. But the idea of sending her |

| | | |
|---|---|---|
| | से दूर भेजने की बात मुझे बहुत डरा देती है। | away scares me a lot. |
| पति : | तो क्या तुम उसे घर से कभी बाहर ही नहीं जाने दोगी? | So, do you mean you'll never let her go out of home ever? |
| पत्नी : | अब तुम ज्यादा ही प्रतिक्रिया कर रहे हो। | Now you are over-reacting. |
| पति : | प्रिय, मेरी बात समझने की कोशिश करो। हर किसी को वातावरण के अनुसार ढलने के लिए समय चाहिए होता है। अगर वह अभी से प्लेस्कूल जाना शुरू कर देगी तो जल्दी ही अच्छे से घुल-मिल जाएगी। साथ ही वह अक्षर ज्ञान, गिनती, पेंसिल का इस्तेमाल वगैरह प्लेस्कूल में सीखना शुरू कर देगी। मेरे दोस्त मि. शर्मा की बेटी भी प्लेस्कूल जाती है। और आज जब मैं उनकी बेटी से मिला तो वह हमारी रूबी से ज्यादा खुश व हृष्ट-पुष्ट लगी। तब ही मुझे समझ आया कि हमारी बच्ची क्या नहीं पाएगी, अगर हमने उसे प्लेस्कूल नहीं भेजा। वैसे भी, प्लेस्कूल की गतिविधियाँ प्लेवे तरीके पर ही आधारित होती हैं। तो उसे भी बाकी बच्चों के साथ | Dear, understand my point. Everyone needs the adjustment time. If she attends some playschool now, she would learn to acclimatize. Besides, she would also start learning alphabets, counting and use of pencil, etc. at the playschool. My friend, Mr. Sharma's daughter goes to playschool. And when I met his daughter today, she seemed more jovial and active than our Ruby. It was then that I realised what our child would be missing if we don't send her to attend a playschool. After all most of the activities at playschool are based on playway method. So, she would have fun while playing and swinging with other children |

| | | |
|---|---|---|
| | खेलने व झूले-झूलने में बहुत मजा आएगा। | around. |
| पत्नी : | मगर उसकी सुरक्षा का क्या? मैं उसके साथ हर समय नहीं रह सकती। | But what about her safety? I can't be there with her all the times. |
| पति : | तुम्हें जरूरत भी नहीं। स्कूल का स्टाफ, अध्यापक, गार्ड, गाइड, केयरटेकर व अटेंडेंट वगैरह सभी वहाँ होते हैं और ध्यान रखते हैं कि सभी बच्चे बहुत ध्यानपूर्वक सभी गतिविधियाँ करें। तो तुम इसके बारे में बहुत ज्यादा चिंता मत करो। | You need not to. The school staff, teachers, guards, guides, caretakers, attendants will all be there to ensure that all the children do those activities carefully. So, don't worry too much about that. |
| पत्नी : | मुझे लगता है कि आप सही कह रहे हैं। चलिए, रूबी से पूछते हैं। | I think you've a point. Let's ask Ruby. |
| | हैलो प्यारी गुड़िया, क्या तुम स्कूल जाना चाहती हो, जहाँ बहुत सारे दोस्त, झूले, खिलौने व खाने-पीने की चीजें होती हैं? | Little angel Hello! Do you wanna go to school with a lot of friends, swings, toys and eatables? |
| रूबी : | हाँ, मैं चाहती हूँ। मैं स्कूल जाना चाहती हूँ। | Ya, I want. Ya, I wanna go to school. |
| पति : | देखो, मैं इसी चीज का जिक्र कर रहा था। सीमा, अभी पतझड़ का समय है। कल मिसेज शर्मा से मिलकर दाखिले संबंधी जानकारी ले लो और कोशिश करना कि इस माह | See, that's what I'm talking about. Seema, it's the fall session. Go, ask Mrs. Sharma tomorrow about the admission procedure and see if it can be finalised by this month's end. I don't think we |

| | | |
|---|---|---|
| | के अंत तक यह काम पूरा हो जाए। मुझे नहीं लगता हमें और देर करनी चाहिए। है, ना? | wanna delay it further. Right? |
| पत्नी : | हाँ प्रिय, मैं आपकी बात से सहमत हूँ। मैं निश्चय ही कल यह काम कर लूँगी। तुम्हें सोने में देर हो रही है। चलो चलकर नींद पूरी कर लेते हैं। शुभ रात्रि। | Yes, dear. I agree with that. I'll surely take care of it tomorrow. You're getting late for bed. Let's go and catch up some sleep. Good night! |
| पति : | शुभ रात्रि प्रिय, और शुभ रात्रि मेरी छोटी प्यारी बच्ची। अच्छे सपनों में खो जाना। | Good night dear, and good night my sweet little cutie-pie. Have sweet dreams. |

## 47

## *Conversation between a Class Teacher and a Parent*

| | | |
|---|---|---|
| क्लास टीचर : | गुड मॉर्निंग मि. भाटिया। आप कैसे हैं? | Good morning Mr. Bhatia. How do you do? |
| मि. भाटिया : | गुड मॉर्निंग मैडम। मैं ठीक हूँ। धन्यवाद। मैं आपसे अपनी बेटी रूबी की पढ़ाई इत्यादि के बारे में जानने आया हूँ। आपके अनुसार वह कैसा कर रही है? | Very good morning madam. I am fine. Thank you. I have come to you regarding my daughter Ruby's performance. How do you think is she doing? |
| क्लास टीचर : | मेरे खयाल से उसकी समझदारी व हाजिर- | Well, I am sure you are aware of her intelligence and ready |

| | | |
|---|---|---|
| | जवाबी से आप भी परिचित होंगे। यह रही उसकी प्रगति रिपोर्ट। आप उसके सभी विषयों में प्राप्त अंक देख सकते हैं। अंग्रेजी व कंप्यूटर के अलावा उसने सभी विषयों में ठीक-ठाक परफॉर्म किया है। मुझे यह कहने में कोई संकोच नहीं कि वह एक होशियार बच्ची है, जो कि कक्षा में हो रही गतिविधियों के दौरान बहुत ही सजग व केंद्रित रहती है। उसकी स्कूल संबंधी सभी गतिविधियों में भागीदारी प्रशंसनीय है, मगर उसकी कंप्यूटर व अंग्रेजी में खराब परफॉर्मेंस के चलते, मुझे लगता है कि आपको उसे एक्स्ट्रा कोचिंग दिलवानी चाहिए। क्या वह इनके लिए कोई ट्यूशन लेती है? | wit. Here's her progress report. Take a look at her scores in all the subjects. She has managed to score satisfactorily in all the subjects except English and Computer. I have no qualms in saying that she is a brilliant child, who is very attentive and focussed during the classroom interactions. Her participation in all school activities is also praiseworthy. But as for her poor performance in English and Computers, I think you need to provide her extra classes or coaching. Does she attend any tuition for these? |
| मि. भाटिया : | जी मैडम। वह एक अध्यापक के पास | Yes, madam. She does go to a tutor but I can see that it |

| | | |
|---|---|---|
| | जाती है, मगर मैं देख सकता हूँ कि उससे उसके अंकों में कोई सुधार नहीं आया है। आपके अनुसार एक जिम्मेदार पिता होने के नाते मुझे क्या करना चाहिए? मैं पूरे असमंजस में हूँ। | hasn't brought any improvement in her performance. What do you think I should do as a responsible parent? I'm in a dilemma. |
| क्लास टीचर : | सर, मैं जानती हूँ कि आप रूबी के भविष्य व पढ़ाई को लेकर काफी जागरूक हैं। मुझे लगता है आपको मिस नीरू व मिसेज प्रभा से मिलना चाहिए। वे उसकी अंग्रेजी व कंप्यूटर की शिक्षिका हैं। वे दोनों ही आपको स्टाफ रूम में मिलेंगी। मुझे लगता है कि वे बेहतर निष्कर्ष निकाल पाएँगी कि परेशानी क्या है और उसे कैसे हल किया जाए। इसके अलावा मैं आपको *सुपर स्पीड इंग्लिश स्पीकिंग कोर्स* व *कंप्यूटर कोर्स* की किताबें खरीदने | Sir, I know that you are very much concerned about her future and studies. What I feel is that you should go and see Ms. Neeru and Mrs. Prabha. They are her subject teachers for English and Computer respectively. Both of them will be available in the staff-room. I think they would better judge as to what's the problem and how to resolve it. In addition, I would like to recommend you to buy the *Superspeed English Speaking Course* and *Computer Course* books. These books will help Ruby in gaining the in-depth knowledge of these subjects. If her basics get strengthened, there is no way she would |

| | | |
|---|---|---|
| | का सुझाव भी दूँगी। यह पुस्तकें रूबी को इन विषयों को गहराई से समझने में सहायता करेंगी। अगर उसका बेस मजबूत हो जाए तो कोई कारण नहीं कि वह परीक्षा में अच्छे अंक ना प्राप्त कर पाए। मैंने इन दोनों ही किताबों को बच्चों की मजबूत पकड़ की नींव बनने में सहायक पाया। आप लाइब्रेरी में भी उन दो पुस्तकों को पढ़ सकते हैं या घर के लिए जारी करवा सकते हैं। | not fare well in exams. I found these two books very helpful in building students' fundamentals strong. You may refer to them or get them issued from the library as well. |
| मि. भाटिया : | आपके अच्छे सुझावों के लिए धन्यवाद मैडम। मैं आज ही यह पुस्तकें खरीद लूँगा। मैं अब आपकी इजाजत चाहूँगा, ताकि मैं इसकी विषय-शिक्षिकाओं से भी मिल लूँ। मैं रूबी के उज्ज्वल भविष्य के लिए कोई भी कसर नहीं छोड़ना | Thanks for your kind suggestions, madam. I'll surely buy these books today itself. I shall take your leave now and go to see her subject teachers as well. I don't wanna leave any stone unturned for Ruby's bright future. Goodbye for now. Thank you once again. |

| | | |
|---|---|---|
| | चाहता। अब चलता हूँ। एक बार फिर आपका शुक्रिया। | |
| क्लास टीचर : | कोई बात नहीं, आपका स्वागत है। | Its's ok, you're welcome. |
| (रूबी से) : | और तुम छोटी चैंपियन, अच्छे काम करती रहो, ठीक है। देखो, तुम्हारे पिता कितने दृढ़ निश्चयी हैं। तुम्हें अगली बार से और मेहनत करनी होगी। अगली बार के लिए शुभकामनाएँ! गुडबाय! | (to Ruby) And you little champ, keep up the good work, alright. See, how determined your father is. You need to try harder next time. All the best for next time! Goodbye! |

## 48

## *Conversation between a Student and an Auto Driver*

| | | |
|---|---|---|
| यात्री : | ऑटो, ऑटो। | Auto, Auto. |
| ऑटो ड्राइवर-1 : | जी मैडम, कहाँ जाना चाहती हैं? | Yes, madam, where do you wanna go? |
| यात्री : | मैं इंडिया गेट जाना चाहती हूँ। वहाँ का कितना लगेगा? | I wanna go to the India Gate. How much would that be? |
| ऑटो ड्राइवर-1 : | 100 रुपए लगेगा। | It'll be ₹ 100/-. |
| यात्री : | हे भगवान्! यह तो बहुत ज्यादा है। यह कितना दूर है? मेरे ख्याल से यहाँ से सिर्फ 4 कि.मी.। | Oh my God! That's too much. How many kilometres away is that? I think barely 4 kms from here. ₹ 100/- is too much. |

| | | |
|---|---|---|
| | 100 रुपए बहुत ज्यादा हैं। | |
| ऑटो ड्राइवर-1 : | मैडम, कॉमनवेल्थ गेम्स की वजह से सभी रास्ते बदल दिए गए हैं। दूरी तो कम है, मगर सड़कों पर जाम बहुत बढ़ गया है, जिसकी वजह से 4 कि.मी. की दूरी तय करने में ही 1 घंटे से भी ज्यादा समय लग जाता है। तो मैं ज्यादा नहीं माँग रहा। आपको वहाँ ले जाने के लिए इससे कम में कोई राजी नहीं होगा। | Madam, due to the Commonwealth Games, all lanes have been changed. The distance is less but the jams on the road have increased, due to which it takes more than an hour to cover even 4 kms around that area. So, I'm not overcharging. Nobody would agree to take you there for less than this amount. |
| यात्री : | ओह! कोई बात नहीं, मैं इतने ज्यादा पैसे नहीं दे सकती। मैं केवल एक छात्रा हूँ। मैं शायद दूसरे से पूछूँगी। | Ah! Doesn't matter. I can't afford to pay so much of amount. I'm just a student. May be I'll try another one. |
| ऑटो ड्राइवर-1 : | ठीक है, जैसी आपकी मरजी। | Alright, as you wish. |
| यात्री दूसरे ऑटो चालक से : | ऑटो, ऑटो। | (to second auto-driver) : Auto, Auto. |
| ऑटो ड्राइवर-2 : | जी मैडम, कहाँ को? | (Stops) : Yes madam, where to? |

| | | |
|---|---|---|
| यात्री : | इंडिया गेट की तरफ। | India Gate please. |
| ऑटो ड्राइवर-2 : | ठीक है, कृपया बैठ जाएँ। | Alright, please get in. |
| यात्री : | उसका कितना किराया लगेगा? | How much would that cost? |
| ऑटो ड्राइवर-2 : | आप मीटर के अनुसार अदा कर सकती हैं। | You can pay by meter. |
| यात्री : | यह तो अच्छा है। आप वहाँ जाने के लिए कैसे तैयार हो गए? मैंने तो सुना है कि जाम की वजह से कोई भी ऑटो चालक उस तरफ नहीं जाना चाहता। | That's good. How come you got ready to go there? I've heard that due to jammed roads these days, no auto-driver wants to head towards that direction. |
| ऑटो ड्राइवर-2 : | नहीं मैडम, ऐसा कहना गलत होगा। और जहाँ तक अभी की बात है तो मैं उसी दिशा में जा रहा था। मेरा घर के.जी. मार्ग पर है तो मुझे तो इंडिया गेट से हर रोज 4 बार आना-जाना पड़ता है। | No madam. It would be incorrect to say so. As for now, I had to go towards that direction anyway. I stay at K.G. Marg. So, I have to commute across India Gate four times daily. |
| यात्री : | ठीक है। | Alright. |
| ऑटो ड्राइवर-2 : | क्या आप गाना सुनना पसंद करेंगी? | Would you like me to put the music on? |

| | | |
|---|---|---|
| | क्या मैं गाने चला दूँ? | |
| यात्री : | नहीं, रहने दें मुझे नहीं चाहिए। धन्यवाद। | No. I don't want that. Thanks. |
| ऑटो ड्राइवर-2 : | लीजिए पहुँच गए। आप कौन-से प्रवेश मार्ग पर उतरना चाहेंगी? | Here you are. Which entry route do you want to get down at? |
| यात्री : | वह जो नावों के क्षेत्र को मुख्य द्वार से जोड़ता है। | The one that connects the boating area to the main gate. |
| ऑटो ड्राइवर-2 : | आह! वह तो गेट नं. 1 है। ठीक है, मैं आपको वहाँ उतार देता हूँ। यह रही आपकी मंजिल। | Ah! That's Gate No. 1. Okay, I'll drop you there. Here is your destination. |
| यात्री : | कितना दूँ? मुझे कितना भुगतान करना है? | How much do I need to pay? |
| ऑटो ड्राइवर-2 : | आप खुद देख सकती हैं। मीटर कुल राशि 55 रुपए दिखा रहा है। | You may look yourself. The meter reflects the total fare of ₹ 55/-. |
| यात्री : | यह रहे रुपए। खुले रख लें। | Here is the money. Keep the change. |
| ऑटो ड्राइवर-2 : | धन्यवाद मैडम। | Thank you madam. |

# 49

## Conversation between School Admission In-charge and Parents (Seeking Admission of Their Child

| | | |
|---|---|---|
| दाखिला अधिकारी : | गुड मॉर्निंग सर। हैलो मैडम। आइए बैठिए। | Good morning sir. Hello madam! Please be seated. |
| पिता : | गुड मॉर्निंग मैडम। | Good morning madam. |
| माता : | हैलो मैडम। | Hello madam! |
| दाखिला अधिकारी : | हैलो प्यारी बच्ची, तुम्हारा शुभ नाम क्या है? | Hello sweet angel. What's your good name? |
| बच्ची : | हैलो मैं रूबी हूँ। | Hello! I am Ruby. |
| दाखिला अधिकारी : | बहुत प्यारा नाम है। तुम कैसी हो? | That's a lovely name. How do you do? |
| बच्ची : | मैं ठीक हूँ, धन्यवाद। | I am fine, thank you. |
| दाखिला अधिकारी : | बहुत बढ़िया। आपकी बेटी बहुत ही हाजिर-जवाब व सतर्क है। जी मिसेज व मि. शर्मा, मैं आप लोंगों से भी कुछ प्रश्न पूछना चाहती हूँ। क्या हम आगे बढ़ें? क्या आप तैयार हैं? | Very good. Your daughter is very responsive and alert. Yes, Mrs. and Mr. Sharma, I want to ask you people a few questions as well. Shall I go ahead? Are you ready? |
| पिता : | जैसा आप चाहें, मैडम। | As you like madam. |

| | | |
|---|---|---|
| दाखिला अधिकारी : | आपने यही स्कूल क्यों चुना? | Why did you choose our school? |
| पिता : | मैडम, इसका आस-पास के इलाके में काफी नाम है। और फिर यह हमारे घर के नजदीक भी है, तो रूबी को भी आसानी होगी। | Madam, it has a great reputation in the market. Besides, it's very near to our home. So, Ruby will find it convenient too. |
| दाखिला अधिकारी : | और मिसेज शर्मा आपका इस बारे में क्या कहना है? | And what do you have to say about it, Mrs. Sharma? |
| माता : | मैडम, मेरी एक सहकारी मित्र की बेटी यहाँ पढ़ती है। उनसे मुझे आपके प्लेवे तरीकों से सीखने, अकसर घूमने फिराने, पिकनिक व बाकी प्रतियोगी गतिविधियों इत्यादि के बारे में पता चला, जो कि मैं मानती हूँ कि एक बच्चे के संपूर्ण विकास के लिए बहुत जरूरी है। | Madam, one of my colleagues' daughter is attending your school. From them, I came to know about your playway methods of learning and regular excursions, field trips and co-curricular activities, etc., which I feel are very important for the natural and overall development of a child. |
| | एक माँ होने के नाते मैं भी यही | Being a parent, I also want the best of all resources for |

| | | |
|---|---|---|
| | चाहती हूँ कि मेरी बेटी को सबसे अच्छा माहौल मिले, इसीलिए मेरे पति और मैंने यह निर्णय लिया कि रूबी का दाखिला यहाँ हो। | my child. Hence, I and my husband decided to get Ruby admitted here. |
| दाखिला अधिकारी : | ठीक है, तो उसकी पढ़ाई का क्या? मेरा मतलब है कि आप दोनों तो नौकरीशुदा हैं तो घर पर उसकी पढ़ाई की देखरेख कौन करेगा? | Fine. So, what about her education? I mean, since both of you are working, who's gonna take care of her studies at home? |
| पिता : | मैडम, मेरी पत्नी भी टीचर ही हैं। वह दोपहर तक घर आ जाती हैं और शाम को आराम से रूबी की पढ़ाई का ध्यान रख सकती हैं। और मैं भी शाम को 6.30 बजे तक आ जाता हूँ और रूबी के साथ कम से कम 3 घंटे रोजाना बिताता हूँ। तो मुझे | Madam, my wife is a teacher as well. She returns home by afternoon and can easily take care of Ruby's education in the evening. Even I return by 6.30 p.m. and spend at least three hours daily with Ruby. So, I guess there would not be any problem as such. |

| | | |
|---|---|---|
| | नहीं लगता कि ऐसी कोई खास परेशानी होगी। | |
| दाखिला अधिकारी : | अच्छा, तो मिसेज शर्मा आप किस स्कूल में कार्यरत हैं? | Alright. So, which school do you work with, Mrs. Sharma? |
| माता : | ए.बी.सी. वर्ल्ड स्कूल, सीपी शाखा में। | That's ABC World School, C.P. branch. |
| दाखिला अधिकारी : | बहुत बढ़िया। डे-बोर्डिंग का क्या? आप इसे वहाँ क्यों रखना चाहते हैं? | That's wonderful. What about the day-boarding? Why do you wanna keep her there? |
| माता : | देखिए, जैसा कि मि. शर्मा ने भी आपको बताया कि मैं दोपहर में घर लौटती हूँ, मगर रूबी के प्लेस्कूल का समय केवल 12 बजे तक ही होता है। इसीलिए हम उसे यहाँ डे-बोर्डिंग में रखना चाहते हैं, ताकि वह 4 बजे तक घर लौटे। यह उसके लिए लंबी अवधि में भी | See, as Mr. Sharma also told you that I return by afternoon. But Ruby's playschool timing will be only till 12 p.m. That's why we want her to be in day-boarding till 4.00 p.m. and then return home. It would be fruitful for her in the long run also. |

| | | |
|---|---|---|
| | अच्छा साबित होगा। | |
| दाखिला अधिकारी : | क्या आप लोगों के घर में दादा-दादी या आया नहीं है? किसी भी मेडिकल संबंधी परेशानी के समय तुरंत कौन हाजिर होगा? | Don't you have any grandparents or attendants at home? In case of any medical emergency, who would be immediately available? |
| माता : | मैडम, रूबी के दादाजी रिटायर्ड क्लास-1 ऑफिसर हैं और किसी भी परेशानी के समय वह तुरंत ही स्कूल में हाजिर हो सकते हैं। साथ ही आप मुझे या मेरे पति को भी फोन कर सकती हैं और हम बिना विलंब के स्कूल में उपस्थित हो जाएँगे। | Madam, Ruby's grandfather is a retired class-I officer and, in case of any problem, he can immediately report to the school. Besides, you can also ring me or my husband and we would also show up in no time. |
| दाखिला अधिकारी : | फिर ठीक है, ट्रांसपोर्ट का क्या? वह रोजाना स्कूल कैसे आएगी? | That's okay. What about the transportation? How would she come to the school daily? |
| पिता : | चूँकि हमारा घर स्कूल के बहुत ही | Since our house is very near to the school, we'll ourselves |

| | | |
|---|---|---|
| | नजदीक है, हम खुद ही उसे यहाँ छोड़ जाएँगे। | drop her here. |
| दाखिला अधिकारी : | आपकी स्कूल से क्या अपेक्षाएँ हैं? | What are your expectations from the school? |
| पिता : | मैं सिर्फ इतना ही चाहता हूँ कि मेरी बेटी को सभी मौजूदा सुविधाओं का बढ़िया से बढ़िया लाभ मिले, बस। देखिए, पिता होने के नाते मैं यही चाहता हूँ कि उसे हर बेहतरीन चीज मिले। | I just want that the best of all resources be made available to my daughter. That's it. You see, as a father, I want the best of everything for her. |
| दाखिला अधिकारी : | ठीक है, आपकी सहायता व धैर्य के लिए धन्यवाद। हम अपने फैसले के बारे में आपको जल्दी ही सूचित कर देंगे। अगर आप चुने गए तो आपको अगले दो दिनों में सूचित कर दिया जाएगा, ताकि आप वापिस आकर कागजी कार्रवाई | Fine, thank you for your patience and cooperation. Soon we'll let you know about our decision. If selected, you'll be called within next two days to come back again and finish the formalities. Meanwhile, I would suggest you to arrange for Ruby's birth certificate. Is there anything that you wish to ask me or know about our school, education or values? |

| | | |
|---|---|---|
| | संपन्न कर सकें। इसी दौरान मैं आपको रूबी का जन्म प्रमाण-पत्र तैयार करने की सलाह दूँगी। क्या आप हमारे स्कूल, यहाँ की शिक्षा व मूल्यों के बारे में कुछ पूछना या जानना चाहते हैं? | |
| पिता : | नहीं मैडम, मैं यह सब मूल बातें पहले ही जानता हूँ। धन्यवाद। अब हम आपकी आज्ञा चाहते हैं। आपका दिन मंगलमय हो। | No, madam. I am already aware of all the basics. Thank you. We shall take your leave now. Have a good day. |
| दाखिला अधिकारी : | आपका भी। रूबी अपना खयाल रखना। गुडबाय। | You too. Take care Ruby. Goodbye! |

## 50

## *Conversation at the Airport about Flight Cancellation*

| | | |
|---|---|---|
| एयरलाइन स्टाफ : | सर गुड मॉर्निंग। मैं आपकी किस तरह से मदद कर सकता हूँ? | Good morning, sir. How can I help you? |
| रोहित : | इस सुबह में कुछ भी गुड नहीं है और | There's nothing good about this morning. As for the help, |

| | | |
|---|---|---|
| | जहाँ तक मदद की बात है, मुझे नहीं लगता कि आप यह कर पाएँगे। न्यूयॉर्क जाने वाली सभी उड़ानें या तो रद्द कर दी गई हैं या विलंबित हो गई हैं। मुझे हर हाल में कल 11 बजे तक न्यूयॉर्क पहुँचना था। मैं किस मुसीबत में फँस गया हूँ! | I don't think you can do that either. All flights to New York have been delayed or cancelled. I had to reach New York tomorrow at 11 by any means. What a mess I'm in! |
| एयरलाइन स्टाफ : | हम इसके लिए काफी शर्मिंदा हैं। ज्यादातर उड़ानें खराब मौसम की वजह से विलंबित करनी पड़ी। और जहाँ तक एक उड़ान के रद्द होने की बात है, वह तकनीकी खराबी के कारण करना पड़ा। हमें असुविधा के लिए खेद है। मगर मुझे विश्वास है कि कुछ ना कुछ प्रबंध जरूर किया जा सकता है। | We are very sorry about that. Most of the flights had to be delayed due to the poor weather conditions. As for the cancellation of one flight, that happened due to the technical problem. We regret the inconvenience. But I'm sure that something could be managed yet. |
| रोहित : | क्या आप यह काम जल्दी कर सकते | Could you do that fast, please? I need to be in New |

| | | |
|---|---|---|
| | हैं? मुझे कल दोपहर तक कैसे भी न्यूयॉर्क पहुँचना है। मुझे एक अत्यंत जरूरी व्यवसायी मीटिंग में जाना है और मैं इससे चूक नहीं सकता। | York by tomorrow noon anyhow. I have to attend an urgent business meeting which I just can't afford to miss. |
| एयरलाइन स्टाफ : | सर, मैंने बाकी उड़ानों की सूची चेक की है। अब से दो घंटों में आई.जी. एयरपोर्ट से न्यूयॉर्क के लिए एक विमान रवाना होने वाला है। आप यहाँ से आई.जी. एयरपोर्ट लगभग 1 घंटे में उड़कर तय कर सकते हैं और वहाँ से आप अगली उड़ान न्यूयॉर्क के लिए आज शाम को ही ले सकते हैं। क्या मैं यह टिकट आपके लिए बुक कर दूँ? | Sir, I have checked the other flight schedules. There is a flight for New York today in another two hours from I.G. Airport. You could probably fly from here to I.G. Airport in an hour or so and then board the next flight to New York by today evening. Shall I go ahead and book it for you? |
| रोहित : | जी बिलकुल! मुझे किसी भी तरह कल न्यूयॉर्क पहुँचना है। | Yes, of course. By hook or by crook, I need to land at New York tomorrow. |
| एयरलाइन स्टाफ : | यह रही, आपकी आई.जी. एयरपोर्ट | Here's your ticket to I.G. Airport. You better hurry up. |

| | | |
|---|---|---|
| | की टिकट। आप जल्दी करें तो अच्छा होगा। आपके पास ज्यादा समय नहीं है। | You don't have much time left. |
| रोहित | : बिलकुल, आपकी मदद के लिए धन्यवाद। | Cartainly. Thanks for your help. |
| एयरलाइन स्टाफ | : आपका स्वागत है। अपना ध्यान रखें। | You're welcome. Take care. |

## 51

## *Conversation between a Police Officer and a Complainant*

| | | |
|---|---|---|
| रोहित | : गुड मॉर्निंग सर। मैं एक एफ.आई.आर. लिखवाना चाहता हूँ। | Good morning sir. I want to lodge an FIR. |
| ऑफिसर | : बताइए, क्या बात है? | Tell me, what's the matter? |
| रोहित | : मैं एक चोरी के केस की रिपोर्ट करना चाहता हूँ। | I wanna report a case of theft. |
| ऑफिसर | : क्या चोरी हो गया है? और कहाँ से? | What has been stolen? And from where? |
| रोहित | : सर, कल शाम से मेरी मोटरबाईक चोरी हो गई है। | Sir, my motorbike has gone missing since last evening. |
| ऑफिसर | : तुमने इसे कहाँ पार्क किया था? | Where did you park it? |
| रोहित | : मैंने इसे कल शाम को अपने घर के बाहर पार्क किया था और जब मैं लगभग एक घंटे के बाद बाहर | I had parked it outside my house in the evening and when I came out after an hour or so, it was nowhere to |

| | | |
|---|---|---|
| | आया तो वह कहीं भी नहीं मिली। मैंने इसे सब जगह ढूँढ़ा, मगर यह कहीं नहीं मिली। | be found. I searched for it everywhere but could not trace it anywhere. |
| ऑफिसर : | क्या तुमने अपने पड़ोसियों से पूछताछ की? या क्या किसी भी व्यक्ति ने कोई संदिग्ध गतिविधि होते हुआ देखा? | Did you ask your neighbours? Or was there anybody who noticed anything fishy? |
| रोहित : | मैंने सभी पड़ोसियों से पूछताछ की, मगर किसी ने भी कोई असामाजिक तत्त्व या संदिग्ध गतिविधि होते नहीं देखा। | I enquired all my neighbours. But nobody witnessed any anti-social element or suspicious activity. |
| ऑफिसर : | क्या, तुम्हें किसी पर शक है ? | Do you suspect anyone? |
| रोहित : | हाँ, मेरे चचेरे भाई का बेटा। | Yes, my cousin's son. |
| ऑफिसर : | तुम ऐसा क्यों सोचते हो? | What makes you think so? |
| रोहित : | सर, उसका मेरे साथ पिछले सप्ताह विवाद हो गया था और उसने सारी बिरादरी के सामने यह कसम खाई थी कि उसकी बेइज्जती की मुझे एक बड़ी कीमत अदा करनी होगी, क्योंकि यह मेरी वजह से हुआ था। | Sir, he had a fight with me last week and he swore in front of all the community members that I would have to face the dire consequences of the insult that I had caused him. |
| ऑफिसर : | क्या इस विवाद में हाथापाई हुई थी? | Was the fight violent? |
| रोहित : | हाँ, मुझे कुछ बाहरी चोटें लगीं, मगर मैंने उन पर ज्यादा गौर नहीं किया। | Yes, I did suffer some external injuries but I did not pay much heed to them. |

| | | |
|---|---|---|
| ऑफिसर : | तुमने उसके खिलाफ कोई शिकायत क्यों नहीं दर्ज कराई? | Why did you not lodge a complaint against him? |
| रोहित : | सर, मुझे लगा कि वह मेरा रिश्तेदार है और मुझे उसे माफ कर देना चाहिए। | Sir, I thought that he was my relative and I should forgive him. |
| ऑफिसर : | ठीक है, तुम्हारी मोटरबाईक का मॉडल, रंग व नंबर क्या था? | Alright. What was the make, colour and number of your mobike? |
| रोहित : | यह लाल रंग की काइनेटिक थी व इसका नंबर डीएलएस 2 1234 था। | It was red Kinetic and the number was DLS 2 1234. |
| ऑफिसर : | क्या तुम्हारे पास गाड़ी के दस्तावेज हैं, जिससे तुम्हारा मालिकाना हक साबित हो सके? | Do you have the papers to prove your ownership? |
| रोहित : | जी बिलकुल, सर। यह रहे कागजात। | Of course, sir. Here are the papers. |
| ऑफिसर : | तुमने या किसी और ने आखिरी बार इस मोटरबाईक को कब देखा था? | At what time did you or anybody else last see that motorbike? |
| रोहित : | कल शाम 5 बजे। | It was 5 pm yesterday. |
| ऑफिसर : | ठीक है, मैंने तुम्हारी शिकायत दर्ज कर ली है। कृपया यहाँ हस्ताक्षर करें। हम तुम्हें परसों बाकी की छानबीन के लिए बुला सकते हैं। | Fine, I have registered your complaint. Please sign here. We may call you day after tomorrow for further investigation. |
| रोहित : | यह मुझे कब तक मिल सकती है? | When would I possibly get it? |

| | | |
|---|---|---|
| ऑफिसर : | हम तुम्हारे चचेरे भाई के बेटे से आज पूछताछ करेंगे और खोज संबंधी जानकारी एकत्रित करेंगे। उसी के मुताबिक हम जरूरी कदम उठाएँगे और निश्चय ही तुम्हें इसके बारे में जानकारी दे देंगे। अब आप जा सकते हैं। | We'll interrogate your cousin's son today and search for clues. Accordingly, we'll take an action and will certainly inform you about it. You may go now. |
| रोहित : | ठीक है सर, आपके सहयोग के लिए धन्यवाद। | Fine sir. Thanks a lot for your support. |

## 52

# *Conversation at the Licence Authority (Getting a Licence)*

| | | |
|---|---|---|
| बिचौलिया : | हेलो, सर। आप कैसे हैं? क्या आप लाइसेंस लेना चाहते हैं? मैं काफी मददगार साबित हो सकता हूँ। | Hello, sir. How do you do? Do you want to get a licence? I can be of a great help. |
| राम : | हाय (हैलो)! मगर आपको कैसे पता कि मैं यहाँ लाइसेंस के लिए आया हूँ? | Hi! But how did you come to know that I'm here for a license? |
| बिचौलिया : | दरअसल, सर, मैंने देख लिया था कि आप उस खिड़की की तरफ बढ़ रहे थे। तो, मैं आपकी किस प्रकार सहायता कर सकता हूँ? | Well, sir, I did notice that you were heading towards that window. So, how can I help you? |
| राम : | देखिए, मैं इस शहर में नया हूँ। और यह मेरी इस ऑफिस में पहली यात्रा है। | See, I'm quite new in this city. And it's my first visit to this office. I don't know how to |

| | | |
|---|---|---|
| | मुझे नहीं पता कि लाइसेंस कैसे बनवाया जाता है। क्या आप मेरी इसमें मदद कर सकते हैं? | get a license done. Can you help me in this? |
| बिचौलिया : | जी बिलकुल, सर। आपको सिर्फ इतना करना है कि हमें 2,000/- रुपए देने हैं और आपके घर पर लाइसेंस डिलिवर हो जाएगा। | Of course, sir. All you need to do is to pay us ₹ 2,000/- and you'll get the license delivered at your doorstep. |
| राम : | क्या? 2,000/- रुपए? ये तो बहुत बड़ी रकम है। मेरे मित्र ने तो मुझे बताया था कि पंजीकरण व अन्य सभी खर्चों को मिलाकर 350/- रुपए से अधिक नहीं लगेंगे। मैंने जितना अंदाजा लगाया था, तुम उससे लगभग सात गुना ज्यादा अदा करने को कह रहे हो। | What? ₹ 2,000/-? That's a very big amount. My friend told me that the registration fee and all other expenses combined would not exceed beyond ₹ 350/- or so. You're asking me to pay almost seven times more than what I had expected it to be. |
| बिचौलिया : | सर, उस केस में आप खुशी-खुशी कागज जमा कराने का संघर्ष, लंबी कतारों में इंतजार, लिखित टेस्ट व असली टेस्ट इत्यादि कराते रहें। आप साधारण भुगतान करते हैं तो साधारण व्यवहार ही पाते हैं। आप ज्यादा भुगतान करते हैं, तो खास व्यवहार मिलता है। देखिए ये ऐसा है कि | In that case, sir, you are more than welcome to continue struggling with submission of paperwork, waiting in long queues, appearing for written and real test and so on. You pay the nominal amount, you get the normal treatment. You pay high/ more, you get the special treatment. See it's like |

| | | |
|---|---|---|
| | "अमीरी से अमीरी होती है।" हा! हा! | "richeness begets richness". Ha! Ha! |
| राम : | अहा! तो अब तुम मुझे मीठी-मीठी बातों से गलत करने को उकसा रहे हो, है ना? | Aha! So, now you're abetting me with sugar-coated pills. Isn't it? |
| बिचौलिया : | जैसा आप उचित समझें, सर। मगर हम सत्य से मुँह नहीं मोड़ सकते। तो क्या आप इस चुभती गरमी में कभी ना खत्म होने वाला इंतजार करना चाहते हैं या आप स्मार्ट बनकर ये सब काम हमसे करवाना चाहते हैं? | As you please, sir. But we can't turn our back to reality. So, do you wanna wait endlessly in this scorching heat or do you wanna act smart by letting us do everything for you? |
| राम : | मैं इसके बारे में सोचूँगा। मगर मेरे पास तुम्हारे लिए कुछ सवाल हैं। अगर मैं 2,000/- रुपए अदा करने के लिए सहमत हो जाऊँ तो क्या मुझे कोई भी लिखित या ड्राइविंग टेस्ट नहीं देना होगा? | I'll think about that. But I've got some questions for you. In case I agree to pay ₹ 2,000/-, would I not be required to undergo any written or driving test? |
| बिचौलिया : | ये दोनों होंगे तो, मगर सिर्फ दिखावे के लिए। | These two will be conducted but only as a formality. |
| राम : | वेरिफिकेशन की प्रक्रिया क्या है? उसमें कितना समय लगेगा? | What about the verification process? How long will that take? |
| बिचौलिया : | केवल पाँच मिनट। हम यह सुनिश्चित करेंगे कि पहले आपका काम हो। | Just five minutes. We'll make sure you're served first. |

| | | |
|---|---|---|
| राम : | आखिरी मगर उतना ही महत्त्वपूर्ण, डिलीवरी? क्या तुम इसे मेरे घर पर छुड़वाओगे? | And last, but not least, the delivery? Are you gonna drop it at my home? |
| बिचौलिया : | जैसा आप चाहें, सर। एक बार वेरिफिकेशन, जमा करना व टेस्ट खत्म हो जाएं, तो केवल 3-5 कार्यदिवसों में लाइसेंस मिल जाता है। जैसे ही यह हो जाएगा, हम आपको फोन द्वारा सूचित कर देंगे व आपकी इच्छा के अनुसार इसे डिलिवर कर देंगे। | As you wish, sir. Once the verification, submission and test are over, it takes only 3-5 working days for the license to be generated. As soon as it is done, we'll inform you via phone and deliver it as per your preference. |
| राम : | अहा! अभी तक तो सुनने में अच्छा लग रहा है। तो आप भुगतान कैसे लेते हैं—चेक या कैश? | Aha! Sounds good so far. So, how do you accept payment—cheque or cash? |
| बिचौलिया : | सर, मुझे शर्मिंदा ना करें, केवल कैश। | Don't embarrass me, sir. Cash only. |
| राम : | हा! हा! तो क्या गलती से आप इसकी रसीद भी देते हैं? | Ha! Ha! So, by chance, do you also provide any receipts for that? |
| बिचौलिया : | आप तो निश्चय ही मुझे जेल भेजने पर तुले हैं, है कि नहीं? नहीं सर, मगर रसीद के बिना भी आप हम पर भरोसा कर सकते हैं। | You certainly are bent upon sending me behind bars, ain't you? No sir, but without a receipt also you can have faith in us. |
| राम : | आह! केवल भगवान ही जानता है कि मुझे करना | Ah! Only God knows that I should do or not. Anyway, |

| | | |
|---|---|---|
| | चाहिए या नहीं। कोई बात नहीं, ये लीजिए रुपए। आगे बढ़ें व फॉर्मेलिटिज़ पूरी करें। | here's the money. Go ahead and finish the formalities. |
| बिचौलिया : | जैसा आप चाहें, सर। कृपया यह फॉर्म साईन करें और बाकि सब हम निपटा लेंगे। विश्वास रखें। आपको अगले 5 कार्यदिवसों में लाइसेंस मिल जाएगा। मैंने आपका मोबाइल नंबर लिख लिया है। मैं आज से तीन दिन बाद आपसे संपर्क करूँगा। | As you like it, sir. Please sign this form and the rest will be taken care of. Rest assured. You'll get your license within the next five working days. I've noted down your mobile number. I'll get back to you in three days from now. |
| राम : | आश्वासन के लिए धन्यवाद। मैं आपकी कॉल की प्रतीक्षा करूँगा। | Thanks for the assurance. I'll wait for your call. |
| बिचौलिया : | चिंता ना करें, सर। गुडबाय! | Don't worry, sir. Goodbye! |
| राम : | गुडबाय! | Goodbye! |

## 53

## *Conversation between a Customer and a Salesman Buying a Pressure Cooker*

| | | |
|---|---|---|
| सेल्समैन : | सुप्रभात मैडम। मैं आपकी किस प्रकार सहायता कर सकता हूँ? | Good morning madam. How may I assist you? |
| रीमा : | सुप्रभात। मैं एक ब्रांडेड (ब्रांड का) प्रेशर कुकर खरीदना चाहती हूँ। आपके पास कौन-कौन से ब्रांड हैं? | Good morning. I wanna (want to) buy a branded pressure cooker. What all brands do you have? |

| | | |
|---|---|---|
| सेल्समैन : | मैडम, हमारे पास विभिन्न प्रकार के ब्रांड हैं जिनमें से आप चुन सकती हैं। हमारे पास लोकल व ब्रांडेड, सभी उत्पाद हैं। जहाँ तक ब्रांडेड, की बात है, हमारे पास प्रेस्टीज, यूनाइटेड, हॉकिंस, फ्यूचूरा और बहुत सारे और हैं। तो अगर आप मुझे अपनी पसंद के बारे में थोड़ा और बता देतीं, जैसे कि आपका बजट, रंग-रूप, मॉडल, प्रकार या ब्रांड, तो मैं और अच्छे तरीके से आपको सुझाव दे पाऊँगा। | Madam, we have a wide variety to choose from. We have got local as well branded products. As for the branded ones, we have Prestige, United, Hawkins, Futura and many more. So, if you could tell me little bit more about your preference such as budget, colour, shape, model, type or brand, I would be in a better position to guide you about it. |
| रीमा : | हाँ, बिलकुल। मुझे कुछ लाल रंग में चाहिए। जहाँ तक रूपरेखा की बात है तो साधारण ही चलेगा। मगर मुझे नॉन-स्टिक (ना चिपकने वाला) प्रकार का ही चाहिए, साधारण अल्यूमिनियम प्रकार का नहीं। | Ya, of course. I want something in red colour. As for the shape, it could be the regular one. But I wanna to have a non-stick type, not the regular aluminium make. |
| सेल्समैन : | तो नॉन-स्टिक प्रकार में हमारे पास एक व दो टेफ्लॉन-कोट के बेस (तल) वाले हैं। और रूपरेखा व आकार में भी काफी ज्यादा प्रकार हैं। | So, in the non-stick types, we have single and double teflon-coated base. And, there is a huge variety in shapes and sizes also. You may buy this apple-shaped, |

| | | |
|---|---|---|
| | आप ये सेब के आकार का खरीद सकती हैं, या फिर ये हांडी के आकार का या फिर ये गोलाकार रूप वाला। ये दो से पाँच लीटर तक की मात्रा में उपलब्ध हैं। | or this handi-shaped or this one which is round in shape. These are available in 2 to 5 litres capacity. |
| रीमा : | ओह ! मैंने कभी नहीं सोचा था कि ये इतना मुश्किल होगा। जितने ज्यादा प्रकार, उतना ही ज्यादा उलझन भरा चुनाव। अच्छा ! मुझे लगता है मैं ये सेब के आकार का दो कोट (सतह) वाला लूँगी। क्या आप यह 5 लीटर मात्रा में दिखा सकते हैं? | Oh! I never thought it was gonna to be so complicated. The more the varieties, the more confusing it is to choose. Okay! I think I'll go for this apple-shaped double-coated one. Can you show me this one in 5 litres capacity? |
| सेल्समैन : | बिलकुल, 1 मिनट में। | Sure, in a minute. |
| | (नौकर से): राजू, जल्दी से नीचे जाओ और यह सेब के प्रकार का, दो कोट वाला 5 लीटर का मॉडल लाल रंग में ले आओ। | (to servant): Raju, go get this apple-shaped, double-coated, 5 litres model in red from the basement, fast. |
| | (राजू मॉडल ले आता है।) | (Raju brings the model) |
| | ये लीजिए। इसके चमकते हुए रंग व नजाकत भरे हैंडल को देखें। देखिए, इसका तल भी नॉन-स्टिक है। तो अब आप कम तेल वाला खाना भी मिनटों में पका पाएँगी। मैडम, कसम | Here you take. Look at its glossy colour and sleek handle. See, its base is also non-stick. So now you can prepare less-oily food in minutes. Madam, I swear, this one is going to set you |

| | | |
|---|---|---|
| | से, ये तो आपको बिलकुल ही फ्री (परेशानी से मुक्त) कर देगा। इसके साथ पेंट (रंग) व टेफ्लॉन-कोटिंग पर एक साल की गारंटी भी है। अगर कोई भी परेशानी हो तो बस इसे यहाँ ले आएँ और मैं ये सुनिश्चित कर दूँगा कि आप बिना किसी असुविधा के काम करती रहें। क्या मैं बिल तैयार कर दूँ? | absolutely free. It also comes with one year's guarantee on paint and teflon-coating. In case of any problem, you just bring it back here and I'll make sure things get going for you. Shall I prepare the bill? |
| रीमा : | इसकी क्या कीमत है? | How much is the cost? |
| सेल्समैन : | मैडम, केवल दो हजार रुपए। | ₹ 2,000/- only, madam. |
| रीमा : | क्या आप एम.आर.पी. (अधिकतम मूल्य) पर कोई छूट नहीं देते? वैसे भी, सीजनल (मौसमी) सेल चल रही है। | Don't you offer any discounts on M.R.P.? After all, the seasonal sale is on. |
| सेल्समैन : | चूँकि आप यहाँ पहली बार आई हैं तो मैं आपको पूरे 10 प्रतिशत की छूट दूँगा। तो आपका नया बिल लगभग 1,800/- रुपए होगा। | Since you've come here for the first time, I'll offer you a flat 10% discount. So, your new total bill would be ₹ 1,800/-. |
| रीमा : | ठीक है। ये लीजिए रुपए। कृपया वारंटी कार्ड पर तिथि व मोहर लगा दें। | Alright. Here's the money. Please put the date and stamp on the warranty card. |
| सेल्समैन : | बिलकुल, मैडम। उसकी चिंता ना करें। ये रहा | Certainly, madam. Don't worry about that. Here's your |

| | | |
|---|---|---|
| | आपका कार्ड व प्रेशर कुकर। क्या आप कुछ और लेना चाहती हैं? | card and pressure cooker. Is there anything else you need? |
| रीमा : | नहीं अभी के लिए इतना ही। शुक्रिया। | No, that's it for now. Thank you. |
| सेल्समैन : | आपका स्वागत है। | You are welcome. |

## 54

## *Conversation between a Salesman and a Customer Buying a T.V.*

| | | |
|---|---|---|
| सेल्समैन : | मैडम, सुप्रभात। मैं आपकी किस प्रकार सहायता कर सकता हूँ? | Good morning madam. How may I help you? |
| प्रिया : | सुप्रभात। मैं एक फ्लैट-स्क्रीन प्लाज़मा टी.वी. खरीदना चाहती हूँ। क्या आप मेरी इसमें मदद कर सकते हैं? | Good morning. I wanna buy a flat-screen plasma T.V. Can you help me with that? |
| सेल्समैन : | जी बिलकुल, मैडम। कृपया बैठ जाएँ। क्या आप थोड़ी चाय या कॉफी लेना चाहेंगी? | Of course, madam. Please be seated. Would you like to have some tea or coffee? |
| प्रिया : | नहीं, धन्यवाद। एक गिलास पानी काफी होगा। | No, thanks. A glass of water would do. |
| सेल्समैन : | ठीक है। (नौकर से): रामू, जल्दी से जाकर मैडम के लिए एक गिलास पानी ले आओ। (रामू एक गिलास पानी लाता है। प्रिया पानी पीती है।) | O.K. (to the servant): Ramu, go quickly, fetch a glass of water for madam. (Ramu brings a glass of water. Priya drinks water.) |

| | | |
|---|---|---|
| प्रिया : | धन्यवाद। तो, आप कौन-कौन से ब्रांड बेचते हैं? | Thanks. So, what all brands do you sell? |
| सेल्समैन : | मैडम, हम सभी प्रसिद्ध ब्रांड व प्रकार बेचते हैं। हमारे पास एल.सी.डी., प्लाज़्मा, फ्लैट-स्क्रीन, होम-थिएटर सिस्टम, साधारण स्क्रीन इत्यादि हैं। दरअसल हमारे पास हाई-डेफिनिशन (एच.डी.) और 3-डी. सीरीज भी है, जो कि अभी ही लॉन्च हुए हैं। | Madam, we deal in all reputed brands and types. We have L.C.D., plasma, flat-screen, home-theatre systems, normal screen, etc. In fact, we also have the high-definition (H.D.) and 3-D series that have recently been launched. |
| प्रिया : | तो, यह एच.डी. सीरिज क्या है? क्या आप यह विस्तार से बता सकते हैं? | So, what's the H.D. series? Could you please explain that? |
| सेल्समैन : | मैडम, एच.डी. सीरीज हाई-डेफिनिशन सीरिज है, जिसमें आपके पास बेहतर पिक्चर स्पष्टता, बढ़िया रेसोलूशन, बेहतर रंग व डिजिटल ध्वनि प्रभाव होते हैं। यह आपको बिलकुल असल जिंदगी-सा अहसास देगा। | Madam, the H.D. series is the high-definition series, in which you'll have better picture clarity, advanced resolution, finer colours and digital sound effect. It's gonna (going to) give you a life-like experience. |
| प्रिया : | अहा! तो यह दिखाई कैसा देता है? क्या इसकी स्क्रीन फ्लैट/समतल होती है या साधारण जैसी फूली हुई? | Aha! So, what about its appearance? Is the screen flat or bloated like the regular ones? |
| सेल्समैन : | मैडम, ये रहा ब्रोशर। आप खुद ही मॉडल देख सकती हैं। | Madam, here's the brochure. You can see the models yourself. |

यह चार रंगों में उपलब्ध है और फ्लैट व साधारण प्रकार में उपलब्ध है। आप एक बार प्रकार चुन लें, तो मैं आपको असली पीस भी दिखा सकता हूँ। — It is available in four shades and flat as well as regular type. Once you select the type, I can show you the real piece as well.

प्रिया : मैं कागज से फैसला नहीं कर सकती। क्या आप मुझे इसके बजाय असली सेट दिखा सकते हैं? — I can't really decide from the paper. Can you show me the real sets instead?

सेल्समैन : कोई बात नहीं, मैडम। कृपया मेरे पीछे बेसमेंट की ओर आएँ। देखिए, ये हैं मॉडल: फ्लैट, प्लाज़मा, एच.डी., एल.सी.डी.— सभी यहाँ प्रदर्शित हैं। चूँकि ये सभी चल रहे हैं, आप खुद ही अंतर देख और महसूस कर सकती हैं। इसे देखिए। इसकी पिक्चर स्पष्टता व रेसोलूशन साधारण या फ्लैट स्क्रीन टी.वी. के मुकाबले बहुत बढ़िया है। — No problem, madam. Please follow me towards the basement. See, these are the models: flat, plasma, H.D., L.C.D.—all are displayed here. As they are all switched on, you can yourself see and feel the difference. Look at this one. The picture clarity and resolution is much better as compared to the regular ones or even flat screen T.Vs.

प्रिया : अगर मैं सप्लीमेंटरी स्पीकर भी खरीदना चाहूँ तो? — What if I also wanna buy supplementary speakers?

सेल्समैन : मैडम, कोई परेशानी नहीं। फिर भी हमारे पास विकल्प हैं। आप या तो अलग से स्पीकार ले सकती हैं या होम-थिएटर सेट का — Not an issue, madam. Then too, we have the options. You can either go for separate speaker or the surrounding system of the home-theatre

| | | |
|---|---|---|
| | सराउंडिंग सिस्टम, जिसमें दो बड़े आकार के स्पीकर, सात छोटे स्पीकर व एक फ्री डी.वी.डी.-वी.सी.डी. प्लेअर यंत्र भी है। तो आप क्या पसंद करेंगी? | set that includes two big columns of speakers, seven small speakers and a free DVD-VCD player gizmo as well. So, what would you prefer? |
| प्रिया : | आह! क्या आप मुझे होम-थिएटर सिस्टम की अटैचमेंट्स दिखा सकते हैं? | Ah! Could you show me the home-theatre system's attachments? |
| सेल्समैन : | जी बिलकुल। कृपया अगले सेक्शन/विभाजन की ओर बढ़ें। ये रहा। देखिए, मैं इसकी बात कर रहा हूँ। इन बड़े आकार के स्पीकरों को देखें। यह सेट घर पर आपको जीवंत थिएटर का अहसास देगा। आप इसे एक बार खरीद लें, तो कभी थिएटर पर जाकर फिल्म देखना नहीं चाहेंगी। ये रहा रिमोट। आप अपनी पसंद के अनुसार आवाज व्यवस्थित कर सकती हैं। | Of course. Please proceed to the next section. Here you go. See, this is the one I'm talking about. Look at these columns. This set would give you the feeling of the live theatre at home. Once you buy it, you would never wanna go to a theatre to watch a movie. Here's the remote. You may adjust the volume as per your liking. |
| प्रिया : | नहीं, ये ठीक है। तो, छूट का क्या? अगर मैं पतला एच.डी. टी.वी. थिएटर सिस्टम के साथ लेना चाहूँ तो कितनी कीमत होगी? | No, that's alright. So, what about the discount? If I wanna go for the H.D. sleek T.V. along with the theatre system, how much would be the cost? |
| सेल्समैन : | मैडम, यह लगभग 25,000 रुपए की होगी। | Madam, that will be around ₹ 25,000/-. |

| | | |
|---|---|---|
| प्रिया : | क्या कोई ई.एम.आई. प्लान भी है—मेरा मतलब है कि क्या मैं किश्तों में भुगतान कर सकती हूँ? | Is there any EMI plan—I mean can I pay in installments? |
| सेल्समैन : | आह! वह भी किया जा सकता है। आप कितनी किश्तें बनाना चाहती हैं? | Ah! That can be done as well. How many installments do you wanna make? |
| प्रिया : | शायद तीन। | May be three. |
| सेल्समैन : | कोई बात नहीं। भुगतान की अवधि कितनी लंबी होगी? मेरा मतलब है मासिक, दोमाही या तिमाही? | That's fine. How long will be the payment period? I mean monthly, bimonthly or quarterly? |
| प्रिया : | मेरे खयाल से मासिक ठीक रहेगी। | I think monthly is okay with me. |
| सेल्समैन : | कृपया रिसेप्शन की ओर बढ़ें व बाकि का विवरण हम वहाँ तय कर सकते हैं। | Please proceed towards the reception and we can work out the details there. |
| | (रिसेप्शन पर—भुगतान राशि की गणना करने के बाद) मैडम, अगर हम कुल राशि को तीन महीनों में बराबर बाँटें तो यह प्रतिमाह लगभग 12,000/- रुपए बनेगा। क्या यह आपके लिए ठीक है? | (At the reception, after calculating the amount) Madam, if we divide the total amount for three subsequent months, it shall come around ₹ 12,000/- per month. Is it ok with you? |
| प्रिया : | आपने मेरे पास कोई विकल्प छोड़ा ही नहीं है सिवाय हाँ करने के। हा! हा! हाँ! आगे बढ़ें व | You leave me with no choice but to say yes. Ha! Ha! Yeah! Go ahead and process the payment. Here's my card. |

| | | |
|---|---|---|
| | भुगतान अदायगी पूरी करें। ये रहा मेरा कार्ड। कृपया पहली किश्त अभी काट लें व बाकी समय अनुसार अदा कर दी जाएँगी। कृपया सहमत हुआ भुगतान का प्लान बिल पर लिख दें ताकि मैं बाद में चाहूँ तो भी चेक कर लूँ। | Please deduct the first installment right now and the rest will be paid on timely basis. Please mention the agreed payment plan on the bill so that I can cross-check later on as well. |
| सेल्समैन : | मैडम, चिंता ना करें। मैंने बिल पर सारी जानकारी लिख दी है। क्या आप कुछ और भी देखना चाहेंगी? | Don't worry madam. I've penned down the details on your bill. Is there anything else that you would like to see? |
| प्रिया : | नहीं, धन्यवाद। आज के लिए इतना ही। आपके सहयोग के लिए शुक्रिया। | No, thanks. That's it for the day. Thanks for your cooperation. |
| सेल्समैन : | आपका स्वागत है, मैडम। आपका दिन शुभ हो! | You're welcome, madam. Have a good day! |
| प्रिया : | आपका भी। गुडबाय! | You too. Goodbye! |

## 55

## *Conversation between a Salesman and a Customer Buying a New Refrigerator*

| | | |
|---|---|---|
| सेल्समैन : | गुड आफ्टरनून सर। मैं आपकी क्या सहायता कर सकता हूँ? | Good afternoon sir. How may I help you? |
| उपभोक्ता : | गुड आफ्टरनून। मैं एक नया फ्रिज खरीदना चाहता हूँ। क्या मैं पहले आपके | Good afternoon. I wanna buy a brand-new refrigerator. Can I first look around at |

| | | |
|---|---|---|
| | डिसप्ले उत्पादों को देख सकता हूँ? | your displayed products? |
| सेल्समैन : | बिल्कुल सर। लेकिन, अगर आप सभी उपलब्ध मॉडलों, ब्रांड व रंगों को देखना चाहें तो उपभोक्ता गाईड से देख सकते हैं। इसमें सभी ब्रांड, फीचर, रंग, मॉडल व उत्पादों के अधिकतम मूल्य भी लिखे हैं। | That's fine, sir. But, in case you wanna see all the available models, brands and colours, you may do so from this user guide. It lists all the brands, features, colours, models and even the M.R.P. of the products. |
| उपभोक्ता : | नहीं, मैं यह वास्तविक रूप में देखना चाहता हूँ। | No, I wanna see it for real. |
| सेल्समैन : | कोई बात नहीं, सर। क्या आप कुछ चाय या कॉफी लेना चाहेंगे? | Not an issue, sir. Would you like to have some tea or coffee? |
| उपभोक्ता : | आह! नहीं, शुक्रिया। बस एक सादे पानी का गिलास चलेगा। | Ah! No, thanks. Just a glass of plain water will do. |
| सेल्समैन : | (नौकर को इशारा करता है—वह इसे ले आता है) ये रहा सर। | (Signals the servant—He brings it.) Here it is sir. |
| उपभोक्ता : | धन्यवाद। क्या आप मुझे नए फ्रिज दिखा सकते हैं? | Thanks. Could you just show me around? |
| सेल्समैन : | कृपया मेरे पीछे-पीछे बेसमेंट की ओर आएँ। सर, सीढ़ियों से सावधान रहें। देखिए सर, हमने यहाँ सभी मॉडल, ब्रांड व रंग आदि प्रदर्शित किए हैं। | Please follow me, sir, towards the basement area. Be careful, sir, with the staircase. See, we have displayed all the models, brands and colours, etc. here. |
| उपभोक्ता : | इतनी सारी किस्मों के उपलब्ध रहते मुझे नहीं | With so much varieties available, I don't think I can |

| | | |
|---|---|---|
| | लगता कि मैं कभी भी कोई एक उत्पाद चुन पाऊँगा। आप ही क्यों नहीं बता देते कि कौन-सा सर्वोत्तम है? | ever choose any one product. Why don't you tell me which one is the best? |
| सेल्समैन : | सर, सर्वोत्तमता तो प्रत्येक व्यक्ति के अनुसार अलग-अलग होती है। अगर आप अपनी कुछ प्राथमिकताएँ मुझे बता दें, तो मैं बेहतर तरीके से आपकी रुचि व पसंद अनुसार आपको कुछ सुझाव दे पाऊँगा। | Sir, the best may again vary from person to person. If you could specify some of your preferences to me, then I'll be in a better position to recommend something as per your taste and liking. |
| उपभोक्ता : | ठीक है! मैं कुछ हलके रंग में चाहता हूँ जो मेरे कमरे के हलके मटमैले रंग से मेल खाए। यह बड़ा व काफी जगह वाला होना चाहिए, जिसमें खाने के पदार्थों, भोजन, पेय पदार्थों व डेअरी उत्पादों के लिए अलग-अलग खांचे होने चाहिएँ। इसमें अति उत्तम डीफ्रोस्टिंग सिस्टम व जल्दी-जल्दी बर्फ के टुकड़े बनाने वाली सिक्स्थ सेंस तकनीक होनी चाहिए। मैं एक-दो चेंबर वाला दरवाजा भी चाहता हूँ, ना कि पुराने तरीके का एक ही दरवाजा। तो अब आप मुझे क्या सुझाव देंगे? | Okay! I want something in light colour that matches my room's beige colour. It should be large and spacious with separate compartments for perishables, frozen, beverages and dairy items. It should have an excellent defrosting system and latest sixth-sense technology for making ice-cubes real fast. Also, I want a two-chambered door, not the old types with one door only. So, what would you suggest me now? |

सेल्समैन : सर, आपकी बताई खास पसंद के अनुसार, मुझे लगता है कि आपको यह स्मोकी-सलेटी सुंदर स्मार्ट फ्रिज लेना चाहिए। यह एल.जी. कंपनी का है और इस पर बढ़िया वारंटी, छूट व सेल-उपरांत सेवा का रिकार्ड भी है। यह अधिक जगह वाला है, दो चेंबर वाला है और इसमें डिजिटल पैनल भी है। आप तापमान की रेंज इसके बाहरी दरवाजे से भी देख सकते हैं। इसका चमकता पेंट इसे और भी आकर्षक व बढ़िया बना देता है। इसमें विभिन्न प्रकार के भोज्य पदार्थों के लिए अलग-अलग हिस्से व काफी जगह है। इसकी सिक्स्थ-सेंस स्मार्ट तकनीक इसे काफी उपयोगी बनाती है, ताकि चीजें ताजी रहें व ताजी हवा हर जगह भर जाए। आपके खाद्य पदार्थों में कभी भी स्वाद मिल-जुल नहीं पाएगा और आप लंबी अवधि तक खाने की चीजों को बचा पाएँगे। क्या आप

Sir, as per your specified preferences, I think you should go for this smoky-grey super smart refrigerator. It's from the house of LG and has excellent warranty, discount and after-sales service record. It is spacious, two-chambered and has digital panel too. You can see the temperature range from the front panel as well. Its glossy paint makes it all the more appealing and elegant. It has got all separate chambers and spaces for various types of food items. Its sixth-sense smart technology makes it useful enough to keep things fresh and infuse fresh air throughout. You'd never have mixed tastes in food items and will be able to store perishables for a longer time. Do you see this water outlet on the front door? You can directly take water or ice-cubes from here and need not put bottles inside the fridge all the time. Do you like it?

| | | |
|---|---|---|
| | यह सामने के दरवाजे पर पानी के निकास की जगह देख रहे हैं? आप सीधे ही यहाँ से पानी व बर्फ के टुकड़े निकल सकते हैं व हर समय फ्रिज में बोतलें रखने की जरूरत नहीं। क्या आपको यह पसंद है? | |
| उपभोक्ता : | मुझे यह बहुत अच्छा लगा। इसका मूल्य कितना है? | I find it good enough. What about its price? |
| सेल्समैन : | यह 23,000/- रुपए का है। | That's for ₹ 23,000/-. |
| उपभोक्ता : | ठीक है, यह रहा मेरा क्रेडिट कार्ड। कृपया भुगतान अदाएगी पूरी कर लें। | Alright, here's my credit card. Please process the payment. |
| सेल्समैन : | धन्यवाद सर। ये रहा आपका कार्ड। ये रहा आपका बिल, वारंटी कार्ड व सरप्राईज़ उपहार। | Thank you, sir. Here's your card. Here's your bill, warranty card and a surprise gift. |
| उपभोक्ता : | इसमें क्या है? | What's in that? |
| सेल्समैन : | ये तो आपको पता लगाना है। | It's for you to find out. |
| उपभोक्ता : | अच्छा! मैं यह बाद में करूँगा। कृपया इसे मेरे पते पर भिजवा दें। यह रहा मेरा विजिटिंग कार्ड। फिर से शुक्रिया। | Okay! I'll do that later. Please deliver it at my address. Here's my visiting card. Thanks again. |
| सेल्समैन : | आपका स्वागत है, सर। यह मेरा कर्त्तव्य है। आपका दिन शुभ हो। | You're welcome, sir. It's my duty. Have a good day! |
| उपभोक्ता : | तुम्हारा भी। गुडबाय! | You too. Goodbye! |

# 56

## *Conversation between a Customer and a Salesman Buying a Microwave*

| | | |
|---|---|---|
| सेल्समैन : | गुड ईवनिंग सर। मैं आपकी किस प्रकार सहायता कर सकता हूँ? | Good evening sir. How can I help you? |
| ग्राहक : | बहुत-बहुत गुड ईवनिंग। मैं एक माइक्रोवेव ओवन खरीदना चाहता हूँ। क्या आप इसमें मेरी मदद कर सकते हैं? | A very good evening. I wanna buy a microwave oven. Can you help me with that? |
| सेल्समैन : | जी बिलकुल सर। मगर क्या आप एक माइक्रोवेव खरीदना चाहते हैं या बस ओवन? | Of course sir. But do you wanna buy a microwave or just oven? |
| ग्राहक : | आह! दरअसल मेरा मतलब था माइक्रोवेव। | Ah! I meant microwave, of course. |
| सेल्समैन : | सर, हमारे पास काफी प्रकार के माइक्रोवेव हैं, जिनमें से आप चुन सकते हैं। यह आपकी जरूरत व बजट पर निर्भर करता है कि आपके लिए सबसे बढ़िया क्या रहेगा। उदाहरण के लिए, हमारे पास 32 लीटर, 28 लीटर, 20 लीटर इत्यादि में माइक्रोवेव हैं। उनकी क्षमता के अलावा, उनके प्रकार, उनके रंग, मॉडल, ब्रांड और विभिन्न फीचरों पर भी निर्भर | Sir, we have a wide variety to choose from. It depends on your requirement and budget as to what would suit you the best. For example, we have microwaves in 32 litres, 28 litres, 20 litres and so on. Apart from the capacity, the variation is also based on colour, model, brand and different features. For example, look at this LG mircowave. It has 32 litres |

| | | |
|---|---|---|
| | है। उदाहरण के लिए, इस एल.जी. माइक्रोवेव को देखें। इसकी 32 लीटर की क्षमता है और यह अलग-अलग खाने के प्रकारों के लिए पहले सेट 32 मैन्यूस में उपलब्ध है। यह बजाज कंपनी का है। इसकी 20 लीटर की क्षमता है मगर इसके केवल बेसिक काम हैं और कोई भी पहले से सेट मैन्यू नहीं है। यह एक लोकल उत्पाद है जो बिना फैदर ट्च बटनों के आता है और बिना डिजिटल डिस्पले के है। यह दूसरा लोकल निर्मित उत्पाद है जिसमें केवल दो प्री-सेट मैन्यू हैं, चार बेसिक कार्य हैं मगर यह ब्रांडेड चीजों के जितना ऊर्जा बचाने वाला नहीं है। | capacity and comes with 32 pre-set menus for various food types. This one is from the house of Bajaj. It has 20 litres capacity but has only basic functions and no pre-set menus. This one is a local product that comes without feather touch buttons and without a digital display. Here's another locally-manufactured product that has only two pre-set menus, four basic operations but is not as energy-efficient as the branded ones. |
| ग्राहक : | अहा! मैं समझ गया। तो इस एल.जी. 32 लीटर माइक्रोवेव का क्या? यह क्या-क्या करता है? | Aha! I got that. So, what about this LG 32 litres microwave? What all does it do? |
| सेल्समैन : | डी-फ्रीजिंग, कनवेक्शन, ग्रीलिंग, बेकिंग, हीटिंग (गरम होना), सॉफ्टनिंग (नर्म करना), पकाना व और बहुत कुछ। | De-freezing convection, grilling, baking, heating, softening, cooking and much more. |
| ग्राहक : | प्री-सेट मैन्यूज़ क्या है? क्या कोई और उत्पाद है | What about pre-set menus? Is there any other product |

जो 32 से ज्यादा विकल्प देता हो?

that offers more than its 32 options?

सेल्समैन : नहीं, सर। अभी तक तो नहीं। दरअसल, यह केवल उपभोक्ता मैन्यूअल के साथ ही नहीं आता, बल्कि एक सप्लीमेंटरी खाना बनाने की गाईड के साथ आता है, जिसमें 100 से ज्यादा खाने की चीजें लिखी हुई रहती हैं जो आप माइक्रोवेव में पका सकते हैं। यह ऊर्जा भी बचाती है। देखिए, यह चार सितारे—ये इसकी बिजली बचाने की उपयोगिता को दर्शाते हैं। कॉम्पलिमेंटरी उपहार के रूप में आपको यह किट भी मिलेगी, जिसमें बोरोसिल के बने काँच के बरतन, एक टेफ्लॉन से बना कैसेरोल, जिसका तला घूम सके और ग्रिलिंग इत्यादि के दूसरे यंत्र भी हैं। यह उत्पाद आपको धुएँदार बारबिक्यू, थकाने वाले ग्रीलिंग और भोजन पकाने के ऊबाऊ तरीकों से आजाद कर देता है। आप क्या सोचते हैं?

No sir. Not as yet. In fact, this comes not only with a user's manual but also with a supplementary cookery guide, that lists more than 100 food items that you can cook using microwave. It is energy-efficient also. You see these four stars—that indicate its power-saving efficiency. As a complementary gift, you'll also receive this kit in which there are two Borosil-based glasswares, one teflon coated casserole with moving base and other tools for grilling, etc. This product would set you free from smoky barbecues, tiring grilling and laborious cooking methods. What do you think?

ग्राहक : मैं तुमसे सहमत हूँ। प्री-पोनिंग (समय से पहले)

I agree with you. What about pre-poning or post-poning

| | | |
|---|---|---|
| | या पोस्ट-पोनिंग (समय के बाद) के फंक्शन का क्या अभिप्राय है? मेरा मतलब है कि क्या हम खाना बनाने का समय पहले से ही निर्धारित कर सकते हैं— जैसे कि क्या मैं बस इसे सुबह 8 बजे सेट कर सकता हूँ कि ये अपने-आप दोपहर 3 बजे काम करना शुरू कर दे? | functions? I mean can we set the cooking time beforehand—say can I just set it at 8 a.m. to start working on its own at 3 p.m.? |
| सेल्समैन : | जी बिलकुल। समय को व्यवस्थित करने का फीचर भी इसमें अंतर्निर्मित है। क्या आप यह नीला निशान देख रहे हैं यहाँ? यह खाने के समय को प्री-सेट करने का या कुछ समय देर बाद करने का है। | Of course, the timing adjustment feature is also in-built. Do you see this blue icon here? That's the one to pre-set the cooking time or defer it for some time. |
| ग्राहक : | मैंने रिमोट (दूर से) चालन के बारे में भी सुना है। मेरा मतलब है कि मैंने सुना है कि ऑफिस में बैठे हुए भी, मैं इसे वहाँ से चला सकता हूँ। तो क्या यह उत्पाद वह सुविधा भी प्रदान करता है? | I have also heard about remote operations. I mean I've heard that even while sitting at my office, I can operate it from there. So, does this product support that facility also? |
| सेल्समैन : | सर, यह रिमोट-चालन सुविधा के साथ ही आता है। लेकिन, बहुत दूर से इसके कार्यों को करने के | Sir, it comes with the remote-operation facility. However, to control its functions from a far-off distance, you'd |

| | | |
|---|---|---|
| | लिए आपको अपने पूरे घर के बिजली-चालित कारकों को बदलवाना होगा। ऐसे नए यंत्र चालन के लिए आई.टी. विशेषज्ञों की जरूरत होती है, जो आपके फ्रिज, ए.सी., माइक्रोवेव, पॉवर स्विचों व टी.वी. इत्यादि को लयबद्ध कर दें। केवल तब ही आप इसकी प्रक्रियाओं को दूर से भी नियंत्रित कर पाएँगे। | require to get all the operations of your house altered electronically. Such modular gadget operations require an I.T. specialist to streamline and synchronise your refrigerator, A.Cs., microwaves, power switches and T.V., etc. Only then you would be able to control its operations from a distance. |
| ग्राहक | : हाँ! मैं यह समझता हूँ। और क्या? आपने वारंटी समय कब तक का बताया? | Ya! I understand that. What else? How long did you say is the warranty period? |
| सेल्समैन | : यह 5 वर्षों के लिए है। | It's for a period of five years. |
| ग्राहक | : सेल-उपरांत सेवा का क्या? | What about the after-sales service? |
| सेल्समैन | : यह काफी तीव्र व संतोषजनक है। इंजीनियर घर पर ही दौरे करेंगे व इसे वहीं उसी समय आवश्यकता के अनुसार ठीक कर देंगे। कंपनी का प्रतिनिधि भी बिक्री के 24 घंटों के अंदर आपके पास आएगा और आपको इसके सभी कार्यों की जानकारी देगा। | It's very quick and satisfactory. The engineers will do a home-visit and repair it there and then if need be. Also, a company executive will visit you within 24 hours of sale to explain you about all its functions. |
| ग्राहक | : क्या अधिकतम मूल्य पर कोई छूट है? | Is there any discount on the M.R.P.? |

| | | |
|---|---|---|
| सेल्समैन : | सर, त्योहार का मौसम खत्म हो गया है और मौसम की सेल (छूट) भी। मैं क्षमा चाहता हूँ, इस समय कोई छूट नहीं दी जा सकती। लेकिन, अगर आप चाहें तो हम आपको इसे किश्तों में खरीदने में मदद के लिए ई.एम.आई. प्लान दे सकते हैं। क्या आप वह लेना चाहेंगे? | Sir, the festival season has ended and so has the season's sale. I'm sorry, no rebate can be offered at this point of time. However, if you want, we could offer you the EMI plan to help you buy it in installments. Would you wanna go for that? |
| ग्राहक : | नहीं! ऑफर के लिए धन्यवाद। अच्छा, चलें और बिल तैयार कर दें। क्या आप मास्टरकार्ड लेते हैं? | Nope! Thanks anyway for the offer. Okay, go ahead and prepare the bill. Do you accept Master Card? |
| सेल्समैन : | बिलकुल, हम करते हैं। एक सेकेंड सर। मुझे बिल तैयार करने दें। सर 10.2 प्रतिशत टैक्स के साथ इसकी राशि 12,000/- रुपए बनती है। | Absolutely, we do. Just a second, sir. Let me prepare the bill. The amount along with the service tax of 10.2% comes out to be ₹ 12,000/-. |
| ग्राहक : | ठीक है, कार्ड स्वाईप कर दें। | Alright, swipe the card. |
| सेल्समैन : | सर, यह हो गया। ये रहा आपका कार्ड और खरीद की कॉपी। कृपया इस पर यहाँ साईन करें। (ग्राहक हस्ताक्षर करता है) धन्यवाद। कृपया फिर पधारें। | It's done, sir. Here's your card and sales copy. Kindly sign it here. (Customer signs) Thank you. Do visit us again. |
| ग्राहक : | हाँ! बिलकुल, क्यों नहीं? क्या आप इसे मेरी गाड़ी में रखवा सकते हैं? | Ya! sure. Why not? Could you get it loaded in my car? |

| | |
|---|---|
| सेल्समैन : बिलकुल, सर (नौकर को ऐसा करने का निर्देश देता है।) | Certainly, sir. (Directs the servant to do so.) |
| ये हो गया, सर। सर, क्या आपको किसी और प्रकार की मदद चाहिए? | It's done, sir. Anything else you need help with, sir? |
| ग्राहक : नहीं, बस इतना ही। धन्यवाद। | No, that's it. Thank you. |
| सेल्समैन : आपका स्वागत है, सर। सर, आपका दिन शुभ हो! | You're welcome, sir. Have a great day ahead, sir! |
| ग्राहक : तुम्हारा भी। गुडबाय! | You too. Goodbye! |

## 57

## *Conversation between a Daughter and Her Mother (Going for a Routine Check-up)*

| | |
|---|---|
| बेटी : हेलो, माँ। आप कैसी हैं? | Hello, mom. How do you do? |
| माँ : हेलो, प्रिय। मैं आज कुछ ठीक-सा महसूस नहीं कर रही हूँ। | Hi, dear. I'm not feeling so well today. |
| बेटी : क्यों माँ? क्या परेशानी है? क्या सब कुछ ठीक है? | Why mother? What's the problem? Is everything alright? |
| माँ : नहीं। कुछ विशेष नहीं। बस मैं आजकल काफी ऊर्जारहित, थका हुआ व सुस्त महसूस करती हूँ। | No. It's nothing in particular. Just that I feel very exhausted, tired and lethargic these days. |
| बेटी : मुझे लगता है कि आपको डॉक्टर से जाकर मिलना चाहिए। | I think you should go to see a doctor. |

| | | |
|---|---|---|
| माँ : | ओह! नहीं। मैं बीमार नहीं हूँ। ये तो बस थकान है। शायद थोड़ा-सा आराम मुझे ठीक महसूस करने में सहायक होगा। प्लीज, बेकार में परेशान मत हो जाओ। | Oh! No. I'm not sick. It's just exertion. May be a little rest would help me feel fine. Please don't get alarmed unnecessarily. |
| बेटी : | माँ, मुझे लगता है कि आपको इतनी लापरवाही नहीं बरतनी चाहिए। मेरा मतलब है कि ये आप ही हैं जो हमेशा कहती रहती है कि "समय पर किया गया काम परेशानियों से बचाता है।" है ना माँ? | Mom, I think you shouldn't act so carelessly. I mean it's you who always advocates that "A stitch in time saves nine". Isn't it mom? |
| माँ : | शायद तुम सही कह रही हो। मगर मेरी प्यारी परी, मैं फिर भी यही जिद्द करूँगी कि मैं डॉक्टर के पास नहीं जाना चाहती, क्योंकि मैं इतनी भी बीमार नहीं। | May be you're right. But my little angel, I still insist that I don't wanna go to a doctor because I'm not that unwell. |
| बेटी : | फिर भी माँ, मेरे खयाल से एक उम्र के बाद शरीर की कार्यप्रणाली व जैविक पाचन प्राकृतिक रूप से बदल जाते हैं। और मेरे विचार से 40 वर्ष की उम्र के बाद सभी औरतों को नियमित स्वास्थ्य जांच | Still mother, I think after a certain age, the mechanism and biological metabolism of the body change naturally. And I think post-40 years of age, all women should undergo routine health check-up as recommended |

| | |
|---|---|
| करानी चाहिए, जैसा कि सभी स्वास्थ्य अधिकारी कहते हैं। क्योंकि सुरक्षा पछतावे से बेहतर है। | by all the health professionals. As it is better to be safe than sorry. |
| माँ : निश्चय ही मैं अपनी प्यारी बेटी में होने वाले डॉक्टर को बोलता सुन रही हूँ। मुझे लगता है तुम्हारी प्री-मेडिकल की तैयारी ने तुम्हें बेकार ही चिंता में डाल दिया है। फिर भी, मैं तुम्हारे सुझाव को सही तरीके से लूँगी व जल्दी ही डॉक्टर से अपाइंटमेंट ले लूँगी। | Surely I can hear the to-be doctor speaking right through my dear daughter. I think your pre-medical preparation has alarmed you unnecessarily. Nevertheless, I'll consider your opinion in a positive manner and soon fix an appointment with a doctor. |
| बेटी : माँ तुम्हें ज्यादा परेशान होने की जरूरत नहीं है। मैं तुम्हारे लिए ये कर दूँगी। क्या आपको लगता है कि कल शाम आपके लिए सही रहेगी? | You need not bother much mother. I'll do that for you. Do you think tomorrow evening will be fine with you? |
| माँ : मैं निश्चित रूप से यह नहीं कह सकती। | I'm not very sure about that. |
| बेटी : ओह! निश्चित रूप से— वह तो वैसे भी कभी नहीं होगा। तो, अब यह पक्का हो गया। पक्का रखना कि कल शाम 6 बजे तक आप घर के सब काम निपटा लें। मैं डॉक्टर भाटिया से अपाइंटमेंट ले लूँगी और | Oh! very sure—that's anyway never gonna happen. So, it's a deal now. Make sure you're done with all the household chores by 6 p.m. tomorrow. I shall fix an appointment with Dr. Bhatia and take you to her for a |

| | | |
|---|---|---|
| | आपको उनके पास नियमित जांच के लिए ले जाऊँगी। देखते हैं कि उनका आपकी सेहत के बारे में क्या कहना है ? | routine check-up. Let's see what she has to say about your condition. |
| माँ | : अब तुम जिद्दी हो रही हो, है कि नहीं? | Now you're being obstinate, aren't you? |
| बेटी | : माँ ये तो प्रचलित कहावत है "बच्चा व्यक्ति का पिता होता है"। मुझे लगता है कि मैं आपके भले के लिए ही इतनी जिद्द कर रही हूँ। मुझे उम्मीद है कि आप समझेंगी। | Mom, it's a common saying that "Child is the father of man". I think it's for your good that I'm insisting so much. I hope you'd understand. |
| माँ | : जैसे तुमने मेरे पास कुछ और करने का चारा छोड़ा है? तो, मेरी होने वाली डॉक्टर बिटिया, मैं तुम्हारी सलाह मानूँगी और कल तैयार हो जाऊँगी। ठीक है? | As if you leave me a choice to act otherwise? So, my would-be doctor daughter, I'll follow your advice and get ready tomorrow. Fine? |
| बेटी | : हाँ! अब यह मेरी माँ जैसी बात हुई। अच्छा, माँ मुझे अब जिम जाना है। मुझे देर हो रही है। मैं अब आपकी आज्ञा लूँगी। आपसे रात के भोजन पर मिलती हूँ। बाय! | Ya! That sounds like my mom now. Okay, mom. I've to hit the gymnasium now. I'm getting late. I'll take your leave for now. See you at the dinner table. Bye! |
| माँ | : बाय, प्रिय, ध्यान रखना। रात के खाने के लिए देर मत करना। गुडबाय! | Bye darling, take care. Don't be late for supper. Goodbye! |

# 58

## *Conversation between a Prospective Groom and a Marriage Bureau Consultant*

| | | |
|---|---|---|
| कंसलटेंट : | सुप्रभात। ए.बी.सी. शादी ब्यूरो में कॉल करने का शुक्रिया। मैं मनोज हूँ। मैं आपकी आज किस प्रकार सहायता कर सकता हूँ? | Good morning. Thank you for calling ABC Marriage Bureau. I'm Manoj. How can I help you today? |
| होनेवाला दूल्हा : | हेलो, मनोज। मैं रोहित हूँ। मैं शादी के संदर्भ में अपना नाम पंजिकृत कराना चाहता हूँ। क्या तुम मुझे बता सकते हो कि ये कैसे करना है? | Hello, Manoj. I'm Rohit. I wanna register myself for marriage purpose. Could you tell me how to do that? |
| कंसलटेंट : | मिस्टर रोहित, हमारी सेवाओं में रुचि दिखाने का शुक्रिया। पंजीकरण के लिए आपको हमारी कंपनी के साथ एक प्रोफाइल बनानी होगी। आप ऐसा या तो ऑनलाइन कर सकते हैं हमारी वेबसाइट www. ABC.com के द्वारा | Thank you for showing interest in our services, Mr. Rohit. For the registration process, you need to make a profile with our company. You could either do that online through our website www.ABC.com or visit any of our office branches to fill the agreement form. |

| | | |
|---|---|---|
| | या हमारे ऑफिस की किसी भी शाखा में जाकर सहमति का फार्म भर सकते हैं। | |
| होनेवाला दूल्हा : | अच्छा! मगर प्रोफाइल बनाने के लिए और कौन-सी चीजें जरूरी हैं? | Okay! But what other things are necessary for making a profile? |
| कंसलटेंट : | आपको सदस्यता फीस अदा करनी होगी, एक फोटो लगानी होगी, व्यक्तिगत विवरण देना होगा और ज्यादा-से-ज्यादा रिश्तों के लिए अपनी पसंद के साथी का ब्योरा देना होगा। | You need to pay the membership fee, upload a picture, fill in your personal details and the details of your desirable match to invite maximum number of proposals. |
| होनेवाला दूल्हा : | मगर यदि मैं ये आनलाइन बनाऊँ तो ये सब कैसे करना होगा? मेरा मतलब है कि मुझे ऑनलाइन फोटो अपलोड करना नहीं आता। देखिए, मैं कंप्यूटर चालन के विषय में थोड़ा नौसिखिया हूँ। | But how do I do that if I make it online? I mean, I don't know how to upload a picture online. You see, I'm a little amateur when it comes to handling computer operations. |
| कंसलटेंट : | चिंता ना करें। ऐसे मामले में, आप हमें कागजी फोटो हमारे | Don't worry. In that case, you could just mail us the hard copy of the photo at out office |

| | | |
|---|---|---|
| | ऑफिस के पते पर भेज सकते हैं और हम इसे प्रोफाइल पर आपके लिए लोड कर देंगे। | address and we would load it on the profile for you. |
| होनेवाला दूल्हा : | और मैं संभावित जोड़ी से किस प्रकार संपर्क कर सकूँगा? | And how would I connect with the prospective match? |
| कंसलटेंट : | आप उन्हें मैसेज (संदेश) भेज सकते हैं, ई-मेल कर सकते हैं, चैटिंग यंत्र से चैट कर सकते हैं या कॉल (फोन) कर सकते हैं अगर आप एक पेड सदस्य हों। और आपके पसंदीदा जोड़े के पते की जानकारी ऑनलाइन उपलब्ध होगी। | You could send message to them, e-mail them, chat with them with the chatting tool or call them, provided you are a paid member, and the contact details of the desirable match are available online. |
| होनेवाला दूल्हा : | मेरी पसंद का क्या? मेरा मतलब है ऐसी कुछ विशेषताएँ और गुण जो मैं ढूँढ़ रहा हूँ। मैं अपने लिए एक खास तरह की जोड़ी, जो कि जाति, पढ़ाई व ऊँचाई इत्यादि में मेरे अनुसार हो, ढूँढ़ रहा हूँ। | What about my preferences? I mean there are traits and qualities that I'm looking for. I may be looking for some specific type of match for myself in terms of caste, education, height, etc. |
| कंसलटेंट : | चिंतित ना हों, सर। सॉफ्टवेअर केवल | Don't worry, sir. The sofware will match only desirable |

| | | |
|---|---|---|
| | आपकी चाहत के अनुसार आपके प्रोफाइल में लिखी चुनाव संबंधी गुणों का मिलान करेगा। मान लीजिए कि आपने अपनी प्रोफाइल में पसंद के जोड़ में लिखा कि आप 28 से 31 वर्ष तक की जोड़ी चाहते हैं, तो आपको वही निमंत्रण आएँगे जो इस सीमा पर खरे उतरें। | profile traits as per your listed choices. Suppose, in your desirable match profile, you've mentioned that you're looking for a partner in 28 to 31 years age-group, then only those prospective proposals who meet this criteria would be able to reach you. |
| होनेवाला दूल्हा : | यह सुनने में तो मजेदार लगता है। कुंडली मिलान का क्या? देखिए, मैं बहुत धार्मिक हूँ और मेरे लिए यह बहुत महत्त्वपूर्ण है। | That sounds interesting. What about the horoscope match? See, I'm very religious and for me that's very important. |
| कंसलटेंट : | सर, ज्यादातर प्रोफाइल्स कुंडलियाँ भी दर्शाती हैं। अगर किसी एक विशेष प्रोफाइल में यह ना हो, तो आप उस व्यक्ति से ऑनलाइन निवेदन भेजकर मँगवा सकते हैं। | Sir, most of the profiles reflect horoscopes also. In case, a certain profile does not have one, you may request that person online to send you one. |

| | | |
|---|---|---|
| होनेवाला दूल्हा : | मुझे पता नहीं था कि जोड़ियाँ बनाना इतना सरल हो सकता है। कौन कहता है कि "जोड़ियाँ ऊपर से बनकर आती हैं?" ये तो इंटरनेट पर बनती हैं। (हा! हा! हा!) | I never knew that match-making could become so easy. Who says that "marriages are made in heaven." They're made on Internet (Ha! Ha! Ha!). |
| कंसलटेंट : | हा! हा! हा! ऐसा कहना तो आपका बड़प्पन है। क्या मैं आपकी पेमेंट अभी प्रोसेस कर दूँ और अभी प्रोफाइल बना दूँ? | Ha! Ha! Ha! That's very kind of you to say so. Can I process the payment and make your profile right away? |
| होनेवाला दूल्हा : | नहीं, शुक्रिया। मैं ये खुद कर लूँगा व भुगतान भी ऑनलाइन कर दूँगा। फिर भी, मैं आपके सब्र व मार्गदर्शन की कद्र करता हूँ। आप काफी सहायक रहे। | No, thanks. I'll do that myself and make the payment online. Anyway, I appreciate your patience and guidance. You've been very helpful. |
| कंसलटेंट : | ये तो मेरा फर्ज है, सर। क्या मैं आपकी किसी और प्रकार से सहायता कर सकता हूँ। | It's my duty, sir. Is there any other way I can help you? |
| होनेवाला दूल्हा : | नहीं, बस ठीक है। | No, that's alright. |
| कंसलटेंट : | ए.बी.सी. शादी ब्यूरो में कॉल करने का | Thank you for calling ABC Marriage Bureau. Do visit us |

| | |
|---|---|
| शुक्रिया। हमें www.ABC.com पर लॉग ऑन करें और लाखों मिलान ऑनलाइन पाएँ। भविष्य की शुभकामनाओं के साथ, मैं मनोज आपसे विदा लेता हूँ। | at www.ABC.com and connect to millions of matches online. With best wishes, I Manoj, bid you goodbye. |

## 59

## *Conversation between Two Friends about Buying a New House/Property*

| | |
|---|---|
| डेविड : हाय (हैलो), पीटर। तुम कैसे हो? मैं तुम्हें काफी लंबे समय के बाद मिल रहा हूँ। तुम कहाँ रहे इतने दिन? | Hi Peter. How do you do? I'm getting to see you after a very long time. Where have you been? |
| पीटर : हाय (हैलो) प्रिय। मैं बस अपना घर शिफ्ट करने में व्यस्त था। तुम जानते हो आजकल अच्छा घर मिलना कितना मुश्किल व थका देने वाला है। यह बिजली के नंगे तार पर नंगे पाँव चलने जैसा है। ऊँचा किराया, समझौते, पानी के बिल, बिजली का खर्च, शिफ्ट करना और बहुत कुछ। यह सब थकाने वाला होता है। | Hi dear. I was just busy in shifting my apartment. You know how difficult and taxing it is to get a good home these days. It's like walking on a live wire with bare feet. High rent, agreements, water bills, electricity expenses, shifting and so on. It's just exhausting. |

| | | |
|---|---|---|
| डेविड : | तुम एड़ी चोटी का जोर लगाना बंद कर अपना ही फ्लैट क्यों नहीं खरीद लेते? | Why don't you just stop running from pillar to post and buy your own apartment? |
| पीटर : | ए, क्या? मेरा खुद का घर? मुझे लगता है डेविड तुम अब मेरा मजाक उड़ा रहे हो। एक मध्यम वर्ग के परिवार की जिंदगी और थोड़ी तनख्वाह में, एक सर्विस-क्लास इनसान अपना खुद का घर खरीदने के बारे में सपने में भी नहीं सोच सकता। मेरे पास ना तो लॉटरी है ना ही कोई खजाना कि मैं अपना घर खरीद लूँ। मैं तुम्हारे जैसा अमीर भी नहीं हूँ। | Oh! what? My own house? I think, David, you're being sarcastic now. With just middle-class family-life and a paltry salary, a service-class man can't dream of buying his own house. I neither have a jackpot nor a treasure to buy my own house. I'm not as rich as you are. |
| डेविड : | ठहरो। तुम ज्यादा रिएक्ट कर रहे हो। क्या बात है? तुम इतने निराशावादी क्यों हो रहे हो? हर कोई इंस्टॉलमेंट प्लानों के बारे में जानता है। तुम भी यही क्यों नहीं अपनाते? किश्तों में भुगतान करना आसान है। इसके अलावा, यह बिलकुल ऐसा है जैसे तुम अपने मकान-मालिक को किराया देते हो, बिना कभी | Hold on. You're over-reacting. What is this? Why are you being so pessimistic? Everybody knows about the instalment plans. Why don't you go for that either? It's easy to pay in instalments. Besides, it's gonna be just like the rent amount that you pay to your landlord, without ever having to move out and with an assurance that, after |

| | | |
|---|---|---|
| | घर को छोड़कर जाने जैसा और इस वायदे के साथ कि कुछ वर्षों बाद वह जगह तुम्हारी हो जाएगी। और इससे तुम्हारा खुद का घर इतना महँगा भी नहीं पड़ता। बस यह धीरे-धीरे व किश्तों में होता है। हा! हा! | certain years, the enclosed area will become solely yours. So, your ownership does not come that expensive. It just happens gradually and in instalments. Ha! Ha! |
| पीटर : | हा! हा! सुनने में काफी अच्छा है मगर अभी मेरे पास एक बड़ी राशि नहीं है जो मैं घर का लोन देने वाली मछलियों को दे सकूँ। | Ha! Ha! Sounds really good but I don't have a huge amount right now to give to the housing loan fishes. |
| डेविड : | क्या तुम सी.एल.पी. के बारे में नहीं जानते जो कि कंस्ट्रकशन (निर्माण) लिंक से जुड़ा प्लान है? | Ain't you aware of the CLP— that is, Construction Link Plan? |
| पीटर : | वो क्या है? | What's that? |
| डेविड : | देखो, यह एक ऐसा प्लान है जो तुम्हें निर्माण व तरक्की के अनुसार फ्लोर के तलों के अनुसार समय-समय पर देना होता है। जैसे, तुम कुछ बुकिंग राशि जैसे 2 लाख रुपए दे सकते हो और फिर दो साल तक कोई भी राशि या किश्त नहीं देनी होगी। उसके बाद, जैसे (एक) तल से (दूसरे) तल की (निर्माण में) तरक्की | See, it's a plan that allows you to pay along with the development and progression of different floor levels from time to time, like you would pay some booking amount like ₹ 2 lac (INR) and then for two years, no instalment or charge would be there. After that, as the floor to floor progression will take place, you would be |

| | | |
|---|---|---|
| | होगी, तुम्हें कुछ राशि देनी होगी। और एक दूसरा प्लान भी है जिसमें तुम्हें ई.एम.आई. तब देना होता है जब कब्जा तुम्हें मिल जाए। तो, मुझे लगता है कि इन दोनों ही तरीकों में अपना फ्लोर या फ्लैट या घर लेना काफी आसान होगा। तुम्हें क्या लगता है? | required to pay some amount. And there is another plan that allows you to pay EMIs only after the possession is given. So, I think, in both these cases, owning your own floor or apartment or house is gonna be like a cakewalk. What do you think? |
| पीटर : | हाँ, ये मुझे पूरी तरह समझ में आ रहा है। मैं ऐसी किसी भी प्रकार की चीज के बारे में नहीं जानता था। मुझे लगता है कि मैं ऐसा कोई भी प्लान नहीं लेकर एक बहुत बड़ी गलती कर रहा था। तुम्हारे सुझावों के लिए बहुत-बहुत धन्यवाद। मैं निश्चय ही इस विषय में अपनी पत्नी से बात करूँगा और फिर इसके बारे में निर्णय लूँगा। | Yes, it makes perfect sense to me. I wasn't aware of something of this magnitude. I think I've been making one hell of a mistake by not opting for this kind of plan. Thanks a lot for your suggestions. I'll certainly discuss it with my wife and decide about it. |
| डेविड : | तुम्हें बिलकुल करना चाहिए। मैं अब तुम्हारी अनुमति चाहूँगा। | Certainly you should. Okay! I'll take your leave now. |
| पीटर : | ठीक है, अभी के लिए विदा। | Fine, goodbye for now. |
| डेविड : | विदा! | Adieu! |

# 60

## *Conversation between a Shopkeeper and a Customer Buying a Gift*

| | | |
|---|---|---|
| सेल्समैन | : हैलो, सर। मैं आपकी किस प्रकार सहायता कर सकता हूँ? | Hello, sir. How may I help you? |
| ग्राहक | : हैलो! मैं अपने दोस्त के लिए एक उपहार खरीदना चाहता हूँ। क्या आप कुछ बढ़िया व आकर्षक दिखा सकते हैं? | Hello! I want to buy a gift for my friend. Can you show me something really nice and appealing? |
| सेल्समैन | : बिलकुल, सर। मगर आप किस प्रकार का उपहार चाहते हैं? मेरा मतलब है कि आप किसके लिए उपहार खरीदना चाहते हैं— लड़के के लिए या लड़की के लिए? | Of course, sir. But what type of gift do you want? I mean is it for a boy or a girl that you wanna buy a gift? |
| ग्राहक | : इससे क्या फर्क पड़ता है? | How does it matter? |
| सेल्समैन | : इससे फर्क पड़ता है, सर, बहुत ज्यादा पड़ता है। देखिए, जहाँ पुरुष ज्यादातर स्वचालित उपकरणों, यंत्रों, चीजों, वीडियो-गेमों व अन्य बिजली की चीजों को लेते हैं, वहीं औरतें चमकीली व सजावटी कला, फैशनदार कपड़ों, आभूषणों, शृंगार की चीजों, गुदगुदे खिलौनों व दिखावे | It does sir, very much, it does. See, men are interested more into mechanised gadgets, tools, accessories, video games, and other electronic items, etc., whereas women prefer handy and decorative items, such as fanciful art, fashionable dresses, jewellery, make-up items, stuffed toys or ostentatious |

| | | |
|---|---|---|
| | के यादगार उपहारों को पसंद करती हैं। | souveniers. |
| ग्राहक : | वाह! मैं इतना सब नहीं जानता था। वास्तविकता में सर, यह एक लड़की के लिए है। मेरा मतलब है, मेरी गर्लफ्रेंड। मगर कृपया ये बात किसी और से ना कहिएगा। | Wow! I didn't know so much. Actually sir, it's for a girl. I mean, my girlfriend. But please don't disclose it to anybody. |
| सेल्समैन : | सर, विश्वास रखें, मैं नहीं कहूँगा। तो अवसर क्या है? | Rest assured, sir. I won't. So, what's the occasion? |
| ग्राहक : | परसों उसका जन्मदिन है। | It's her birthday day after tomorrow. |
| सेल्समैन : | ठीक है। आप उस सेक्शन से एक अच्छा-सा ग्रीटिंग कार्ड खरीद सकते हैं, एक ईत्र की शीशी व कुछ प्यारा-सा गुदगुदा खिलौना, अगर वह पसंद करती हैं तो। | Alright! You could buy one nice birthday greeting card from that section, a bottle of perfume and some nice stuffed toy for her if she likes. |
| ग्राहक : | मगर मैं पहले ही उसे पिछले महीने गुदगुदा भालू दे चुका हूँ। मैं दोबारा से वैसा नहीं करना चाहता। | But I've already gifted her a stuffed bear last month. I don't wanna be so repetitive. |
| सेल्समैन : | ओह! तब तो आपको एक खुबसूरत-सी हाथ की घड़ी खरीदनी चाहिए। देखिए, मेरे पास सचमुच में एक आकर्षक संग्रह है। इन सैम्पलों को देखिए—इसमें जड़े नग, रत्न व पॉलिश आँखों के लिए दर्शनीय है। | Oh! Then you should buy a fancy wrist-watch. See, I've got really a enticing collection. Look at these pieces—the studded stones, gems and polish are a treat for the eyes. And this delicate design is suitable for ethereal |

| | | |
|---|---|---|
| | और ये नजाकत भरा डिजाइन किसी औरत के नाजुक हाथों के अनुसार ही बनाया गया है। साथ ही यह समय दिखाती है। वह इसे दोगुना फायदेमंद बनाता है—सुंदर और फायदेमंद दोनों एक साथ। आप इसके अलावा और क्या सोच/चाह सकते हैं! | hands of a lady. Plus, it shows the time. That makes it doubly useful – decorative and useful at the same time. What else could you think of! |
| ग्राहक : | हाँ! आपकी बात में दम है। मगर रंग के मेलजोल का क्या? देखिए, मुझे अभी उसकी पसंद के बारे में पता नहीं है। तो आप क्या सुझाव देंगे? | Ya! You've a point. But what about colour combination? See, I don't know about her preferences yet. So, what would you suggest? |
| सेल्समैन : | यह सुनहरी वाली ले लें। यह हमेशा चलने वाला मैच है जो हर मौके व हर कपड़े के साथ चलता है। यह सभी भारतीय कपड़ों के साथ और फॉर्मल व कैजूअल परिधानों के साथ अच्छा लगता है। मगर, पसंद आपकी है। आपको जो पसंद हो, खरीद सकते हैं। | Take this golden one. It's an everlasting match for all occasions and all dresses. It goes well with all ethnic outfits as well as formal and casual attires. However, the choice is yours. You could buy whichever you like. |
| ग्राहक : | और ग्रीटिंग (कार्ड) का क्या? उसके लिए मुझे कैसा कार्ड खरीदना चाहिए? | And what about the greeting? What type of card should I select for her? |

| | | |
|---|---|---|
| सेल्समैन : | यह साधारण व अर्थपूर्ण होना चाहिए। आप एक साधारण-सा लेना जो आपकी अच्छी भावनाओं को ईमानदारी से व्यक्त करता हो। बेकार ही बढ़-चढ़कर कुछ ऐसा मत ले लेना जो गैर-व्यक्तिगत, महँगा या दिखावे वाला हो। | It should be simple and meaningful. Go for a decent one that conveys your good wishes honestly. Don't go overboard by selecting something too impersonal, lavish or superficial. |
| ग्राहक : | हाँ! मैं समझ गया। आपकी सलाह के लिए धन्यवाद। मैं यह कार्ड खरीदूँगा और वह हाथ/कलाई की घड़ी। इनका कितना हुआ? | Yeah! I got that. Thanks for your advice. I'll buy this card and that wrist-watch. How much for these? |
| सेल्समैन : | केवल 350 रुपए। क्या आप एक इत्र भी नहीं खरीदना चाहेंगे? | Just ₹ 350/-. Won't you like to buy a perfume as well? |
| ग्राहक : | नहीं, वह इत्र लगाना पसंद नहीं करती। तो, बस इतना ही। कृपया पैसे ले लें और मुझे रसीद दे दें। | No, she doesn't like to wear fragrances. So, that's it. Please take the money and give me the receipt. |
| सेल्समैन : | जरूर, ये लीजिए। कृपया भविष्य में फिर पधारें। | Sure, here it is. Do visit us again in future. |
| ग्राहक : | क्यों नहीं? मैं यहाँ अकसर आता हूँ। अच्छा एक बार फिर आपके सुझावों के लिए बहुत-बहुत शुक्रिया। | Why not? I'm a regular visitor here. Okay! Once again thanks a lot for your suggestions. |
| सेल्समैन : | सर, यह तो मेरा कर्तव्य है कि मैं आप जैसे बड़े ग्राहकों की मदद करूँ। आपका दिन शुभ हो! | It's my duty sir to help great customers like you. Have a good day! |
| ग्राहक : | तुम्हारा भी! बाय-बाय! | You too! Bye bye! |

# 61

## *Conversation between a Florist and a Customer Getting a Bouquet Done at a Florist Shop*

| | | |
|---|---|---|
| फूलवाला : | गुड ईवनिंग सर। मैं आज आपकी क्या सहायता कर सकता हूँ? | Good evening sir. How may I help you today? |
| उपभोक्ता : | आहा! गुड ईवनिंग। मैं एक गुलदस्ता तैयार करवाना चाहता हूँ। तुम्हारे पास कौन-कौन से फूल हैं? | Aha! Good evening. I wanna get a bouquet done. What all flowers do you have? |
| फूलवाला : | सर आप डिस्पले से देख सकते हैं। हमारे पास फूलों के काफी प्रकार हैं— गुलाब, वायलेट, जैसमिन, ऑरकिड्स, सूरजमुखी व कमल इत्यादि। हमारे पास कोरल का भी अच्छा संग्रह है और अन्य पत्तियाँ और झाड़ियों की कलमें भी हैं। या तो आप बना-बनाया गुलदस्ता खरीद सकते हैं, जैसा डिस्पले के लिए रखा है या फिर इसे अपनी पसंद अनुसार बनवा सकते हैं। तो आप क्या लेना चाहेंगे? | Sir, you can see from the display. We have a wide variety of flowers: roses, violets, jasmine, orchids, sunflower and lotus, etc. We also have a variety of coral collection and other leaves and shrub grafts as well. You may either buy a readymade bouquet as kept for the display or get it customised as per your liking. So, what would you like to go for? |
| उपभोक्ता : | ओह! मुझे लगता है मैं अपनी पसंद के अनुसार बनवाना चाहूँगा। तो आप इसे किस प्रकार तैयार करेंगे? | Uh! I think I'll go for the customised one. So, how would you assemble it? |

| | | |
|---|---|---|
| फूलवाला : | सर, ये तो आपकी पसंद पर निर्भर करता है और अलग-अलग फूलों पर निर्भर करता है। जैसे यह एक-एक गुलाब की कलियाँ आपको लगभग 10/- रुपए की पड़ेंगी और सूरजमुखी की कलियाँ आपको लगभग 15/- रुपए प्रत्येक पड़ेंगी। जहाँ तक इस आर्किड की डाली की बात है, यह लगभग 50/- रुपए की एक पड़ेगी। | Sir, it depends on your choice and varies from flower to flower. For example, these single rose buds could cost you around ₹ 10/- each and these sunflower buds would cost you around ₹ 15/- each. As for this orchid shoot, it would be approximately ₹ 50/- each. |
| उपभोक्ता : | हे भगवान! ये तो बहुत महँगी हैं। | Oh my God! That's quite expensive. |
| फूलवाला : | हाँ! सर। ये हैं। क्योंकि इनका असाधारण व अनोखा प्रकार है। तो, मुझे बताएँ मैं आपके लिए किस प्रकार का गुलदस्ता बनाऊँ। | Yeah! sir. These are. Because of their rare and distinct type. So, tell me, what kind of bouquet should I make for you? |
| उपभोक्ता : | मुझे लगता है कि मैं सामान्य-सा ही लूँगा। लगभग 200/- रुपए का गुलदस्ता बना दो और सभी रंगों के गुलाब, जैसे कि लाल, पीले, गुलाबी और सफेद लगा दो। और ये पत्तियों वाली झाड़ियाँ भी लगा देना, ताकि यह खुबसूरत लगे। | I think I'll just go for a regular one. Make a bouquet of around ₹ 200/- and put roses of all colours, like red, yellow, pink and white. Also put these leafy shrubs for making it beautiful. |
| फूलवाला : | सर, जैसा आप कह रहे हैं, मैं कर दूँगा मगर मैं आपको | Sir, I'll do as you direct but I would suggest you not to use |

| | | |
|---|---|---|
| | यह सुझाव दूँगा कि बाकि सब फूलों के साथ सफेद ना लगाएँ। क्या आप मुझे अवसर के बारे में बता सकते हैं ताकि मैं इसे उसके अनुसार लपेट दूँ। | white with all these combinations. Could you tell me about the occasion so that I could wrap it accordingly. |
| उपभोक्ता : | यह एक सालगिरह है— स्पष्ट शब्दों में, एक शादी की सालगिरह। | It's an anniversary—a marriage anniversary, to be very precise. |
| फूलवाला : | तो, उसके लिए, मैं इसे लाल व पीले रंग के फूलों के गोलाकार बैंड में, लाल रंग के नेट के कपड़े में अन्य पत्तिदार सफेद झाड़ियों की कलमों व चाँदी की झालरों वाला बनाऊँगा। कुछ इस प्रकार का (एक सैंपल दिखाता है)। क्या आपको लगता है कि यह आपकी जरूरत व पसंद के अनुसार होगा? | So, for that, I'll make it in a circular band of red and yellow colour flowers, wrapped in a red net-based cover with other leafy white shrub strands and silver frills. Somewhat like this one (shows a sample). Do you think this will meet your requirements and suit your taste? |
| उपभोक्ता : | वाह! बिलकुल, हाँ! यह कितना खुबसूरत है। कृपया इसे जल्दी से बाँध दें। मुझे ये वाकई पसंद है। | Wow! Absolutely, yes! It's so beautiful. Please wrap it up quickly. I really like it. |
| फूलवाला : | कृपया बैठ जाएँ, सर। मैं ये अभी कर देता हूँ। (5 मिनट में कर देता है) ये लीजिए, सर, यह तैयार है। | Just be seated, sir. I'll do that right away. (He does that in five minutes.) Here you get sir, it's ready. |
| उपभोक्ता : | बहुत-बहुत धन्यवाद। कृपया पैसे ले लें। | Thanks a lot. Please accept the money. |

| | | |
|---|---|---|
| फूलवाला | : सर, यह लीजिए छुट्टे। | Sir, here's the change. |
| उपभोक्ता | : ओह! रख लें। | Oh! Keep that. |
| फूलवाला | : आपका धन्यवाद, सर। एक और चीज सर, हमारा डिलिवरी सिस्टम भी शुरू हो गया है। यह रहा मेरा कार्ड। हम अब केवल एक कॉल भर की दूरी पर हैं। आपको हमें केवल कॉल करके अपना आर्डर देने की जरूरत है और हम इसे आपकी मनपसंद जगह पर पहुँचा देंगे। | Thank you, sir. One more thing, sir; we have come up with delivery system also. Here's my card. Now we are just a call away. You just need to ring us and place your order and we would deliver it at your desirable destination. |
| उपभोक्ता | : यह तो बहुत बढ़िया है! यह तो इसे और सुविधाजनक व मजेदार बना देगा। अगली बार अगर मुझे फूल लेने होंगे तो मैं बस आपको कॉल कर दूँगा और मेरा काम हो जाएगा। मैं उम्मीद करता हूँ कि यह कारगर हो। | That's great! It's gonna make it even more convenient and interesting. Good! Next time if I need flowers, I'll just call you and get things done. I hope it works. |
| फूलवाला | : बिलकुल, सर। यह आपकी पसंद के अनुसार ही किया जाएगा। वैसे भी, ग्राहकों की संतुष्टि ही हमारा मुख्य लक्ष्य है। | Absolutely, sir. It will be done as per your liking. After all, customer satisfaction is our main motto. |
| उपभोक्ता | : हाँ! मैं यह जानता हूँ। ठीक है। अभी के लिए विदा। | Ya! I know that. Okay! Bye for now. |
| फूलवाला | : गुडबाय, सर। | Goodbye, sir. |

## 62

# *Conversation between Two Friends about How to Get a Website Prepared*

| | |
|---|---|
| हर्ष : हैलो, राहुल। तुम कैसे हो? हमें आखिरी बार मिले काफी अरसा बीत गया। तुम कहाँ रहे और तुम्हारा व्यवसाय कैसा चल रहा है? | Hello Rahul. How do you do? It has been a long time since we last met! Where've you been and how's your business running? |
| राहुल : हर्ष हाय (हैलो)! तुम्हें कॉल व संदेशों का जवाब ना दे पाने के लिए मैं माफी चाहता हूँ। मगर मेरे जीवन में चीजें वाकई परेशानी-भरी रहीं। मैं व्यवसाय में आखिरी छह महीनों से काफी संघर्ष कर रहा हूँ, मगर फिर भी अभी मुश्किल से ही गुजारा हो पा रहा है। मुझे नहीं लगता कि मैं कभी भी तुम्हारा उधार चुका पाऊँगा। मुझे गलत मत समझना मगर ऐसा है कि मैं एक बहुत ही दुर्भाग्यशाली व्यक्ति हूँ। | Hi Harsh! I apologise for not returning your calls and answering your messages. But things have been really cumbersome at my end. I've been struggling very hard for the last six months in business, yet it has been hand to mouth sustenance only. I don't think I'm ever going to repay your debt off. Don't get me wrong but it's just that I'm a very unfortunate person. |
| हर्ष : इतने निराशावादी की तरह बात मत करो, प्रिय। मैं तुम्हें तकलीफ देना या दुःख पहुँचाना नहीं चाहता था और ना ही मैं तुम्हें तुम्हारी धन- | Don't sound so pessimistic, dear. I didn't mean to hurt you or offend you, nor did I mean to embarrass you about your financial liabilities. But |

| | | |
|---|---|---|
| | संबंधी जिम्मेदारियों के बारे में शर्मिंदा करना चाहता था। मगर मुझे नहीं लगता कि तुम अपने साथ न्याय कर रहे हो। मेरा मतलब है कि तुम अपनी ओर देखो। तुम कितने हँसमुख व ऊर्जावान हुआ करते थे। तुम्हारे जैसे बढ़िया व्यावसायिक सूझबूझ रखने वाले को, मैं नहीं समझता कि कैसे जीवन में तुम्हारे वापिस लौटने की चाहत को, कोई भी कम कर सकता है। परेशानी क्या है? साफ-साफ बताओ, ताकि मैं तुम्हारी कोई मदद कर सकूँ। | I don't think you are doing justice to yourself. I mean you look at yourself. You used to be so playful and energetic. With the kind of promising business acumen that you have, I don't see how anyone for that matter can dampen your spirit to resurge back to life. What's wrong? Tell me explicitly/clearly so that I can be of some help to you. |
| राहुल : | प्रिय, मैं नहीं जानता मगर अचानक हुई महँगाई व बाजार की गिरावट से व्यवसाय गिर गया है। भविष्य में होने वाले सौदे व ग्राहक ना जाने कहाँ गायब हो गए हैं। मेरे सभी मार्केटिंग व सेल्स के तरीके किसी भी फायदेमंद परिणाम को लाने में नाकाम दिखते हैं। सभी प्रिंट मीडिया को एक साथ डालने पर भी पहले का 10 प्रतिशत फायदा भी नहीं बन रहा है। मैं एक बड़ी परेशानी में हूँ और नहीं जानता कि | Dear, I just don't know but suddenly with the inflation surge and market crash, the business has gone down. The target deals and prospective clients have vanished like anything. All my marketing and sales strategies seem to be failing in generating fruitful results. All print media put together also have proved futile in creating even 10% of my previous revenues. I'm in a big soup and I don't know what to do |

| | | |
|---|---|---|
| | क्या करूँ और इस परेशानी से कैसे बाहर आऊँ। | and how to come out of this fix. |
| हर्ष : | प्रिंट मीडिया तो ठीक है मगर इलेक्ट्रोनिक मीडिया का क्या? क्या तुमने कभी उसके बारे में सोचा है? | Print media is alright. But what about the electronic media? Did you ever consider that prospect? |
| राहुल : | मेरे पास टी.वी. के विज्ञापनों के लिए धन नहीं है। मेरा मतलब है कि मैं लगभग दिवालिया हो चुका हूँ। लुटाने के लिए लगभग न के बराबर धनराशि से, मैं टी.वी. पर पैसा उड़ाने का नहीं सोच सकता। क्या तुम पागल हो गए हो? क्या तुम मुझे पूरा बरबाद होता देखना चाहते हो? | I don't have money for air time promos. I mean I'm almost a bankrupt. With no wealth at disposal, I can't afford to splurge money on T.V. Are you nuts? Do you want to see me finished? |
| हर्ष : | मेरे दोस्त इतना ओवररिएक्ट ना करो। मेरा मतलब टी.वी. विज्ञापन से नहीं था। मेरा मतलब वेबसाइट प्रमोशन से था, ऑनलाइन विज्ञापनों से, हर क्लिक पर हुए भुगतान के तरीके से, वेबसाइट के ऐफीलिएट (जुड़ना) विज्ञापनों से और इलेक्ट्रोनिक विज्ञापनों से। | Don't over-react, my friend. I didn't mean the T.V. promos. I meant the website promotions, the online advertising, pay-per-click payment modes, affiliating website advertisements and electronic marketing. |
| राहुल : | आह ! जब असल संसार और असली लोग ही सेल नहीं बढ़ा पा रहे तो ऑनलाइन मार्केटिंग से क्या | Ah! When the real world and real people can't drive sales, what would the online marketing generate? And |

उत्पन्न होगा? और वैसे भी, हमारे देश के कितने नागरिक कंप्यूटर शिक्षित हैं? यह मेरे दु:खों का अंत नहीं कर सकता।

anyway, how many of our citizens are computer literate? This can't be fixing my woes.

हर्ष : बिलकुल, यह कर सकता है। मेरे प्रिय दोस्त, तुम भूल रहे हो कि वेबसाइट प्रमोशनल प्रोग्राम तुम्हारे नगर, राज्य और देश से भी ज्यादा दूर तक जाते हैं। हर एक मिनट में अरबों इंटरनेट-प्रेमी उपभोक्ता ऑनलाइन जुड़ते हैं और उनमें से लाखों विभिन्न क्षेत्रों में सेवा प्रदान करने वालों को ढूँढ़ते हैं। उन लाखों में से, कई हजारों होंगे जो स्थानीय, राष्ट्रीय व अंतरराष्ट्रीय डीलरों को अपने व्यवसाय को बढ़ाने के लिए ढूँढ़ते होंगे। अगर तुम अपने उत्पादों/सेवाओं को दूसरे मिलते-जुलते उत्पादों/सेवाओं से जोड़ोगे तो तुम आसानी से अपनी चीजें ऑनलाइन बेच पाओगे। भूलो मत कि हर क्लिक पर होने वाला भुगतान तुम्हें आजादी देता है कि तुम केवल उन

Of course, it can. My dear friend, you're forgetting that website promotional programs transcend beyond your city, state and nation. Every single minute, billions of Internet-savvy users connect online and millions of them search for service providers in various fields. Of those millions, there would be several thousands who would look for local, national and international dealers to improvise their business prospects. If you link your products/services to the other related products/ services, you'll easily be able to sell things online. Don't forget that pay-per-click plan makes you free to pay for only that user who clicks your advertisement link and goes to your home page. That way your expenses remain

| | | |
|---|---|---|
| | उपभोक्ताओं के लिए खर्चा दो जिन्होंने तुम्हारे विज्ञापन के लिंक को खोला हो और जो तुम्हारे मुख्य पेज तक गए हों। इस तरह तुम्हारा खर्चा भी कम रहता है और भविष्य में मिलने वाले उपभोक्ताओं की संख्या भी बढ़ जाती है। ये दोहरे मुनाफे जैसा है। | low and the prospective client numbers also go high. That's like double the benefit. |
| राहुल : | मगर मुझे नहीं पता कि वेबसाइट बनवाते कैसे हैं? और मैं एक वेबसाइट तैयार कराने पर अत्यधिक खर्च नहीं करना चाहता। | But I don't know how to get a website made. Also I don't wanna spend a huge amount on getting a website prepared. |
| हर्ष : | तुम हर चीज के बारे में शकी क्यों हो गए हो? पहले तो, तुम्हें यह खुद नहीं बनानी है। जाओ और किसी वेब प्रोग्रामर से मिलो जो तुम्हारी जरूरत के अनुसार तुम्हें अच्छी डील का प्रस्ताव दे सके। दूसरे, तुम एक ब्लॉगस्पॉट से भी शुरू कर सकते हो। बस एक ब्लॉग पेज बनाओ जिसमें तुम्हारे उत्पाद, सेवाएँ, विवरण, चित्र व ऑफर इत्यादि हों और इसे दूसरे संबंधित उत्पादों व सेवाओं के साथ जोड़कर | Why have you become so skeptical about everything? Firstly, you don't have to make it yourself. Go and meet some web programmer who can offer you good deals as per your requirements. Secondly, you could even start with the creation of a blogspot. Just get created a blog page of your product, services, details, pictures, offers, etc. and start selling things from its mainpage link itself by affiliating it with other related products and |

| | | |
|---|---|---|
| | इसके मुख्य पेज से ही चीजें व सेवाएँ बेचना शुरू कर दो। तीसरे, ऐसी कई फ्री-होस्टिंग व फ्री-वेब पेज बनाने वाली वेबसाइटें भी हैं जो तुम्हारी फ्री में पहले से ही बनी हुई टेंपलेट द्वारा वेबसाइट बनाने में भी मदद करती हैं। तुम्हें तो बस शुरुआत करनी है। | services. Thirdly, there are some free-hosting and free-web page creation websites as well, which could help you make/create your website for free using readymade templates as well. You just need to get started. |
| राहुल : | मैं समझ गया। मैं स्पष्ट रूप से तुम्हारी बात समझ गया। तुम्हारी अनमोल सलाह के लिए बहुत-बहुत धन्यवाद। मैं बस जाऊँगा और किसी वेब-प्रोग्रामिंग के स्पेशलिस्ट से मिलूँगा और अपने व्यवसाय की मार्केटिंग को नए सिरे से शुरू करूँगा। और इस बार मैं वायदा करता हूँ कि मैं अपना लक्ष्य प्राप्त करने में कोई भी कसर नहीं छोड़ूँगा। | I got that. I've understood your point clearly. Thanks a lot for your precious piece of advice. I'll just go and see some specialist of web programming and start my business marketing all over again. And this time, I promise I'll leave no stone unturned to attain my desired goals. |
| हर्ष : | इसे कायम रखना! मैं अब तुम्हारी अनुमति लूँगा मगर संपर्क बनाए रखना। अगर तुम्हें इससे संबंधित कोई और मदद या मार्गदर्शन की आवश्यकता हो, तो मैं बस एक कॉल की दूरी पर हूँ। ठीक है? | Keep it up! I'll take your leave now but stay connected. If you need any further help or guidance in this regard, I'm just a call away. Alright? |

| | | |
|---|---|---|
| राहुल : | आह! तुम मुझे फिर से शर्मिंदा कर रहे हो। फिर से शुरू मत हो जाना। मैं निश्चय ही संपर्क बनाए रखूँगा। अभी के लिए गुडबाय। | Ah! You're embarrassing me again. Don't start again. I'll surely keep in touch. Good-bye for now. |
| हर्ष : | गुडबाय, और अपना ठीक से खयाल रखना। | Goodbye and take good care of yourself. |

## 63

## *Conversation between Two Friends about Video Games*

| | | |
|---|---|---|
| हर्ष : | हाय (हैलो) राहुल, लंबा अरसा हो गया, हा! ना कॉल, ना मुलाकात। तुम्हारे यहाँ क्या चल रहा है? | Hi Rahul! Long time, ha! No call, no show. What's up at your end? |
| राहुल : | हे (हैलो) हर्ष, ज्यादा कुछ नहीं। तुम कहो, तुम्हारा क्या हाल है? | Hey Harsh, nothing much. You tell, what's your story? |
| हर्ष : | वही पुरानी बोर करने वाली छुट्टियाँ। मैं स्कूल को व रोजाना की गई शरारतों को बहुत याद करता हूँ। | Same old boring holidays. I miss the school as well as the naughty things we did daily. |
| राहुल : | मैं तुमसे असहमत हूँ। मेरे जीवन में खूब मस्ती चल रही है। मैं ना तो अपने जीवन में बोरियत को और ना ही बीते दिनों को याद करता हूँ। मैं हर समय व्यस्त रहता हूँ। | I would like to disagree. I got enough fun happening in my life. I feel neither bored nor nostalgic about my life. I'm busy all the time. |

| | | |
|---|---|---|
| हर्ष : | व्यस्त? क्या करने में? मेरा मतलब है कि कोई खास छुट्टियों का गृहकार्य भी नहीं है, तो तुम सारा दिन किसमें व्यस्त रहते हो? | Busy? In doing what? I mean there is not much of holiday work also. So, what engages you throughout the day? |
| राहुल : | क्या तुम अनुमान लगाना चाहते हो? मैं तुम्हें ये करने के तीन मौके दे सकता हूँ। | Do you wanna guess? I can give you three chances to give it a shot. |
| हर्ष : | नहीं। मैं चीजों का अनुमान लगाने में अच्छा नहीं हूँ। तुम मुझे स्पष्ट रूप से क्यों नहीं बता देते? | Nope! I'm not good at conjecturing things. Why don't you tell me clearly? |
| राहुल : | अब तुम उतावले हो रहे हो। क्यों ना यहाँ एक छोटा-सा जुआ खेलें? मैं तुम्हें दस रुपए दूँगा अगर तुम तीन बार में सही जवाब दे पाए तो। क्या तुम इसके लिए तैयार हो? | Now you're being impatient. Why not play a little gamble here? I'll give you ₹ 10/- if you get the answer right in three attempts. Are you ready for it? |
| हर्ष : | तुम्हारी समस्या क्या है? तुम मुझे ये अनुमान लगाने का पैसा दे रहे हो कि आजकल तुम क्या कर रहे हो। मुझे तुम पर कुछ संदेह हो रहा है। मैं तुममें एक स्पष्ट बदलाव देख रहा हूँ। | What's wrong with you? You're offering me money to guess what you're upto these days. There is something fishy about you. I can obviously sense a change in you. |
| राहुल : | तुम बेवजह ही ओवर-रिएक्ट कर रहे हो। अच्छा! तुम खतरा नहीं लेना चाहते। मैं फिर भी रहस्य खोल देता हूँ। यह वीडियो गेम्स है। | You're just over-reacting. Okay! You don't wanna take a chance. I'll spill the beans anyways. It's video games. I keep playing them |

| | | |
|---|---|---|
| | मैं इन्हें सारा दिन खेलता रहता हूँ। अगर मैं जीतता हूँ तो बहुत सारा धन भी कमा लेता हूँ। तो यह मौज-मस्ती, सीखना व धन कमाना—सब के साथ जुड़ा है। क्या तुम भी इसका हिस्सा बनना चाहते हो? | throughout the day. If I win, I earn a lot of money as well. So it's fun, learn and earn—all clubbed together. Do you wanna be a part of it too? |
| हर्ष : | क्या? क्या तुम्हारे माता-पिता इस बारे में जानते हैं? तुम्हारा दिमाग खराब हो गया है क्या? तुम्हारे अंदर कौन घुस गया है? तुम कभी भी इतने बिगड़े हुए नहीं थे। तुम एक दुष्टात्मा के स्वरूप की तरह बात कर रहे हो। | What? Do your parents know about this? Are you out of your senses or what? Who's got inside you? You were never so depraved. You are talking like a devil incarnate. |
| राहुल : | बिगड़ा हुआ? तुम्हारा इस बात से क्या मतलब है? खेलों से जुड़ना उतनी भी बुरी बात नहीं। वैसे भी, खिलाड़ियों को हर जगह प्रसिद्ध लोगों की तरह सम्मानित किया जाता है। तो अगर मैं सारा दिन वीडियो गेम खेलता हूँ तो उसमें गलत क्या है? | Depraved? What do you mean by that? It's not that bad to be involved in games. After all, sportsmen are revered everywhere like celebrities. So, what's wrong if I play video games all day long? |
| हर्ष : | मेरे प्रिय दोस्त, वे लोग, जिनकी तुम बात कर रहे हो, वे असली माहौल में असली खेल खेलते हैं। ये | My dear friend, those people whom you're talking about, play real games in real environment. These virtual |

| | | |
|---|---|---|
| | मायावी दुनिया के कंप्यूटर के खेलों व टी.वी. स्क्रीन तुम्हें सुस्त, आलसी, अस्वस्थ, झगड़ालू, अमौलिक, क्रोधी व अव्यवहारी बनाते हैं। ये आपको घमंड के अहसास और रोष भरे स्वभाव से भर देते हैं। और ये या तो सैडिस्टिक या मैसोकिस्टिक खुशी का अहसास देता है जो उपभोक्ता के व्यक्तित्व के लिए दीर्घकाल में नुकसानदेह साबित होता है, क्योंकि वह ऐसी मायावी जीत असल जीवन में भी चाहने लगता है। | world games on computers and T.V. screens make you lazy, sedentary, unhealthy, violent, immoral, aggressive and impractical in nature. They fill you with a false sense of pride and aggressive attitude. Also, they lead to either sadistic or masochistic pleasure that often proves detrimental to a user's personality in the long-run as he starts craving for such fictitious victory in real life as well. |
| राहुल : | मुझे ऐसा नहीं लगता। जब मैं ऐसे खेल खेलता हूँ तो मुझे दुनिया में सबसे ज्यादा खुश होने का अहसास होता है। | I don't feel like that. I feel on top of the world when I play such games. |
| हर्ष : | यह तो केवल एक भ्रम है। जब तुम हार जाते हो तब कैसा लगता है? | That's just a misconception. How do you feel when you lose a game? |
| राहुल : | दुःखी और मुझे लगता है कि मैं हर वह चीज जो मेरे हाथ में आए तोड़ दूँ। | Shattered and I feel like smashing everything that I can lay my hands on. |
| हर्ष : | देखा, मैं इसी बारे में बात कर रहा हूँ। ये वीडियो गेम्स तुम्हें सच्चाई से दोहरा दूर | See, that's what I'm professing about. These video games make you |

| | | |
|---|---|---|
| | ले जाते हैं और तुम्हारे अंदर घृणा, विकृति, रोष व झूठी खुशी के एहसास को जगाकर तुम्हें शिकार बना लेती हैं। ये तुम्हारे दिमाग को धीरे-धीरे जहरीला बनाने जैसा है। तुम्हारा दिमाग इसके मायावी संसार के अनुसार ढल जाता है और यह अपनी पृथक करने वाली क्षमता खो बैठता है—जिससे सही व गलत, मौलिक व अमौलिक और ठीक व गलत का चुनाव नहीं कर पाता। ये मायावी दुनिया की जीत तुम्हें तानाशाही बना देती है—हिटलर के जैसा, जो सारी दुनिया को जीतना चाहता था। | doubly removed from reality and make you a victim by infusing violence, exposure, aggression and false adrenaline rush in you. It's like the slow poisoning of your mind. Your brain gets conditioned as per its false world and it stops using its discretion: to choose between right and wrong, virtue and vice and correct and incorrect. The virtual world victory makes you megalomaniac – someone like Hitler, who wanted to win over the entire world. |
| राहुल : | मुझे लगता है कि तुम्हारी बात में दम है। ये वाकई तुम्हारे अहम और स्वार्थी स्वभाव को जगाता है। मगर विध्वंस—अह! मुझे नहीं लगता मैंने अभी तक कुछ भी विनाशकारी नहीं किया। | I think you've a point. It does nourish your ego and selfish nature. But violence – umm! I don't think so. I've not done anything destructive yet. |
| हर्ष : | मगर तुमने अभी तो कहा है कि तुम हर समय चीजों का विनाश करने के बारे में सोचते हो। तुमने ऐसा | But you just confessed that you do feel like destroying things all the time. You may have acted so due to the lack |

| | | |
|---|---|---|
| | शायद सिर्फ मौका ना मिल पाने की वजह से किया होगा। मगर यह मत भूलो कि हमारे अहसास ही हमारे भाव बनते हैं, जो हमारे कार्यों द्वारा व्यक्त होते हैं। तो हर समय वीडियो गेम खेलने के दुष्प्रभाव नजरअंदाज नहीं किए जा सकते। तुम अपनी सभी परेशानियों के मूल कारणों को नजरअंदाज नहीं कर सकते। अपने आपको देखो। तुम कितनी दयनीय स्थिति में हो। तुम किसी और ही रूप में बदल गए हो—कोई ऐसा जो बुरे अहसासों से भरा है, जो दूसरों पर राज करने की दृष्टि से घिरा है। तुम ऐसे बिलकुल नहीं थे। | of opportunity only. However, don't forget that it's our feelings that become emotions, which, in turn, reflect through our actions. So, the pernicious effects of playing video games all the time are hard to be overlooked. You just can't ignore the root-cause of all your problems. Look at you. You're in how much deplorable state. You've completely transformed into someone else – someone who is full of negative feelings and obsessed with dominating outlook. This is so unlike you. |
| राहुल : | हाँ! मैं समझ सकता हूँ तुम क्या कह रहे हो? अब से मैं कोशिश करूँगा कि मैं इनमें इतना ना घिरा रहूँ। | Yeah! I can see what you're talking of. From now onwards, I'll try not to be so much engrossed in it. |
| हर्ष : | कोशिश? भूल जाओ। अगर तुम मुझसे अभी इन्हें छोड़ने का वायदा नहीं करोगे तो मैं अभी जाऊँगा और तुम्हारे माता-पिता को इसके बारे में बता दूँगा। मुझे | Try? Forget it. If you don't promise to quit it right away, I'll go and tell your parents about it. I'm sure they will counsel you better than how I can. |

| | | |
|---|---|---|
| | यकीन है कि वे तुम्हें मेरे (समझाने के) तरीके से बेहतर समझा पाएँगे। | |
| राहुल : | नहीं, नहीं। कृपया ऐसा मत करना। मैं कसम खाता हूँ कि मैं ये छोड़ दूँगा। बिलकुल पक्का। मेरे माता-पिता को कुछ मत कहना। उन्हें यह जानकर दुःख होगा। मैं कसम खाता हूँ, मैं कभी भी वीडियो गेम पार्लरों में नहीं जाऊँगा। | No, no. Please don't do that. I vouch I'll quit it. For sure. Just don't tell my parents. They'd be hurt to know about it. I swear, I'll never go to the video game parlours. |
| हर्ष : | ठीक है। मैं तुम्हें कम-से-कम एक मौका तो दूँगा ही। ध्यान रहे कि तुम अपना वायदा पूरा करोगे और मैं अपना करूँगा। अच्छा, चलो अब घर चलते हैं। फिर मिलेंगे। | Alright. I'll give you at least one chance. Make sure you keep your promise and I'll keep mine. Okay, let's go home now. See you around. |
| राहुल : | ठीक है हर्ष, बाय, कल मैदान में मिलते हैं। | Okay Harsh, bye, see you tomorrow at the playground. |
| हर्ष : | हाँ! यह बेहतर है। गुडबाय! | Ya! That's better. Goodbye! |

# 64

## *Conversation between a Salesman and a Customer Buying a Computer*

| | | |
|---|---|---|
| सेल्समैन : | गुड मॉर्निंग, सर। मैं आपकी किस प्रकार सहायता कर सकता हूँ? | Good morning sir. How can I help you? |

| | | |
|---|---|---|
| पीटर | : गुड मॉर्निंग। मैं एक नया कंप्यूटर खरीदना चाहता हूँ—बिलकुल नया मॉडल। आपके पास क्या है? | Good morning. I wanna buy a brand-new computer – the latest version, of course. What do you have? |
| सेल्समैन | : सर, कृपया बैठ जाएँ। इससे पहले कि मैं विभिन्न उत्पादों, मॉडलों व निर्माणों इत्यादि की जानकारी के बारे में आपको कुछ बताऊँ, क्या आप एक कप चाय, कॉफी या एक गिलास पानी लेना चाहेंगे? | Sir, please be seated. Before I proceed with the information about various products, models and makes, etc. would you like to have a cup of tea, coffee or a glass of water? |
| पीटर | : कुछ नहीं, धन्यवाद। कृपया जानकारी के संदर्भ में आगे बढ़ें। | Nothing, thank you. Just proceed with the info, please. |
| सेल्समैन | : सर, हम सभी ब्रांड, जैसे कि लेनोवो, एसर, एच.सी.एल. डैल, ऐप्पल, सोनी, एच.पी. इत्यादि रखते हैं। जहाँ तक नए माडल की बात है, हमारे पास पेंटियम-4 व पेंटियम-5 सीरिज हैं, जिनके साथ डयूअल कोर प्रोसेसर व दूसरी खूबियाँ भी हैं। मैं आपकी पसंद के अनुसार सभी रंग व मॉडल दिखा सकता हूँ। क्या मैं जान सकता हूँ कि आप किस प्रकार का फंक्शन व कॉम्बिनेशन ढूँढ़ रहे हैं? | Sir, we deal in all brands like Lenovo, Acer, HCL, Dell, Apple, Sony, HP, etc. As for the latest version, we have the Pentium-IV and Pentium-V series with dual core processor and other features. I can show you all the models and colours of your choice. May I know what specific functions or combinations are you looking for? |

| | | |
|---|---|---|
| पीटर : | दरअसल, मैं एक ऐसा कंप्यूटर ढूँढ़ रहा हूँ जो कि एक मल्टी-मीडिया उपभोक्ता के लिए एडिटिंग-फ्रेंडली हो। देखिए, मैं एक प्रोफेशनल एडिटर हूँ—वीडियो और ग्राफिक एडिटर और मैं कुछ ऐसा ढूँढ़ रहा हूँ जो बहुत सारा डेटा स्टोर कर सके, कुछ ऐसा जो सभी नए एडिटिंग यंत्रों के अनुसार कार्य करता हो और तेजी से कार्य करने की क्षमता देता हो। | Basically, I'm looking for a computer that could be editing-friendly for a multi-media user. You see, I'm a professional editor—the video and graphic editor and I'm looking for something that could store a lot of data, something that could support all the recent editing tools and could provide superspeed workability. |
| सेल्समैन : | मैं समझ गया। क्या कोई बजट या रेंज है जो आप खास रूप से चाहते हैं? | I got that. Is there any budget or range that you're specific about? |
| पीटर : | नहीं, ऐसा कुछ नहीं। मेरा मतलब है ये जरूरी है, पर आप मुझे आपके पास जो भी उपलब्ध है दिखाएँ और बाकी मुझ पर छोड़ दें। मैं कंप्यूटर के कार्यों के अनुसार बजट तय करूँगा। | No, not as such. I mean it matters but you just show me what all do you have and leave the rest to me. I'll decide about the budget as per the computer functions. |
| सेल्समैन : | कोई बात नहीं, सर। हमारे पास यह नवीनतम एच.पी. मल्टीमीडिया चालित पी.सी. है जो कि अंदर बने एडिटिंग यंत्रों के साथ आता है। इसमें पेंटियम-4 सीरिज़ | No problem, sir. We have got this latest HP multimedia enabled P.C. that comes with all in-built editing tools. It has Pentium-IV series processor, dual core features, 8 GB |

| | | |
|---|---|---|
| | का प्रोसेसर, डयूअल कोर फीचर, 8 जी.बी. स्टोरेज क्षमता और 500 एम.बी. रैम है। यह सभी उत्पादों पर एक वर्ष की वारंटी के साथ आता है और चार अलग-अलग रंगों में उपलब्ध है। ये रहा ब्रोशर। आप काले, नीले, स्लेटी से लेकर गहरे-भूरे रंग में चुन सकते हैं। | storage capacity and 500 MB RAM. It comes with a warranty of one year on all parts and is available in four different colours. Here's the brochure. You may select from black, blue, grey to ash-brown. |
| पीटर : | ठीक है। अगर मैं इनके साथ और (अन्य) चीजें लेना चाहूँ तो क्या? | Okay. What if I want some more accessories along with it? |
| सेल्समैन : | सर, कोई बात नहीं। आप हमारी दुकान से जितनी चाहें चीजें खरीद सकते हैं। आपके द्वारा चुनी चीजों के ब्रांड के अनुसार बिल जोड़ा जाएगा। अगर आप चाहें तो रिसेप्शन पर लगे बोर्ड पर दर्ज मूल्य-दर से सभी चीजों की कीमत पता कर सकते हैं, वहाँ उस ओर (उँगली से इशारा करता है)। | Not an issue, sir. You can purchase as many accessories as you like from our store. Depending upon the brand of the items you select, the bill will be compounded. If you wish, you could check the listed price for all items at the reception-board, over there (points finger). |
| पीटर : | कोई बात नहीं। मैं आपके एकल-दाम मानदंड से परिचित हूँ। मगर मेरे अभी भी इस पी.सी. से संबंधित कुछ प्रश्न हैं। क्या इसमें | That's alright. I'm aware of your fixed-price standard. But I still have some queries regarding this P.C. Are DVD and VCD players functional |

| | | |
|---|---|---|
| | डी.वी.डी. और वी.सी.डी. प्लेअर चलते हैं? | in this? |
| सेल्समैन : | जी, सर। दोनों ही अंतर्निर्मित हैं। | Yes, sir. Both are in-built. |
| पीटर : | सी.डी. राईटर का क्या? मैं दोनों, डी.वी.डी. और वी.सी.डी. राईटर फंक्शन चाहता हूँ। | What about the CD-writer? I want both the DVD and VCD writer functions. |
| सेल्समैन : | कोई परेशानी नहीं, सर। इसमें पहले से ही यह हैं। | No problem, sir. It already has those. |
| पीटर : | अंदर बने स्पीकरों व साउंड (ध्वनि) कार्ड का क्या? मैं और स्पीकर नहीं खरीदना चाहता। मेरा मतलब है कि मेरे पास ये हैं मगर मैं बेवजह उन्हें कंप्यूटर से हर समय जोड़ने की परेशानी नहीं उठाना चाहता। | What about the in-built speakers and sound card? I don't wanna buy extra speakers. I mean I have them but I don't wanna bother about attaching them to the computer all the time. |
| सेल्समैन : | सर, इस निओ-सीरीज के मॉडल में अंतर्निर्मित स्पीकर हैं, जिनसे डिजिटल डॉल्बी आवाज का प्रभाव आता है। | Sir, this neo-series model has in-built speakers with digital dolby sound effect. |
| पीटर : | अह! एल.सी.डी. स्क्रीन के ऑपशन में भी, मुझे कम-से-कम 26 इंच स्क्रीन चाहिए। क्या यह इस माडल में उपलब्ध है? | Uhh! In LCD screen option also, I want a minimum 26" screen. Is it available in this model? |
| सेल्समैन : | बिलकुल, सर। यह बिलकुल उपलब्ध है। आप कुछ और भी जानना चाहते हैं? | Of course, sir. It's very much available. Anything else you wish to know? |

| | | |
|---|---|---|
| पीटर : | कुछ खास नहीं। जोड़ने का क्या? क्या मैं सिर्फ सारे हिस्से खरीदकर उन्हें यहाँ जुड़वा सकता हूँ? | Not as such. What about assembling? Can I just purchase all the parts and get them assembled here? |
| सेल्समैन : | क्षमा कीजिए, सर। हम केवल कंपनी द्वारा बने पी.सी. ही रखते हैं। जोड़े गए या पुराने कंप्यूटरों के लिए आप अगली दुकान पर जा सकते हैं। | Sorry sir. We deal in company made P.Cs. only. For assembling or used computers, you may go to the next shop. |
| पीटर : | यह ठीक है। मैं तो सिर्फ इस बात को जानने के लिए उत्सुक था कि क्या ऐसा यहाँ किया जा सकता है। | That's alright. I was just curious if it could be done here. |
| सेल्समैन : | तो, क्या आप ध्वनि और चित्र की गुणवत्ता चेक करना चाहते हैं? मेरा मतलब है कि मेरे पास ये चारों मॉडल बिजली के मुख्य स्विच से जुड़े हुए हैं। ये रहा हेडफोन अगर आप पहले इसे जाँचना चाहें तो। | So, do you wanna check the sound and picture quality? I mean I've these four models attached to the main power switch. Here's the headphone if you wanna test it first. |
| पीटर : | (हेडफोन पहनता है) वाह! यह बहुत बढ़िया है व इसकी वाकई कमाल की ध्वनि है। मुझे यह पसंद है। और इसका हाई-डेफिनिशन बिलकुल स्पष्ट (नजारे) है। इसके रंग कितने असली व जीवंत लगते हैं। मुझे लगता है कि मैंने निर्णय कर | (Wears the headphone) Wow! It's amazing and has really rocking sound. I like it. And notice the high-definition crystal clear clarity. It's colours look so vibrant and life-like. I think I'm done here. Let's go for this black model. Please prepare the bill |

| | | |
|---|---|---|
| | लिया है। चलिए यह काला मॉडल ले लेते हैं। कृपया पीटर स्मिथ के नाम पर बिल बना दें। | in the name of Peter Smith. |
| सेल्समैन : | बिलकुल, सर। कृपया रिसेप्शन की तरफ बढ़ें। ये रहा आपका बिल। आपका सर्विस टैक्स के साथ कुल बिल 38,000/- रुपए बनता है। आप भुगतान कैसे करना चाहेंगे—कैश या कार्ड से? | Certainly, sir. Kindly proceed towards reception. Here's your bill. Your total amount including the service tax comes out to be ₹ 38,000/-. How would you like to make the payment—cash or card? |
| पीटर : | कार्ड से, प्लीज। ये लीजिए। | Card, please. Here you go. |
| सेल्समैन : | सर, बहुत-बहुत धन्यवाद। कृपया यहाँ हस्ताक्षर करें। ये रही आपकी कॉपी। (नौकर से): रामू, जाओ और यह पी.सी. सर की कार में रख दो। (ग्राहक से): सर, क्या आप किसी और तरह की मदद चाहते हैं? | Thanks a lot, sir. Kindly sign here. Here's your copy. (To the servant): Ramu, go and load this P.C. in sir's car. (To the customer): Is there anything else you need help with, sir. |
| पीटर : | नहीं, बस इतना ही। आप काफी जानकार सिद्ध हुए। आपके सहयोग के लिए धन्यवाद। | No, that's it. You've been very informative. Thanks for your co-operation. |
| सेल्समैन : | सर, ये तो मेरा सौभाग्य है। कृपया फिर पधारें। | My pleasure, sir. Please visit us again. |
| पीटर : | बिलकुल, अभी के लिए विदा। | Of course. Bye for now. |

| | | |
|---|---|---|
| सेल्समैन : | गुडबाय, सर। आपका दिन मंगलमय हो! | Goodbye, sir. Have a great day! |

## 65

## *Conversation between a Salesman and a Customer—Buying an Automated Toy*

| | | |
|---|---|---|
| सेल्समैन : | हैलो सर। मैं आपकी किस प्रकार सहायता कर सकता हूँ। | Hello sir. How may I help you? |
| पीटर : | हैलो! मैं एक मशीनी खिलौना खरीदना चाहता हूँ। कुछ ऐसा जो अपने आप चलता हो—बैटरी पर या चार्ज हुए कॉइल पर। आप मुझे क्या सुझाव देंगे? | Hello! I wanna buy a mechanised toy. Something that operates automatically—on battery or charged coil. What would you suggest me? |
| सेल्समैन : | सर, क्या आप मुझे यह बता सकते हैं कि आप ये किसके लिए खरीदना चाहते हैं? मेरा मतलब है कि बच्चे की उम्र लगभग कितनी है? | Sir, could you tell me whom are you going to buy it for? I mean the approximate age of the child? |
| पीटर : | हाँ, लगभग 8 वर्ष का है। | Ya, around 8 years. |
| सेल्समैन : | तब मैं आपसे ये मोटर से चलने वाला रोबोट लेने को कहूँगा। ये वाकई चमकता है और बहुत सारे काम करता है। इसके सेंसर 20 मीटर की दूरी से भी सिगनल पकड़ लेते हैं। | Then I would suggest you to purchase this motor-operated robot. It's really flashy and performs a lot of functions. Its sensors catch signals even from a distance of 20 metres. |
| पीटर : | नहीं, मुझे लगता है मेरी बेटी इस तरह के रोबोट से डर जाएगी। | No, I think my daughter is too sensitive for a scary robot like this. |

| | | |
|---|---|---|
| सेल्समैन : | आह! आप अपनी बेटी के लिए एक खिलौना ढूँढ़ रहे हैं तो आप यह हेलीकॉप्टर या हवाई जहाज ले सकते हैं। ये दोनों ही बैटरी से चलते हैं, तेज गति पकड़ते हैं, हवा में 1 कि.मी. तक उड़ते हैं और बैटरी के सिगनल पर उछलते-कूदते भी हैं। यह है रिमोट। आप इसे उड़ा कर देखना चाहें तो देख सकते हैं। | Ah! If you're looking for a toy for your daughter, then you can go for this helicopter or aeroplane. Both of these run on battery and zoom at a high speed, fly upto 1 km in air and even topple at battery's signals. That's the remote. You may try flying it if you wish to. |
| पीटर : | क्या आप यह करके दिखा सकते हैं? मैं सिर्फ यह देखना चाहता हूँ कि ये हेलीकॉप्टर क्या-क्या कर सकता है? क्या आप इसे हवा में उड़ा सकते हैं? | Can you run that test for me? I just wanna see what all does this helicopter do? Can you make it fly in the air? |
| सेल्समैन : | जी बिलकुल सर, क्यों नहीं? ये लीजिए (रिमोट पर बटनों को दबाता है)। ये देखिए इस तरह और उलट-पलट करें। क्या आपको इसके फंक्शन पसंद आए? | Of course, sir. Why not? Here it goes. (Presses buttons on remote) See, there you go... and topple over and over. Did you like its functions? |
| पीटर : | हाँ, ये काफी बढ़िया है। इसकी आवाज का क्या? क्या इसमें कोई गाना भी बजता है? देखिए, बच्चों को ऐसी आवाजों का शौक होता है। | Ya, pretty interesting it is. What about its sound? Does it play any music also? See, children are fond of such voices. |

| | | |
|---|---|---|
| सेल्समैन : | जी, हाँ। ये अलग-अलग आवाजें भी निकालता है। जैसे कि उड़ने के समय सावधानी की टोन, पलटने के समय बीप, घूमने के समय खतरे की घंटी इत्यादि। | Well, yes. It does play different sounds, like attention tone during flight mode, beep sound during toppling, warning alert while rotating, etc. |
| पीटर : | इसका बैटरी बैक-अप कितना है? | How much is the battery back-up? |
| सेल्समैन : | एक बार चार्ज करने पर आप इसे कम-से-कम 5 घंटों तक बिना रुके चला सकते हैं। जहाँ तक इसके प्रयोग की बात है, यह बहुत कम ऊर्जा खर्च करने वाला यंत्र है। यह बिजली कम लेता है व केवल 20-25 मिनट में पूरा चार्ज हो जाता है। इसलिए आपको इस बारे में भी ज्यादा चिंता करने की जरूरत नहीं है। | Once charged, you can run it for at least five hours non-stop. As for the usage, it is quite energy efficient. It does not consume much power and gets fully charged within 20-25 minutes only. So, you need not worry much about that also. |
| पीटर : | ये सुनने में तो ठीक लग रहा है। इसकी कीमत क्या है? | That sounds pretty much fine. How much does it cost? |
| सेल्समैन : | सर, यह केवल 1,100/- रुपए का है मगर जब आपके बच्चे की खुशी से तुलना करें तो यह कीमत कुछ भी नहीं है। क्या आपको ऐसा नहीं लगता सर? | It costs ₹ 1,100/- only, sir but when compared to the happiness of your child, it costs nothing. Don't you feel so, sir? |

| | | |
|---|---|---|
| पीटर | : आह ! ये तो बहुत समझदारी की बात कही आपने। फिर भी मुझे यह खिलौना पसंद आया। कृपया इसे पैक करें और इसका बिल तैयार कर दें। | Ah! that's very smart of you. Nevertheless, I liked this toy. Please go ahead and prepare the bill. |
| सेल्समैन | : एक मिनट में, लीजिए सर। ये रही आपकी रसीद। आप भुगतान कैसे करना चाहेंगे? | In a minute, sir. Here's your receipt. How would you like to make the payment? |
| पीटर | : कैश द्वारा। ये रही धनराशि। क्या कोई वारंटी भी है? | Cash please. Here's the money. Is there any warranty also? |
| सेल्समैन | : मोटर उत्पादों पर, हाँ बिलकुल। यह 6 महीने के लिए है। जहाँ तक प्लास्टिक उत्पादों के तोड़-फोड़ की बात है, उन पर कोई गारंटी नहीं। | On the motor parts, of course, yes. It's for a period of six months. As for the plastic breakage or damage, there is no guarantee. |
| पीटर | : हाँ, मैं यह जानता/समझता हूँ। अच्छा, आपकी सहायता के लिए शुक्रिया। | Yeah, I understand that. Okay, thank you for your help. |
| सेल्समैन | : ये तो मेरा कर्तव्य है, सर। कृपया फिर पधारें। आपकी सेवा करके बहुत खुशी हुई। आपका दिन शुभ हो, सर! | It's my duty, sir. Please visit us again. It was a pleasure to serve you. Have a good day sir! |
| पीटर | : शुभ दिन! | Good day! |

## 66

## *Conversation between Two Ladies Buying Some Beauty Product*

| | | |
|---|---|---|
| शीला | : हैलो रमा। तुम कैसी हो? हमें आखिरी बार मिले | Hello Rama. How have you been? It's been a long time |

| | | |
|---|---|---|
| | काफी अरसा बीत गया। तुम कितनी अलग दिख रही हो। क्या बात है? क्या चल रहा है? | since we met last. You look so different. What's up? |
| रमा : | हाय (हैलो), शीला। मेरे यहाँ तो सब ठीक चल रहा है। तुम बताओ। तुम्हारी नौकरी व जिंदगी कैसी चल रही है? मुझे पता है कि हमें एक-दूसरे से मिले 3 महीने से ज्यादा बीत गए हैं। | Hi, Sheela. Everything is fine at my end. You tell. How's your job and life going? I know it has been over three months since we met. |
| शीला : | नौकरी—ये बहुत खराब है। मेरा मतलब है कि मैं हरदम काम में उलझी रहती हूँ। ओवरटाइम, लंबी शिफ्ट और स्टेबैक के बावजूद डेडलाइन पूरी कर पाना असंभव जैसा लगता है। मैं बहुत ही परेशान और थका हुआ महसूस करती हूँ। | Job—it sucks! I mean I'm so overloaded with work all the time. Despite overtime, extended shifts and staybacks, the deadlines seem impossible to be met with. I feel too much stressed and exhausted. |
| रमा : | हाँ, मैं तुम्हारे चेहरे पर यह देख सकती हूँ। तुम कितनी बुझी-सी व थकी हुई लग रही हो। तुम अपना खयाल क्यों नहीं रखती? | Yeah, I can trace that from your face. You seem so dull and tired. Why don't you take care of yourself? |
| शीला : | कैसा खयाल? मेरे पास ज्यादा खाली समय नहीं होता कि मैं पार्लरों में जाकर समय बरबाद करने वाले और मँहगे इलाज करवाऊँ। तुम आजकल क्या कर रही | What type of care? I don't have much spare time at my disposal to go to parlours and get time-consuming and expensive treatments done. What are you upto these |

| | | |
|---|---|---|
| | हो? तुम कितनी जवान व प्रसन्नचित्र लगत्ती हो। क्या राज है? | days? You look so youthful and radiant. What's the secret? |
| रमा : | ये तो केवल एक घर पर की जाने वाली दिनचर्या है जो मैं अपनी त्वचा की देखभाल के लिए करती हूँ, जैसे कि रात में क्लीनसिंग, टोनिंग और मॉइस्चराईजिंग। यह तुम्हारी त्वचा को महँगे उत्पाद से भी ज्यादा लाभ पहुँचाती है। यह सौंदर्य दिनचर्या त्वचा को भीतर से पोषित करती है, जिससे यह चमकदार, स्वस्थ और आकर्षक हो जाती है। | It's just a simple home-routine that I follow to take care of my skin, like cleansing, toning and moisturising at night. It does more than what expensive treatments do to your skin. This beauty regime nourishes the skin from within, leaving it glowing, healthy and radiant. |
| शीला : | आह! मॉइस्चराईजिंग? मैं तो ये कर ही नहीं सकती। मैं जब भी कोई क्रीम वाला मॉइस्चराईजर इस्तेमाल करती हूँ, मेरी त्वचा साँवली हो जाती है और फिर बहुत ज्यादा मुँहासे आ जाते हैं। मैं ये नहीं कर सकती। | Ah! moisturising? I just can't do that. Whenever I use any cream-based moisturiser, my skin turns dark, followed by severe acne-breakout. I can't afford that. |
| रमा : | देखो, एक त्वचा विशेषज्ञ होने के नाते मैं जो सलाह तुम्हें दे सकती हूँ, वह यह है कि अपनी त्वचा के प्रकार के अनुसार ही सही उत्पाद लो। पहले यह पता लगाओ कि तुम्हारी त्वचा | See, being a dermatologist, what I can advise to you is to select the right products as per your skin types. First, get it checked whether you have oily, dry, or combination skin type and then select an |

| | | |
|---|---|---|
| | तैलीय, सूखी या मिलीजुली है और फिर एक सही मॉइस्चराईजर खरीदो जो तुम्हारी त्वचा के अनुसार ठीक हो। उदाहरणत:, अगर तुम्हारी त्वचा तैलीय है तो तुम्हें पानी के बेस वाले मॉइस्चराईजर लेने चाहिएँ और क्रीम बेस के नहीं। अगर तुम्हारी कॉम्बिनेशन त्वचा है तो तुम्हें उसके अनुसार ही कोई मॉइस्चराईजर लेना चाहिए। | appropriate moisturiser that is suitable for your skin type. For example, if you have an oily skin, then you should go for water-based moisturiser and not cream-based one. In case you have combination skin-type, then you should opt for a moisturiser meant for your skin type. |
| शीला : | ये बढ़ती उम्र की निशानियों का क्या? मेरा मतलब है कि मेरी त्वचा मेरी उम्र से बूढ़ी लगती है। मुझे पिगमेंटेशन, झुर्रियाँ व पैची त्वचा हो गई है। मुझे इनके बारे में क्या करना चाहिए? | What about these signs of ageing? I mean my skin looks old for my age. I've developed pigmentation, wrinkles and patchy skin. What shall I do about them? |
| रमा : | ज्यादा चिंता मत करो। यह प्रदूषण, धूल, मिट्टी व धूप में ज्यादा रहने से होता है। क्या तुम बाहर बिना सनसक्रीन लगाकर जाती हो? | Don't worry too much. It happens due to pollution, dirt, dust and exposure to sun. Do you go out without wearing any sunscreen? |
| शीला : | हाँ! ये सच है। मैं ऐसा करती रहती हूँ। | Yeah! very true. I tend to do that. |
| रमा : | यह सभी परेशानियों का मूल कारण है। कोई बात नहीं, बस आगे से अपनी | That's the root cause of all the problems. Anyways, just hydrate your skin and body |

| | | |
|---|---|---|
| | त्वचा को ठीक से हाइड्रेट करके रखना। बहुत सारा पानी पिओ, कम-से-कम 8-10 गिलास, रोजाना। एक ठीक प्रकार का त्वचा का मॉइस्चराईजर लगाना, ताकि त्वचा का खोया आकर्षण फिर से लौट सके। और अपने भोजन में बहुत सारे विटामिन और खनिज लिया करो। उदाहरण के लिए, कच्ची सब्जियाँ, फल, सलाद, अंकुरित चीजें इत्यादि खाओ। रोजाना केवल 30 मिनट का व्यायाम भी तुम्हारे रोमछिद्रों को खोलने में मदद करेगा। भूलना मत, रोज 7-8 घंटे नींद लेना, ताकि तुम्हारी खोई हुई चमक वापस आ सके। याद रहे, नींद शरीर को हर प्रकार से तरोताजा करती है। और तुम्हें ज्यादा प्रोटीन और विटामिन ई भी लेना चाहिए ताकि तुम्हारी त्वचा परेशानी रहित व चमकदार रहे। | properly from now onwards. Drink plenty of water, say minimum 8-10 glasses, on a daily basis. Use an appropriate skin moisturiser to replenish its lost charm back. Also include a lot of vitamins and minerals in your dietary intake. For example, eat raw vegetables, fruits, salads, sprouts, etc. Routine exercise for even 30 mintues a day will also help your pores open up. Not to forget, sleep for a minimum of 7-8 hours daily to revive your lost glow. Remember, sleep helps body rejuvenate in all aspects. And you should also consume more proteins and vitamin E for a blemish-free face and radiating skin. |
| शीला : | मगर मेरी मुश्किल कामकाजी जिंदगी का क्या...। | But what about my hectic professional life.... |
| रमा : | देखो, काम तो कभी खत्म नहीं होगा मगर अगर तुम | See, work will never end but if you don't take good care |

| | | |
|---|---|---|
| | अपने शरीर की ठीक से देखभाल नहीं करोगी तो ये जल्दी ही तकलीफदेह बन सकता है। तो समय रहते ही कुछ करना उचित होगा। | of your body, it will soon become troublesome. So you better act before it gets too late. |
| शीला : | बिलकुल, मैं कर लूँगी। मैं तुम्हारी बात समझ गई। तुम्हारी सलाह के लिए धन्यवाद। तुमने जो सब सुझाया, उसे खरीदने मैं आज ही बाजार जाऊँगी। एक बार फिर धन्यवाद। | Of course, I'll. I've got your point. Thanks for your advice. I'll certainly go to the market today itself to buy whatever you have suggested. Thanks once gain. |
| रमा : | कोई बात नहीं। जब कोई बदलाव महसूस हो तो मुझे बताना। | It's alright. Do let me know once you feel any difference. |
| शीला : | बिलकुल, मैं बताऊँगी। ठीक है, अभी चलती हूँ। | Certainly, I'll. Okay, bye for now. |
| रमा : | गुडबाय और अपना खयाल रखना। | Goodbye and take care. |

## 67

## *Conversation between a Travel Company Executive and a Customer Buying a Planned Tour Package*

| | | |
|---|---|---|
| कर्मचारी : | ए.बी.सी. टूर व ट्रैवल हाउस में कॉल करने का शुक्रिया। मैं मान्या हूँ। मैं आपकी किस प्रकार सहायता कर सकती हूँ? | Thank you for calling ABC Tour and Travel House. I am Manya. How may I help you? |
| रोहित : | हैलो मान्या। मैं रोहित हूँ। मैं नैनीताल, बिंसर, | Hello Manya. Rohit this side. I wanna buy a tour package |

| | | |
|---|---|---|
| | अलमोड़ा के लिए पाँच दिनों का टूर पैकेज खरीदना चाहता हूँ। मैंने समाचार-पत्र में आपका विज्ञापन देखा था और मैं इस 'सुपरसेवर' पैकेज के बारे में जानना चाहता था, जिसके बारे में आपने विज्ञापन दिया था। | for Nainital, Binsar, Almora for five days. I saw your advertisement in the newspaper and I wanted to enquire about this 'Supersaver' package that you have advertised about. |
| कर्मचारी : | जी बिलकुल, सर। आप इस नए 'सुपरसेवर' पैकेज के बारे में सही कह रहे हैं। इसमें 5 दिनों व 6 रातों का पूरा पैकेज है, जिसमें प्रत्येक व्यक्ति के लिए प्रतिदिन 2 बार खाना, रहना, जगह देखना, होटल से लाना व ले जाना और कम से कम आठ अलग-अलग जगहों पर यात्रा शामिल है। | Of course, sir. You're right about this new 'Supersaver' package plan. This includes a five days' and six nights' complete package that includes two meals per day per person, stay, sight-seeing, pick and drop from hotel and even visit to at least eight different destinations overall. |
| रोहित : | आह! क्या इसमें गाइड भी शामिल होगा? मेरा मतलब है कि क्या पर्यटक गाइड भी हमारे साथ जाएगा? | Ah! Does it include a guide as well? I mean will a tourist guide be accompanying us? |
| कर्मचारी : | बिलकुल, सर। एक टूरिस्ट गाइड हर समय आपके साथ तत्पर रहेगा, ताकि आप दौरे पर हर जगह के बारे में विस्तार से जान पाएँ। | Absolutely sir. A tourist guide will be available for all the trips to help you know every detail of the visited destination. |
| रोहित : | खाने के बारे में क्या है? क्या थाली में केवल भारतीय खाना होगा या...? | What about the meals? Is it only the Indian platter on the offer or...? |

| | | |
|---|---|---|
| कर्मचारी : | नहीं, नहीं, सर। आपको भारतीय, चाईनीज, इंटरकॉनटिनेंटल व अन्य दूसरे लोकल व्यंजन भी मिलेंगे। | No, no, sir. You'd have Indian, Chinese, Intercontinental and many other local cuisines as well. |
| रोहित : | क्या बच्चे भी इस पैकेज में शामिल हो सकते हैं? | Can children also join us in this package? |
| कर्मचारी : | सर, यह पैकेज तो केवल जोड़ों के लिए है। मगर अगर आप अपने बच्चों को भी साथ में लाना चाहें तो उसके लिए आपको अलग से खर्च उठाना पड़ेगा। आप कितने बच्चे लाना चाहते हैं व उनकी उम्र क्या है? | Sir, this is only valid for a couple. However, if you wanna bring your kids along, a surplus amount will also be applicable over and above the package charges. How many kids do you wanna bring along and their age-group please? |
| रोहित : | दो बच्चे: एक लड़का व एक लड़की, उम्र क्रमश: लगभग 5 वर्ष व 9 वर्ष है। | Two children: a boy and a girl aged 5 years and 9 years respectively. |
| कर्मचारी : | ठीक है, सर। कृपया लाइन पर बने रहें ताकि मैं फिर से कुल राशि जोड़ सकूँ। | Fine, sir. Please hold the line for a minute while I calculate the new total. |
| रोहित : | बिलकुल, कर लें। आराम से करें (लाइन होल्ड करता है)। | Sure, go ahead. Take your time (Holds the line). |
| कर्मचारी : | सर, आपके धैर्य के लिए धन्यवाद। साधारणत: जोड़े का पैकेज 18,000/- रुपए का होता है, कर के साथ, मगर दो बच्चों के साथ 21,000/- रुपए बनता है, | Thank you for your patience, sir. The normal couple package is for Rs. 18,000/- inclusive of all taxes and with two kids on board, the total comes out to be ₹ 21,000/-, |

| | | |
|---|---|---|
| | जिसमें रहना, खाना, जगह-देखना, लाना व छोड़ना और आने-जाने की यात्रा की टिकट शामिल है। क्या आप अभी अपनी बुकिंग पक्की करवाना चाहेंगे? | including stay, meals, sight-seeing, pick and drop and to and fro travel tickets. Would you like to go ahead and confirm the booking right away? |
| रोहित : | बिलकुल! मैं यह फोन पर कैसे कर सकता हूँ? | Certainly! How do I do that over the phone? |
| कर्मचारी : | वीजा, अमेरिकन एक्सप्रेस या मास्टरकार्ड द्वारा। क्या आपके पास अभी इनमें से कुछ भी है? | Via VISA, AMERICAN EXPRESS or MASTERCARD. Do you have any of these handy? |
| रोहित : | मेरे पास वीजा है। मुझे ये जल्दी से लाने दें (लाता है।)। हाँ! तो कृपया नंबर नोट करें। ये हैं 1231 1231 1231 1231। क्या आपको कुछ और भी चाहिए? | I got VISA. Let me quickly bring that (Brings). Ya! So, please note down the number. It's 1231 1231 1231 1231. Anything else you need? |
| कर्मचारी : | हाँ, सर। कार्ड की वैधता समाप्ति तिथि, प्लीज। | Yes, sir, the expiry date, please. |
| रोहित : | ये है 12/20 | That's 12/20. |
| कर्मचारी : | जानकारी के लिए धन्यवाद। मैंने 21,000/- रुपए का भुगतान चार लोगों के लिए सुपरसेवर पैकेज पर कर दिया है। आप इसे अगले 45 दिनों में अपनी पसंद के अनुसार ले सकते हैं। कृपया हमें कम-से-कम एक सप्ताह पहले सूचित कर दें, ताकि हम | Thank you for the information. I've processed the payment for ₹ 21,000/- for the Supersaver package for four members. You can avail it within next 45 days as per your preference. Please keep us informed for at least a week in advance to make all the necessary |

| | | |
|---|---|---|
| | सभी आवश्यक प्रबंध कर सकें। क्या मैं आपकी किसी और प्रकार से मदद कर सकता हूँ? | arrangements. Is there anything else I could help you with? |
| रोहित : | नहीं, बस इतना ही। | No, that's it. |
| कर्मचारी : | ए.बी.सी. टूर व ट्रेवल हाउस में कॉल करने का शुक्रिया। आपका दिन मंगलमय हो! | Thank you for calling ABC Tour and Travel House. Have a good day! |
| रोहित : | आपका भी, बाय-बाय! | You too. Bye bye! |

## 68

## *Conversation between a Salesman and a Customer Buying Luggage/Travel Bag*

| | | |
|---|---|---|
| सेल्समैन : | गुड मॉर्निंग, सर। मैं आज आपकी किस प्रकार सहायता कर सकता हूँ? | Good morning sir. How can I help you today? |
| डेविड : | गुड मॉर्निंग। मैं अपने लिए एक ट्रैवल बैग खरीदना चाहता हूँ। आपके पास किस-किस प्रकार के बैग हैं? | Good morning. I wanna buy a travel bag for myself. What all varities do you have? |
| सेल्समैन : | हमारे पास सभी लोकल व ब्रांड के ट्रेवल बैग हैं, जैसे वी.आई.पी., अमेरीकन एक्सप्रेस, टेफकोट, फेबर, मार्कर्स एंड स्पेन्सर से वूडलैंड और जॉन प्लेयर्स तक। असली, नकली, बने हुए, फैक्ट्री-सेकेंड, | We have all the local as well as branded travel bags from V.I.P., American Express, Tefcoat, Faber, Marks & Spencer to Woodland, and John Players. Original, duplicate, fabricated, factory-second, brand new—one to |

| | |
|---|---|
| बिलकुल नए—सारे हैं, सभी रंगों, मॉडल, प्रकार और रेंज में। आप बस नाम बताएँ और हमारे पास वे हैं। | all in all colours, models, variations and range. You name it and we have it. |
| डेविड : यह तो बहुत ही बढ़िया लगता है। मगर मुझे कुछ लंबे समय तक चलने वाला, कुछ कम खर्च वाला और कुछ ऐसा जो स्टाईलिश भी हो और खुबसूरत भी लगे, व चमकने वाला, फिर भी क्लासिक, चल सकने वाला और फिर भी अधिक जगहवाला बैग चाहिए। तो तुम्हारे पास ऐसे में क्या है? | That sounds impressive. But I want something durable, something that requires minimal maintenance and promises longevity, something that's stylish yet elegant, decorative yet classic, on the more, types and yet spacious. So, what do you have for that? |
| सेल्समैन : जो आपको चाहिए, मैं आपको यह लाल रंग का वी.आई.पी. ब्रांड का दिखाऊँगा (बाहर निकालता है और दिखाता है)। इसके फैब्रिक को छू कर देखें। यह पूरा रेक्सिन-कोटिंग से बना है, जो इसे वाटर-प्रूफ बनाता है। इसकी चेन देखिए और मेटल-कोट के विभाजन देखिए। यह चमकदार है फिर भी आकर्षक है। जहाँ तक ब्रांड की बात है, नाम ही सब कुछ कहता है। इसमें एलॉय-बेस के पहिए हैं जो लंबी अवधि के प्रयोग का | For what you want, I'll show you this red-coloured V.I.P. make (takes it out and shows). Just feel its fabric. It's all rexine-coated that makes it water-proof. Look at its chains and metal-coated divisions. It's flashy, yet enticing. As for the brand, the name says it all. It has got alloy-based wheels that promise long-term usage and its folding compartments offer you space along with the comfort of compact packing. Though this red |

| | | |
|---|---|---|
| | वायदा करते हैं और इसके मुड़ने वाले हिस्से आपको जगह के साथ अच्छे पैंकिग का आराम भी देते हैं। हालाँकि यह लाल मॉडल आपके बोल्ड व्यक्तित्व को खूब भाते हैं, फिर भी अगर आपको यह पसंद नहीं तो हमारे पास यह नीले, हरे व सलेटी रंग में भी उपलब्ध है। | model would suit your bold personality, yet in case you don't like it, then we have this same make available in blue, green and grey colours as well. |
| डेविड : | ठीक है, क्या मुझे यह नीले रंग में दिखा सकते हैं? मुझे लगता है वह मेरे व्यक्तित्व के अनुकूल है। | Alright, could you show me the one in blue. I think that would suit my personality better. |
| सेल्समैन : | एक सेकेंड, सर। ये रहा। यह बिलकुल लाल रंग जैसा ही है। वही रूप, बनावट, जगह, फीचर व स्टाइल। क्या आपको यह बेहतर लगता है सर? | Just a second, sir. Here it is. It is the same as the red one. The same look, appeal, space, features and style. Do you find it better sir? |
| डेविड : | आहा! यह मेरी रुचि व व्यक्तित्व पर जँचता है। क्या कोई गारंटी भी है? | Aha! This suits my taste and personality. Is there any guarantee? |
| सेल्समैन : | हाँ, छह महीने की। आपको खरीदने पर एक वारंटी कार्ड तिथि के साथ मिलेगा और कंपनी की मुहर और वह भी केवल 2,000/- रुपए में। | Ya, for six months. You'll get a warranty card with date of purchase and stamp of the company and that too for ₹ 2,000 only. |
| डेविड : | डिस्काउंट का क्या? क्या आप कुछ देते हैं? मेरा | What about discount? Do you offer any? I mean no one |

| | | |
|---|---|---|
| | मतलब है आजकल कोई भी एम.आर.पी. नहीं देता। सभी दुकानदार कोई छूट या कम-से-कम कॉम्पलीमैंटरी उपहार तो देते ही हैं। तुम्हारे पास क्या है? | pays the M.R.P. these days. All the shopkeepers offer some rebate or some complementary gift at least. What do you have? |
| सेल्समैन : | सर, उपहार व छूट तो लोकल ब्रांड पर मिलते हैं, जिनपर अकसर फायदे का मार्जिन बहुत ज्यादा होता है। ब्रांड वाले बैगों पर, मुझे लगता है आप जानते होंगे कि ये कंपनियाँ होती हैं जो मूल्य टैग का निर्धारण करती हैं और हम इसमें ज्यादा कुछ नहीं कर सकते। अगर आप इसके बजाय लोकल बैग खरीदना चाहते हैं, तो मैं भी आपको लिखे हुए मूल्य पर 35 प्रतिशत तक की छूट दे सकता हूँ। क्या आप ये देखना चाहेंगे? मेरे पास नकली भी हैं जो बिलकुल असल जैसे दिखते हैं। यहाँ तक कि कंपनी के लेबल भी लगे हैं। आप फर्क नहीं बता पाएँगे। | Sir, gifts or discounts are offered on local brands in which the profit margin is usually very high. For the branded bags, I think you must be aware that it's the companies which decide the price tag and there isn't much that we can do about it. If you wanna buy a local bag instead, even I could offer you upto 35% rebate on the listed price. Would you wanna have a look around? I have duplicates also that look exactly like the originals. Even the company labels are tagged. You won't be able to tell the difference. |
| डेविड : | नहीं, बिलकुल नहीं। मैं नकल नहीं खरीदना चाहता। मैंने पिछली गरमियों में एक खरीदा था मगर वह एक मौसम के | No, not at all. I don't wanna buy a fake one. I bought one last summer and it didn't last for even one season. The shopkeeper did not even take |

| | | |
|---|---|---|
| | लिए भी नहीं चला। दुकानदार ने ना तो उसे वापिस लिया और ना ही उसकी मरम्मत की। मुझे यह बहुत खराब लगा। मैं यह दोबारा अनुभव नहीं करना चाहता। | it back or offer repair. I felt pathetic about that. I don't wanna re-live the experience. |
| सेल्समैन : | यह तो बहुत दु:ख की बात है। तो क्या आप असली ही लेना चाहेंगे? | That's really sad. So, would you like to go ahead with the original one itself? |
| डेविड : | बिलकुल। तुमने बिल कितने का बताया? | Of course. How much did you say was the bill? |
| सेल्समैन : | सर, केवल दो हजार रुपए। | Sir, rupees two thousand only. |
| डेविड : | ठीक है, ये लो रुपए। इसे जल्दी पैक कर दो। | Okay, here's the money. Get it packed fast. |
| सेल्समैन : | सर, एक मिनट में। ये लीजिए। सर आपकी सेवा करके मुझे बहुत अच्छा लगा। कृपया फिर पधारें। | In a minute, sir. Here you go. It was a pleasure to serve you, sir. Please visit us again. |
| डेविड : | बिलकुल, बहुत-बहुत शुक्रिया। गुडबाय। | Sure, thanks a lot. Goodbye. |

## 69

## *Conversation between Two Friends : A Demotivated Salesman and a Friend*

| | | |
|---|---|---|
| डेविड : | हैलो, सैम। तुम्हें यहाँ बगीचे में देखकर बहुत खुशी हुई। आज तुम यहाँ इतनी जल्दी कैसे आ गए? क्या तुम्हारे यहाँ सबकुछ ठीक है? | Hello, Sam. What a pleasure to see you here in the garden! How come you're here so early today? Is everything alright at your end? |

| | | |
|---|---|---|
| सैम : | हैलो, डेविड। तुमसे मिलकर मुझे भी खुशी हुई। मैं आज यहाँ इतनी जल्दी इसलिए आया हूँ ताकि तुमसे मिल सकूँ। जहाँ तक घर और व्यवसाय संबंधी चीजों की बात है, तो चीजें सचमुच ठीक नहीं हैं। दरअसल, मैं तुमसे कुछ चीजों के बारे में सलाह लेना चाहता हूँ, जो कि मुझे कुछ समय से काफी परेशान कर रही हैं। | Hello, David. I feel pleased to meet you too. I came here so early today just to catch up with you. As for my home and business affairs, things are really not going fine. In fact, I wanted to seek your advice about a few things that have been bothering me for a long while. |
| डेविड : | बिलकुल, कहो। तुम अपनी कोई भी परेशानी मुझसे बेझिझक कह सकते हो। | Sure, go ahead. You're more than welcome to share your problems with me. |
| सैम : | प्रिय, मैं व्यावसायिक तौर पर ठीक से कार्य नहीं कर पा रहा हूँ। आजकल ये सेल्स व मार्केटिंग का क्षेत्र काफी परेशानी भरा लगता है। अपने सर्वोच्च प्रयासों के बावजूद, मैं अपनी जगह नहीं बना पा रहा हूँ। मेरी पहले से बनाई हुई सारी इज्जत व मार्केट-वैल्यू बिखरती नजर आ रही है। हालाँकि मैं अपनी पूरी शक्ति व सूझबूझ से काम करता हूँ पर फिर भी मेरे परिणाम लगातार खराब आ | Dear, I haven't been doing well at my professional front. This sales and marketing arena seems so taxing these days. Despite my best efforts, I've failed to create a niche for myself. All my previously generated rapport and market-value seem to be disintegrating. My output is constantly declining though I'm in my best spirits ever. You know how the word of mouth spreads like fire these days. The rumour is that my |

| | | |
|---|---|---|
| | रहे हैं। तुम्हें तो पता ही है कि कैसे आजकल कोई बात आग की तरह फैल जाती है। अफवाह यह है कि मेरा समय खत्म हो गया है। लोगों ने मुझे मेरी गिरती कार्यक्षमता की वजह से उपेक्षित करना शुरू कर दिया है। मैं क्या करूँ? | days are over. People have started ignoring me because of my low performance. What do I do? |
| डेविड : | डेविड, इतने उदास व निराशावादी न बनो। याद रखो ''रोम एक दिन में नहीं बना था''। और जहाँ तक व्यावसायिक कार्य की बात है, तो व्यवसाय चलाना फूलों की सेज जैसा नहीं होता। अगर तुम अपने सर्वोत्तम प्रयास, मेहनत और दृढ़ निश्चय से काम करते रहोगे तो तुम जो चाहो पा सकते हो। तुम्हें केवल अपने प्रमुख कार्यों को प्राथमिकता देना व समय को ठीक से व्यवस्थित करना होगा। | David, don't sound so gloomy and pessimistic. Remember "Rome was not built in a day". As for the professional front, running a business is not like a bed of roses. If you continue to put your best efforts, work hard and remain determined, you can attain what you want. You just need to prioritise your chores and manage your time well. |
| सैम : | मैं यह समझा नहीं। | I didn't understand that. |
| डेविड : | देखो, मेरा मतलब है कि तुमने कौन-से तरीके अपनाए या नहीं अपनाए हैं? इस हर समय बदलते व प्रतियोगिता भरे संसार में तुम्हें | See, what I mean is, what new strategies have you tried or not tried? In this ever-changing and competitive world, you have to be on |

| | | |
|---|---|---|
| | हरदम भागते-दौड़ते रहना पड़ता है। मानसिक, शारीरिक व रणनीति के अनुसार तुम्हें हर समय चलते रहना पड़ता है। नई चुनौतियों का सामना करने के लिए व ऊँचे लक्ष्यों को पाने के लिए तुम्हें लगातार नए तरीके निकालने होंगे, ताकि भविष्य के ग्राहकों को निशाना बनाया जा सके व और लाभ पैदा किया जा सके। | your toes all the time. Mentally, physically and strategically, you've to keep going. For facing new challenges and meeting higher goals, you've to regularly evolve new methodologies to target prospective clients to generate more revenue. |
| सैम : | तो, मुझे कौन-सी नई चीजें करनी चाहिएँ? मैं डायरेक्ट और रिटेल सुपरस्टोरों द्वारा, विज्ञापनों, बोर्डों व बैनर इत्यादि द्वारा भी मार्केटिंग करता रहा हूँ। इन सभी में बहुत सारा धन लगाना पड़ता है, जिससे मैं कभी झिझकता नहीं। क्योंकि ये अच्छा मुनाफा देती हैं। तो तुम मुझे और क्या सुझाव देना चाहोगे? | So, what new things should I do? I've been marketing through direct and retail, superstores, advertisements, hoardings and banners, etc. All of them require a lot of money investment, which I never hesitate to do as they bring back good returns. So, what else would you recommend to me? |
| डेविड : | अच्छा, क्या तुमने एम.एल.एम. चेन के बारे में या एम.एल.एम. वेबसाइट के बारे में सुना है जो मल्टी-लेवल मार्केटिंग का प्रस्ताव देती हैं? | Well, have you ever heard of MLM chains or MLM websites that offer multi-level marketing? |

| | |
|---|---|
| सैम : एम.एल.एम.? ये क्या है? ये कैसे और क्या काम करता है? | MLM? What's that? How does it work and what does it do? |
| डेविड : प्रिय, यह मल्टी-लेवल मार्केटिंग है, जिसमें विभिन्न संसाधनों की अलग-अलग स्तरों पर चेन बनाना शामिल होता है। यह बहुत सारे मैसेज, बहुत सारे ई-मेल और चेन ऑपरेशन पर आधारित होती है, जिससे फायदा/कमीशन श्रेणीबद्ध शेयरिंग और अपने उत्पादों को दूसरी वैसी ही चीजें बेचने वाली कंपनियों के साथ जोड़ने से होता है। इसमें नए जुड़ने वाले लोग अपने परिचितों को इससे जोड़ते हैं क्योंकि उन्हें ऐसे परिचय के लिए कमीशन मिलता है। और यह विज्ञापन करने का काफी सस्ता तरीका है, जो बहुत सारे मैसेज व बात-बात में प्रचार से होता है। ये ऐसे है कि बटन दबाया और स्वचालित सॉफ्टवेयर लाखों उपभोक्ताओं तक पहुँच गया। | Dear, it's multi-level marketing that includes chain-building of varied resources at different levels. It operates on bulk messages, bulk e-mails and chain-operations by making profit/commission sharing hierarchy and affiliating your products with other companies offering similar services and so on. The entrants bring in their acquaintances into the scheme as they share some commission for such introduction. Also, it's a very economic way of publicising through bulk-messages and real word-of-mouth recommendations. It's like one click and automated software reaches millions of users. |
| सैम : आहा! यह सुनने में काफी रोचक लग रहा है। तुम्हें | Aha! It sounds interesting. Do you think it can shoot up |

| | | |
|---|---|---|
| | लगता है कि इससे हमारी सेल/बिक्री बढ़ सकती है? | our sales? |
| डेविड : | 100 प्रतिशत। इसने बहुत सारे उपभोक्ताओं को 35 से 75 प्रतिशत तक फायदा बहुत कम समय में पहुँचाया है। बाकी तुम पर निर्भर करता है। तुम इस प्लान को अपनाने से पहले खुद अपनी रिसर्च कर सकते हो। | 100%. It has benefitted its users from 35 to 75% growth within a short span of time. Rest depends on you. You can do your own research before opting for this plan. |
| सैम : | तुम मुझे गलत समझ रहे हो। मैं तुम पर शक नहीं कर रहा। | You're getting me wrong. I didn't mean to doubt you. |
| डेविड : | मैं भी ऐसा नहीं महसूस कर रहा। मैं मानता हूँ कि सुरक्षा पछतावे से कहीं बेहतर है। | I don't feel that way either. I agree that "It's better to be safe than sorry". |
| सैम : | और क्या? क्या कोई और भी जरिया है जिससे मुझे ज्यादा विज्ञापन करने में मदद मिल सकती है? | What else? Is there any other channel that can help me advertise extensively? |
| डेविड : | देखो, इलेक्ट्रॉनिक, प्रिंट व ऑनलाइन माध्यम तुमने पहले ही इस्तेमाल किए हैं, इनके अलावा तुम टेलीफोन व प्रिंट की येलो-पेज सेवाएँ भी अपना सकते हो। ऐसे माध्यम भी तुम्हारी वास्तविक संसार में अपनी मौजूदगी का अहसास कराने में मदद करेंगे। आजकल ऐसे पूछताछ केंद्र | See, electronic, print and online media, you have already tried. Apart from it, you could also go for telephonic and print yellow-pages services. Such centres will also help you register your presence virtually. These days such enquiry hubs register your business for free. So, as soon as an |

| | | |
|---|---|---|
| | तुम्हारा व्यवसाय मुफ्त में पंजीकृत करते हैं। तो जैसे ही एक संभावित ग्राहक इनसे फोन से पूछताछ करता है या ऑनलाइन रजिस्टर करता है, ये तुम्हें ग्राहक की और उन्हें तुम्हारी जानकारी दे देते हैं। इस प्रकार भी तुम फायदेमंद तरीके से ज्यादा लोगों तक पहुँच पाते हो। | enquiry from prospective client is registered online or telephonically, they notify you the customer's contact details and vice-versa. This way also you tend to reach a higher number of people in a fruitful manner. |
| सैम : | आहा! ये भी मेरे लिए नई बात है। मैं इस प्रकार की व्यवसाय शैली से परिचित नहीं था। तुम बहुत ही जानकार व मददगार साबित हुए। तुम्हारे सुझावों के लिए शुक्रिया। मैं तो खुद को अभी से ही नई चुनौतियों को पूरा करने के लिए प्रोत्साहित व तैयार महसूस कर रहा हूँ। दोबारा से धन्यवाद। | Aha! That's also new for me. I wasn't aware of this kind of business strategy. You've been really informative and helpful. Thanks a lot for your suggestions. I already feel so motivated and prepared for meeting new challenges. Thanks again. |
| डेविड : | तुम्हारा स्वागत है। इतना अधिक धन्यवाद मत करो। आखिकार मैं तुम्हारा सबसे अच्छा दोस्त हूँ, है कि नहीं? | You're welcome. Don't thank me so profusely. After all, I'm your best friend, isn't it? |
| सैम : | हाँ, तुम सबसे अच्छे हो। अच्छा, तो अब मैं तुम्हारी आज्ञा लेता हूँ। अगले रविवार को सुबह की सैर | Yeah, you're the best. Okay, I'll take your leave now. See you next Sunday for a morning walk again. |

| | | |
|---|---|---|
| | के लिए दोबारा मिलते हैं। गुडबाय! | Goodbye! |
| डेविड : | गुडबाय और अपना खयाल रखना! | Goodbye and take care! |

# 70

## *Conversation between a Computer Engineer and a Customer Fixing Computer Problem*

| | | |
|---|---|---|
| पीटर : | हैलो, सर। आने के लिए शुक्रिया। कृपया इस ओर आएँ। इस कंप्यूटर ने काम करना बिलकुल बंद कर दिया है। | Hello, sir. Thanks for the visit. Please come this way. This computer has completely stopped working. |
| कंप्यूटर इंजीनियर : | हैलो, पीटर। चिंता ना करो। पहले मुझे ये जाँच करने दो कि खराबी क्या है और फिर मैं तुम्हें बताऊँगा कि इसके लिए क्या समाधान उचित होगा। कृपया इस प्लग को मेन पावर के स्विच में लगा दो। बस ठीक है। धन्यवाद। अब मुझे सारी तारें चेक करने दो कि ये ठीक से लगी हैं या नहीं। तो तुमने क्या कहा कि कब से इसने काम करना बंद कर दिया है? | Hello, Peter. Don't worry. First, let me examine as to what's the problem and then I'll suggest you the probable solution for this. Please connect this plug to the main power switch. That's it. Thanks. Now let me check all the cables, whether they are connected properly or not. So, since when did you say that it has stopped working? |
| पीटर : | कल रात से ही। मैंने 8 बजे तक काम किया था और फिर इसे बंद कर दिया, और | Since last night, only. I did work till 8 p.m. and then switched it off and when I |

| | |
|---|---|
| आज जब मैंने लॉग-ईन करने की कोशिश की तो ये बस चला ही नहीं। मुझे नहीं पता कि रात-ही-रात में क्या गलत हो गया। मैं काफी परेशानी में हूँ। प्लीज इसे कैसे भी ठीक कर दो, ताकि मैं ऑफिस का काम खत्म कर सकूँ। | tried to log-in today, it just did not start. I don't know what went wrong overnight. I'm in a soup. Please fix it by any means, so that I can finish my office work. |
| कंप्यूटर इंजीनियर : सर, कृपया परेशान ना हो। इसे ठीक करने के लिए मुझसे जो भी बन पड़ेगा मैं करूँगा मगर पहले मुझे शुरुआती टेस्ट करने दें ताकि मैं कारण की जड़ पकड़ सकूँ व देख सकूँ। (सारे कनेक्शन देखता है)। ठीक है, ये ऑपरेटिंग सॉफ्टवेअर को शुरू नहीं कर पा रहा है। तो मुझे इसे दोबारा से फॉरमैट करना होगा। | Sir, please don't feel anxious. I'll do whatever I can to fix it but first let me run all the preliminary tests to see and analyse the root cause of the problem (examines all the connections). Alright, it fails to start the operating software. So, I'll have to format it afresh/again. |
| पीटर : उसमें कितनी देर लगेगी? | How long will that take? |
| कंप्यूटर इंजीनियर : लगभग एक घंटा। तब तक आप जा सकते हैं और चाहें तो बाकी के काम कर सकते हैं। | Approximately, one hour. Meanwhile, you could go and attend to your other duties if you want to. |
| पीटर : नहीं, मैं ऐसे ही ठीक हूँ। आप ओ.एस. को अपलोड करने का कितना चार्ज लेंगे? | No, that's fine with me. How much would you charge to upload the O.S. (Operating Software)? |

| | |
|---|---|
| कंप्यूटर इंजीनियर : देखो, आने का, ओ.एस. का और बाकी सब ठीक करने का लगभग 400/- रुपए लगेगा। | See, the visit, the O.S. and other fixing together would cost you around four hundred rupees. |
| पीटर : ठीक है, आगे बढ़ो और इसे जल्दी से ठीक कर दो। क्या तब तक मैं आपसे कुछ सवाल पूछ सकता हूँ, प्लीज? | Okay, go ahead and fix it quickly. Meanwhile, may I ask you a few questions, please? |
| कंप्यूटर इंजीनियर : हाँ बिलकुल, कहिए (आगे बढ़िए)। | Of course. Go ahead. |
| पीटर : आपको क्या लगता है ऐसी गलती क्यों हुई? मैंने तो कुछ गलत नहीं किया। ये कल रात तक तो चल रहा था। तो, क्या गड़बड़ हुई? | Why do you think this error happened? I didn't do anything wrong. It was operational till yesterday night. So, what went amiss? |
| कंप्यूटर इंजीनियर : मुझे लगता है कि कल रात को आपने जरूर कोई नया सॉफ्टवेयर या नई सेटिंग अपलोड की होगी और फिर उन्हें ठीक से सुरक्षित/सेव नहीं किया होगा। | I think you must have uploaded some new settings or software yesterday night and then not saved the same properly. |
| पीटर : मैंने नया इंटरनेट एक्सपलोरर वर्जन डाउनलोड किया था। तो क्या? वह इस परेशानी की वजह नहीं हो सकता। | I did download the new Internet Explorer version last night. So what? That can't be the reason of this error. |
| कंप्यूटर इंजीनियर : हाँ, यह हो सकता है। चूँकि जब आप कोई नई सेटिंग डाउनलोड करते हैं, तो आपको अपने सिस्टम | Yes, it can be. Because when you download some new settings, you need to log off your system, then wait for the |

| | | |
|---|---|---|
| | को लॉग ऑफ करने की जरूरत होती है, फिर कंप्यूटर के शट डाउन होने का इंतजार करना होता है और फिर पावर बटन को बंद करना होता है। कंप्यूटर के शट डाउन होने से पहले अचानक से पावर केबल निकाल देने से मुख्य डेटा व फाइलें उड़ जाती हैं, जिससे इस प्रकार की परेशानी हो जाती है। क्या आपने जल्दी से पावर स्विच बंद नहीं किया था? | computer to shut down and then switch off the power button. A haphazard unplugging of power cable before the shutting down of computer results in loss of important data and files, leading to this kind of error. Did you not switch off the power in a rush? |
| पीटर : | हाँ। मैंने ये किया था। मगर मुझे नहीं पता था कि इससे इतनी बड़ी परेशानी हो सकती है। मैं भविष्य में खयाल रखूँगा कि ऐसी गलती ना दोहराई जाए। सर, मैं भी आपके जितना ज्ञाता होना चाहता हूँ। क्या आपको लगता है कि मैं भी एक कंप्यूटर इंजीनियर बन सकता हूँ? | Yeah! I did that. But I wasn't aware that it could cause such a mess. I'll take care not to repeat such kind of mistake in future. Sir, I wanna be as knowledgeable as you are. Do you think I could also become a computer engineer? |
| कंप्यूटर इंजीनियर : | जी हाँ, क्यों नहीं? मगर कंप्यूटर व इसकी एपलीकेशन का एक बहुत बड़ा क्षेत्र है। आपकी रुचि का क्षेत्र कौन-सा है? | Of course, why not? But computer and its applications have a wide area to cover. What's your interest area? |
| पीटर : | ओह! मुझे नहीं पता। मैं बस कंप्यूटर के बारे में सब | Oh! I don't know. I just wanna know everything |

| | |
|---|---|
| कुछ जानना चाहता हूँ। आपके अनुसार मुझे कौन-सा कोर्स करना चाहिए? | about computer. What course do you think I should take up? |
| कंप्यूटर इंजीनियर : पीटर, कंप्यूटर के बारे में सब कुछ सीख पाना असंभव है। आप ए से जेड तक सब कुछ नहीं सीख सकते। इसमें हार्डवेयर, सॉफ्टवेयर, सेक्योरिटी, मेन्टेनेंस, ऑपरेशन तथा और बहुत कुछ होता है। | Peter, it's impossible to learn everything about computer. You can't cover everything from A to Z. It has hardware, software, security, maintenance, operations and much more. |
| अगर तुम मुझे अपनी रुचि के बारे में कुछ और बताओ तो मैं बेहतर तरीके से आपको मार्गदर्शित कर पाऊँगा कि तुम्हारे लिए सही कोर्स कौन-सा है। | If you tell me something more about your interests, I'd be in a better position to guide you about the right course for you. |
| पीटर : तो यह रिपेयर का काम व ठीक करना—यह किस क्षेत्र में आता है? | So, this repair work and fixing—which area does it come under? |
| कंप्यूटर इंजीनियर : यह हार्डवेयर और सॉफ्टवेयर क्षेत्रों में आता है। हार्डवेयर ट्रेनिंग आपको कंप्यूटर के सभी पुर्जों के बारे में, उनके कनेक्शन के बारे में, कार्य के बारे में और स्थिति के बारे में जागरूक करती है। सॉफ्टवेयर ट्रेनिंग आपकी विभिन्न ऑपरेटिंग सिस्टम्स, नेटवर्क और मशीन के भीतर के कार्यों के बारे में तैयार करती है। | It is covered under Hardware and Software sections. Hardware training makes you aware about all the paraphernalias of computers, their connections, working and condition. The software training prepares you about various operating systems, networks and functioning inside the machine. |

| | |
|---|---|
| पीटर : और सेक्योरिटी जिसका तुमने जिक्र किया? | And the security that you mentioned? |
| कंप्यूटर इंजीनियर : यह डेटा की सुरक्षा, लैन, मैन व वैन लेवल पर देखभाल, बचाव व सुचारु रूप से कार्य करती है। ऐसे पाठ्यक्रम तुम्हें इस मशीनी व यंत्रों वाले मायावी संसार में प्रचलित चोरी, दुरुपयोग, असामाजिक तत्त्व व अन्य धोखों से डेटा को बचाने के तरीकों में निपुण सुरक्षा देने वाले स्पेशलिस्ट बनाते हैं। | That covers the protection, upkeeping, safeguarding and prevention of the data at LAN, MAN, WAN levels. Such courses make you specialist in data protection strategies against anti-social thefts, hacking, fraudulent access, misuse and other malpractices rampant in this virtual world of machines and gizmos. |
| पीटर : आहा! ये तो बहुत रोमांचकारी होगा। | Aha! It must be thrilling. |
| कंप्यूटर इंजीनियर : हाँ, बिलकुल। सभी बैंक, ए.टी.एम., बड़ी इमारतें, सुपर स्टोर, आई.टी. कंपनियाँ और व्यापार भवन अपने संसाधनों को उच्च स्तर पर बचाना चाहते हैं। तो ऐसे कंप्यूटर इंजीनियरों की सख्त जरूरत है जो ऐसे बचाव के तरीकों में निपुण हों। ठीक है। आपका कंप्यूटर अब ठीक हो गया है। मैंने फ्री में एंटी-वायरस सॉफ्टवेयर भी अपलोड कर दिया है। कृपया ध्यान रहे कि आप अचानक से कंप्यूटर | Yes, of course. All banks, ATMs, large buildings, super-stores, I.T. companies and business houses require protection of their own resources at a very advanced level. So, there is a dire need of such computer engineers who may be trained in such protective measures. Okay! Your computer has been fixed now. I've also uploaded the anti-virus software for free. Please make sure that you do not switch off the PC |

| | |
|---|---|
| को मेन पावर से अलग ना करें। केवल सामान्य तरीके से ही पहले लॉग ऑफ करें और फिर शट डाउन करें। एक बार शट डाउन पूरा हो जाए तब ही मेन पावर केबल निकालें। क्या आप समझ गए? | from the main power abruptly. Follow the routine procedure by logging off first and then shut down. Once the shut down is complete, then only plug out the main power cable. Is that clear? |
| पीटर : हाँ। अब बिलकुल साफ-साफ समझ गया। मदद के लिए शुक्रिया। ये रहे आपके रुपए। | Ya! Crystal clear now. Thanks for your help. Here's your money. |
| कंप्यूटर इंजीनियर : आपका शुक्रिया। मैं अब आपकी आज्ञा चाहूँगा। अगर आपको किसी और सहायता की जरूरत हो तो ये रहा मेरा बिजनेस कार्ड। गुडबाय! | Thank you. I'll take your leave now. In case you need any further help, here's my business card. Goodbye! |
| पीटर : गुडबाय! | Goodbye! |

## 71

## *Conversation between a Daughter and a Mother about Cooking at Home*

| | |
|---|---|
| माताजी : हैलो, प्रिया। आज तुम इतनी जल्दी कैसे आ गईं? प्रिय, क्या सब कुछ ठीक है? | Hello, Priya. How come you're back so early today? Is everything fine, dear? |
| प्रिया : हाँ, माँ। बस मैं आज काफी भूखा महसूस कर रही थी और शाम का नाश्ता आपके साथ करना चाहती थी। क्या आप कैफे | Yes, mom. It's just that I was feeling very hungry today and wanted to eat the evening snacks along with you. Are you free to move to |

| | | |
|---|---|---|
| | (कॉफी की दुकान) जाने के लिए फ्री हैं? | a cafe? |
| माताजी : | तुम बाहर जाकर क्यों खाना चाहती हो? तुम क्या खाना चाहती हो? बस मुझे बता दो। मैं उसे घर पर ही बना दूँगी। | Why do you wanna go out to eat? What is it that you wanna have? Just let me know. I'll prepare it at home itself. |
| प्रिया : | मुझे नहीं लगता कि आप घर पर ग्रिल्ड सैंडविच बना सकती हैं। क्या आप बना सकती हैं? | I don't think you can prepare grilled sandwich at home, can you? |
| माताजी : | बिलकुल, मैं कर सकती हूँ। क्यों नहीं? बस मुझे ये बता दो कि तुम अपने सैंडविच में क्या डालना चाहती हो और मैं इसे तुम्हारी पसंद के अनुसार बना दूँगी। | Of course, I can. Why not? Just tell me what all do you wanna put in your sandwich and I'll customize it as per your liking. |
| प्रिया : | माँ, मैं जानती हूँ कि आप एक बेहतरीन खानसामा हैं। मैं भी खाना बनाना सीखना चाहती हूँ। क्या आपको लगता है कि ट्रेनिंग/सीखने के बाद मैं भी एक अच्छा खानसामा बन जाऊँगी? | Mom, I know you're a wonderful cook. I wanna learn cooking as well. Do you think after training I'll be a good cook as well? |
| माताजी : | क्यों नहीं? लगातार प्रयास से ही व्यक्ति बढ़िया कार्य करना सीखता है। कोई भी जन्म से प्रतिभाशाली नहीं होता। | Why not? It's the practice that makes a man perfect. Nobody is born a genius. |
| प्रिया : | पर मुझे नहीं लगता कि मैं कभी भी एक व्यंजन में | But I don't think I can ever remember the ingredients of |

| | | |
|---|---|---|
| | इस्तेमाल होने वाली सामग्री, उसके कच्चे मसालों की मात्रा, अलग-अलग तरीकों इत्यादि को विभिन्न व्यंजनों के लिए याद रख सकती हूँ। मुझे तो ये नहीं समझ आता कि आप ये कैसे कर लेती हैं। अगर मैं कोशिश भी करूँगी तो भी मैं इतने सारे तरीकों को याद नहीं रख पाऊँगी। तो माँ इसका आसान तरीका क्या है? | a dish, exact amount of crude spices and different ways, etc. for different food items. I just don't know how do you do that. Even if I try, I fail to memorise so many methods. So, what's the easy way out, mother? |
| माताजी : | मेरी बच्ची, आजकल तो पहले से ही तैयार मसाले व सामग्री मिलती है। उदाहरणतः तुम किसी भी बड़े बाजार में चली जाओ और वहाँ से पहले से तैयार चिकन मसाला, मटन मसाला, सांभर मसाला, चना मसाला इत्यादि खरीद सकते हो। ये पहले से ही तैयार मसाले तुम्हें मुख्य मसालों को याद करने व समझने की सारी परेशानियों से बिलकुल मुक्त कर देते हैं। | My child, these days you get the already processed spices and ingredients. For example, you can just go to any supermarket and buy the ready-made chicken masala, mutton masala, sambhar masala, chana masala, and so on. These ready-made spices set you free from all headache of remembering or understanding the basic spices. |
| प्रिया : | वाह! सुनने में तो ये काफी आसान लगता है। मगर व्यंजन तैयार करने के तरीके | Wow! That sounds convenient. But what about the cooking methods? I can't |

| | | |
|---|---|---|
| | का क्या करूँ? मुझसे नहीं याद होता कि कौन-सी दाल को पकने में कितना समय लगता है। क्या इसके लिए भी कोई बना-बनाया फॉर्मूला है? | remember which lentil takes how much time to be ready. Is there any ready-made formula for that as well? |
| माताजी : | मेरी प्यारी बिटिया, बाजार में काफी सारी व्यंजन की विधियों की किताबें व कुंजियाँ उपलब्ध हैं। तुम्हें अपने लिए सिर्फ एक किताब खरीदनी है ताकि तुम कोई गलती ना कर दो। थोड़े से प्रयास व समय के साथ तुम्हारे दिमाग में व्यंजन की विधियाँ बैठने लगेंगी। | My dear daughter, there are so many cookery books and guides available in the market. You just have to buy a copy of your own to make sure that you don't go wrong. With little practice, you'll start retaining in your mind the basics of culinary art. |
| प्रिया : | कौन कहता है कि कामयाबी का कोई आसान तरीका नहीं है? हमेशा कोई सरल रास्ता निकल आता है अगर किसी के पास मेरे जैसी माँ हो। है ना माँ? | Who says that there is no shortcut to success? There's always an easy way out if one has a mother like mine. Isn't it, mom? |
| माताजी : | हा! हा! तुम कितनी अच्छी हो! देखो, ये कुंजियाँ तुम्हें एक सही तरीके से चलने में मदद करती हैं। मगर एक अच्छा खानसामा बनना सिर्फ एक व्यंजन की विधि जानने या पहले से ही तैयार मसालों को मिला लेने से कहीं अधिक है। एक दिन | Ha! Ha! You're such a darling! See, these guides help you follow a procedure. But becoming a good cook is more than just knowing a recipe of mixing ready-made spices. One day, when you'll get married you'll.... |

| | | |
|---|---|---|
| | जब तुम्हारी शादी हो जाएगी और तुम.... । | |
| प्रिया : | आह ! माँ अब शुरू मत हो जाना। मैं ये नहीं चाहती कि आप फिर से मेरी शादी की बात शुरू कर दें। | Ah! Don't get started, mom. I don't want you to start talking about my marriage again. |
| माताजी : | तुम सच्चाई से दूर नहीं भाग सकती। एक दिन तुम्हें भी बाकी सभी औरतों की तरह शादी करनी होगी। तब खाना बनाना तुम्हारी दिनचर्या का कम-से-कम 50 प्रतिशत हिस्सा होगा। | You can't run away from reality. One day you've to get married as all other women do. Then meal preparation would account for at least fifty per cent of your daily routine. |
| प्रिया : | मैं वह भी सीख जाऊँगी। माँ चिंता मत करो। मैं आपका सिर किसी भी कीमत पर नीचा नहीं होने दूँगी। मैं वायदा करती हूँ कि शादी करने से पहले मैं हर वो व्यंजन सीख लूँगी जो आप सोच सकती हैं। ठीक है? क्या अब आप खुश हैं? | I'll learn that as well. Don't worry mom. I'll not let you down at any cost. Before I get married, I promise I'll learn every single recipe that you can think of. Alright? Are you happy now? |
| माताजी : | हाँ! अब तुम मेरी प्यारी बेटी की तरह बात करती लग रही हो। चलो अब ये सैंडविच खाते हैं। मैंने इन्हें तुम्हारी पसंद के अनुसार बनाया है। कैसे हैं ये? जल्दी खाओ और मुझे बताओ। | Yeah! that sounds like my girl. Now let's eat these sandwiches. I've prepared them as per your choice. How are these? Just dig in and tell me. |

| | | |
|---|---|---|
| प्रिया | : वाह! स्वादिष्ट व लजीज। शुक्रिया माँ। | Wow! Delicious and crunchy. Thanks mom. |
| माताजी | : क्या तुम और लोगी? | Do you wanna have some more? |
| प्रिया | : नहीं, बस इतना ही। मैं अब खेलने जा रही हूँ। बाय। रात के खाने पर मिलते हैं। | No, that's it. I'm going to play now. Bye, see you at dinner. |
| माताजी | : बाय प्रिय। | Bye dear. |

## 72

## *Conversation between Two Friends about the Value of Nutritious Diet*

| | | |
|---|---|---|
| सैम | : हैलो, डेविड। तुम कैसे हो? हमारी आखिरी मुलाकात हुए भी काफी अरसा बीत गया है। तुम्हारे यहाँ सब कैसा चल रहा है? | Hello, David. How do you do? It has been a long while since our last meeting. How are things going at your end? |
| डेविड | : हैलो, सैम। मैं ठीक हूँ, शुक्रिया। मेरे यहाँ तो सब कुछ काफी बढ़िया चल रहा है। अपनी कहो? तुम्हारी कैसी कट रही है? | Hello, Sam. I am fine, thank you. At my end, things are sailing pretty smooth and fine. What about you? How's life treating you? |
| सैम | : आह! बस ऐसे ही। मुझे खाने के लिए ज्यादा समय नहीं मिलता। ज्यादातर समय, मैं बाहर से ही खाना ऑर्डर करता हूँ और गाड़ी चलाते-चलाते ही खाता हूँ। मुझे तुम्हारे घर के बने खाने से बहुत ईर्ष्या होती है। | Ah! Just so-so. I don't get much time to eat. Most of the time, I order take-away meals from outside and eat on the wheels. How I envy your home-prepared meals! |

| | | |
|---|---|---|
| डेविड | : हा! हा! क्या तुम मेरे साथ मजाक कर रहे हो? मैं इसे किसी और से नहीं बनवाता। मैं अपना काम खुद ही करता हूँ। | Ha! Ha! Are you kidding me? I don't get it prepared by someone else. I do my things on my own. |
| सैम | : क्या? तुम अपना खाना खुद बनाते हो? कब से? ये तो मेरे लिए बहुत अचरज भरी खबर है। तुम इतना प्रयास, ऊर्जा व समय कैसे निकाल पाते हो? तुम पहले तो ऐसे नहीं थे। इतने बड़े बदलाव के लिए तुम्हें किस चीज ने प्रेरित किया? | What? You make your own meals? Since when? That's a real piece of news to me! How can you afford to spare so much of time, effort and energy? That's so unlike you! What prompted you for such a big change? |
| डेविड | : आह! ये काफी लंबी कहानी है। तुम यह नहीं जानना चाहोगे? | Ah! It's a long story. You don't wanna know that? |
| सैम | : हाँ, मैं जानना चाहता हूँ। बताओ मुझे। तुम्हारे अंदर ऐसा बदलाव कैसे आया? | Yes, I do. Tell me. What exactly brought a change in you? |
| डेविड | : देखो, सारी बातों की एक बात, मैं संपूर्ण आहार के फायदों के बारे में जागरूक हो गया हूँ। मैं ग्रीष्म-अवकाश में एक वर्कशॉप में गया था, जिसमें मुझे विभिन्न सेहत संबंधी दुष्प्रभावों के बारे में पता चला, जो कि खाने संबंधी गलत आदतों जैसे कि अत्यधिक जंक फूड, गैस-भरे ठंडे पेय, मीठे | See, long story cut short I just became aware of the benefits of the balanced diet. I attended health-related workshop during summer vacations, wherein I came to know of health hazards of various eating disorders caused by excessive consumption of junk food, aerated cold-drinks, |

| | | |
|---|---|---|
| | पकवानों इत्यादि के सेवन से होते हैं। मुझे पता चला कि ऐसी सभी तली हुई चीजों, पकवानों, पेय-पदार्थों व मिठाइयों में उच्च-कैलोरी (ऊर्जा) होती है। ये सब शरीर को बहुत सारी कैलोरी देते हैं जो कि शरीर में इस्तेमाल नहीं हो पाती क्योंकि आजकल की जीवन शैली सुस्त व आरामदेह है। इस प्रकार की अत्यधिक कैलोरी शरीर में चीनी/ कार्बोहाइड्रेट के रूप में एकत्रित हो जाती है जो मोटापे का कारण बनता है। शरीर में इस प्रकार के अत्यधिक एकत्रित फैट से अन्य कई स्वास्थ्य संबंधी बीमारियाँ पैदा हो जाती हैं, जैसे कि कोलेस्ट्रोल, उच्च रक्तचाप, दिल की बीमारियाँ, मोटापा व मधुमेह इत्यादि। | sweetened desserts and so on. I came to know that all such deep-fried eatables, snacks, beverages and desserts have high-calorific values. They provide a lot of calories to your body that remain unused due to modern lifestyle that is sedentary and inactive. The accumulation of such excessive calories in the form of sugar/carbohydrates leads to the deposition of fat in the body. This overloading of fat inside the body leads to various health disorders, such as cholesterol problem, high blood pressure, heart diseases, obesity, diabetes, and so on. |
| सैम : | क्या? तो घर का बना नाश्ता बाहर के खाने से कैसे अलग है? | What? So how's the home-made breakfast different from that of outside? |
| डेविड : | बहुत अलग है। देखो, जब तुम घर पर कुछ बनाते हो, तो यह पौष्टिक व स्वस्थ होता है। मुनाफा कमाने के | A lot different. See, when you prepare something at home, it's nutritious and healthier. For the sake of profit, people |

| | | |
|---|---|---|
| | लिए, बाजार में लोग सस्ती सब्जियाँ, सड़े हुए खाद्य पदार्थ, बासी रोटी, पुराना मीट व बचा-कुचा सामान भी इस्तेमाल करते हैं। और लंबी अवधि तक पड़े रहने की वजह से खाद्य पदार्थ का पोषक तत्त्व बिलकुल शून्य हो जाता है। लेकिन यदि तुम वही खाद्य पदार्थ अपने घर पर अपने हाथों से बनाओगे तो तुम निश्चय ही उसे तैयार करते समय ऐसी सामग्री डालोगे, जो ताजा व खाने लायक हो। | in the market use cheap vegetables, rotten items, stale breads, stored meat and even left-over material. Also, the long-term preservation of the food items leads to zero nutritional value. But if you prepare the same consummable at your home, by your own hands, you'd certainly ensure that the ingredients used for the preparation are fresh and fit for consumption. |
| सैम : | आह! तुम सही कह रहे हो। मगर मेरे पास पौष्टिक खाना बनाने के लिए समय नहीं है। तो क्या करना चाहिए? | Ah! You're right. But I don't have time to prepare nutritious food. So what to do? |
| डेविड : | देखो, ऐसे में, तुम्हें साधारण मगर संतुलित आहार का सेवन करना चाहिए जिसमें बराबर मात्रा में कार्बोहाइड्रेट्, विटामिन, लवण, प्रोटीन, फाइबर और एंटी-ऑक्सीडेंट्स हों। अपने रोज के भोजन में बहुत सारी ताजी सब्जियाँ व फल का सेवन करो। रोज कम-से-कम 1-2 गिलास दूध पीओ। और रोजाना 8- | See, in that case, you should switch to simple yet balanced diet that includes proportionate amount of carbohydrates, vitamins, minerals, proteins, fibre and anti-oxidants. Include a lot of fresh vegetables and fruits in your daily diet. Drink at least 1-2 glasses of milk everyday. And have 8-10 glasses of water everyday to ensure that |

| | | |
|---|---|---|
| | 10 गिलास पानी का सेवन करो ताकि तुम्हारे शरीर से अवांछित तत्त्व बाहर निकल जाएँ। | it flushes the undesirable toxins out of your body. |
| | तुम डेयरी पदार्थ जैसे दही, मक्खन, बटर मिल्क, पनीर, घी, क्रीम इत्यादि को भी अपने भोजन में सम्मिलित कर सकते हो क्योंकि ये प्रोटीन व अन्य विटामिनों का अच्छा स्रोत होते हैं। प्रोटीन के लिए तुम अंडों के सफेद हिस्से पर निर्भर कर सकते हो मगर हर प्रकार के लाल मीट से दूर रहना क्योंकि यह स्वास्थ्य के लिए सेहतमंद नहीं होता। | You may also consider including other dairy products, such as curd, butter, buttermilk, cheese, clarified butter, cream, etc. in your diet as they are all rich sources of proteins and other vitamins. For proteins, you could rely on egg-whites but avoid red meat of all types as it is not considered healthy for the body. |
| सैम : | ओह! अच्छा! मुझे ये सब नहीं पता था। मुझे लगता है तुम्हारी बात में दम है। अगर मैं केवल आवश्यक खाद्य पदार्थों का सेवन करूँ तो मेरी रोजमर्रा की भोजन संबंधी जरूरतें पूरी हो जाएँगी और पैसे भी बच जाएँगे। मुझे लगता है कि वह दोगुना फायदेमंद होगा। है कि नहीं? | Oh! Okay! I didn't know all this. I think you've a point. If I just switch over to the basic foods, I'll have my daily dietary needs met properly and save money too. I guess that's gonna prove doubly beneficial. Isn't it? |
| डेविड : | बिलकुल। खर्चे और पोषण के अलावा, यह आपको चुस्त रहने में, ताजा | Of course. Besides the expenses and nutrition, it also helps you remain fit and |

| | |
|---|---|
| पुनर्जीवित करने में और सारा दिन ऊर्जा भरे अहसास को बनाए रखने में मदद करता है। इससे तुम्हें भारी-सा या सुस्त-सा नहीं महसूस होगा जैसा कि जंक-फूड खाने के बाद होता है। इसीलिए लोग संतुलित आहार खाने पर जोर देते हैं क्योंकि ये आपको स्वस्थ, हृष्ट-पुष्ट व बुद्धिमान बनाए रखता है। | provides you a refreshing, rejuvenating and energetic feel throughout the day. You won't feel heavy and laid back as you do after consuming junk food. That's why, people recommend the balanced diet as it keeps you healthy, wealthy and wise. |
| सैम : मैं समझ गया। अपने स्वस्थ जीवन का राज बताने के लिए शुक्रिया। मैं निश्चय ही तुम्हारी सलाह मानूँगा और अपने खान-पान की आदतों में बदलाव लाऊँगा। फिर से धन्यवाद। | I got that. Thanks for sharing your secret of healthy lifestyle. I'll surely follow your advice and bring a change in my eating habits. Thanks again. |
| डेविड : तुम्हारा स्वागत है। अपनी सेहत का पूरा खयाल रखना। गुडबाय। | You're welcome. Take good care of your health. Goodbye. |
| सैम : तुम भी। गुडबाय! | You too. Goodbye! |

## 73

## *Conversation between a Bank Officer and a Customer about High Credit Card Bill*

| | |
|---|---|
| ग्राहक : गुड मॉर्निंग मैडम। मैं रोहित शर्मा हूँ और यह मेरी क्रेडिट स्टेटमेंट है। मेरे पास आपके लिए कुछ विशेष प्रश्न है। | Good morning madam. I am Rohit Sharma and this is my credit statement. I have some important question for you. |

| | |
|---|---|
| क्या आप मुझे इस अत्यधिक जार्च किए बिल का विवरण दे सकती हैं जो मैंने 3 महीने पहले ही बंद करवा दिया था? | Could you provide me the explanation for this high overdue bill for the card that I had got blocked three months back? |
| बैंक अधिकारी : गुड मॉर्निंग सर। कृपया बैठ जाएँ। कृपया मुझे आपकी क्रेडिट स्टेटमेंट जाँच कर लेने दें। उसके बाद ही मैं आपके सवालों का जवाब दे पाऊँगी। आपका अकाउंट नंबर है 123123123। ठीक है। ये रहा। मि. रोहित शर्मा। सर क्या आप कृपया अपनी जन्मतिथि बता सकते हैं? | Good morning sir. Please be seated. Let me go through your credit statement first and then I'll be able to respond to your queries. Your account number is 123123123. Okay! Here you go! Mr. Rohit Sharma. Sir, could you please confirm your date of birth? |
| ग्राहक : हाँ! ये है 10 अगस्त, 1970। | Ya! That's 10 August, 1970. |
| बैंक अधिकारी : जानकारी के लिए शुक्रिया, सर। हमारी जानकारी के अनुसार सर, आपने कार्ड नंबर 1611123412341234 को तीन महीने पहले ही बंद करवा दिया था। मगर आपका उससे पहले के महीने से तब तक का बकाया बिल 12,800/- रुपए था। नियमित रिमाइंडर व कागजी स्टेटमेंट आपके पते पर भेजने के बावजूद आपने बकाया राशि का | Thanks for the confirmation, sir. As per the records that we have, you did request to block the credit card No. 1611 1234 1234 1234 three months back. But your outstanding bill for the previous usage till then was ₹ 12,800/-. Despite the frequent reminders and paper statements that were mailed to your address, you did not make the payment for the due amount. That leftover amount along with penalty |

| | | |
|---|---|---|
| | भुगतान नहीं किया। वह बकाया राशि, पैनलटी चार्ज के साथ, टैक्स व जमा होते एरियर पिछले तीन महीनों में 14,000/- रुपए बन गए। | charges, tax, accrued arrears, etc. amounted to a total of ₹ 14,000/- over the past three months. |
| ग्राहक : | आपका मतलब है कि बावजूद इस तथ्य के कि मैं इसे प्रयोग कर ही नहीं रहा, आप मुझसे इसका चार्ज लेती रहेंगी। | You mean you're gonna keep charging me despite the fact that I'm not using it. |
| बैंक अधिकारी : | सर, जैसा कि मैंने आपको बताया है, यह एक एरियर चार्ज है जो आपने पिछले तीन महीनों में अदा नहीं किया है। इसके भुगतान ना होने की वजह से आपका अकाउंट डेलिन्क्वेंट हो गया है। | As I've explained to you sir, it's an arrear charge that you have not paid since the last three months. Due to its non-payment, the account has also become delinquent. |
| ग्राहक : | तो इस समस्या से कैसे निपटा जाए? | So, how to get rid of this problem? |
| बैंक अधिकारी : | सर, आपको बकाया राशि अदा करनी होगी ताकि....। | Sir, you need to clear off the outstanding due to.... |
| ग्राहक : | आपको बीच में टोकने के लिए माफी चाहता हूँ, मगर मैं यह राशि एक बार में नहीं दे सकता हूँ। | Sorry to interrupt you in between. I can't pay the amount at one go. |
| बैंक अधिकारी : | मैं आपको अदायगी के तरीके में ढील दे सकती हूँ। अगर आप चाहें तो किश्तों में भुगतान कर सकते हैं। मगर आपको केवल 40 दिन | I can offer you the flexibility in the payment option. You could pay in instalments if you want. But you can only be allowed an extension for |

| | |
|---|---|
| का अधिकतम एक्सटेंशन मिल सकता है बकाया राशि को अदा करने को। | a maximum of forty days to clear the outstanding due. |
| ग्राहक : अगर मैं ऐसा करने में नाकाम रहा तो? | What if I fail to do so? |
| बैंक अधिकारी : ऐसे केस में, सर, अगले बिलिंग साइकल के न्यूनतम चार्ज फिर से लागू होंगे, जो मुझे यकीन है कि आप नहीं देना चाहेंगे, है ना? | In that case sir, the minimum charges of the next billing cycle would again be charged, which I'm sure you won't wanna have, isn't it? |
| ग्राहक : बिलकुल! मैं ऐसा नहीं चाहता। अच्छा। ये 10,000/- रुपए का चेक रख लें। बाकी का मैं इस माह के अंत तक पूरा कर दूँगा। | Of course! I don't want that. Okay! Please accept this cheque of ₹ 10,000/- for now. I'll clear the balance by the end of this month. |
| बैंक अधिकारी : क्या आप किसी और प्रकार की सहायता चाहते हैं? | Is there anything else you need help with? |
| ग्राहक : नहीं, आपकी मदद व संयम के लिए शुक्रिया। | No, thanks for your help and patience. |
| बैंक अधिकारी : यह तो मेरा फर्ज है, सर। गुड डे। | It's my duty, sir. Good day! |
| ग्राहक : गुड डे! | Good day! |

## 74

## *Conversation between a Boy and a Girl about Getting a Tattoo Done*

| | |
|---|---|
| सैम : हाय (हैलो), प्रिया। तुम कैसी हो? पिछले कुछ समय से तुम कहाँ थी? | Hi, Priya. How do you do? Where have you been off late? |

| | | |
|---|---|---|
| प्रिया : | हैलो, सैम। मैं ठीक हूँ, धन्यवाद। वो तो बस स्कूल के बाद की बास्केटबॉल प्रैक्टिस है जो मुझे व्यस्त रखती है। तुम्हारा क्या? तुम्हारी क्या कहानी है, प्रिय? | Hello, Sam. I am fine, thank you. It's just the basketball practice after the school that keeps me occupied. How about you? What's your story, dear? |
| सैम : | ज्यादा कुछ नहीं। पढ़ाई और सोना। तो तुम अभी कहाँ जा रही हो? | Nothing, much. Studies and sleeping. So, where are you heading right now? |
| प्रिया : | अहहह....! मैं तुम्हें अभी यह नहीं बता सकती। माफ करना मगर अभी कुछ बहुत अर्जेंट है। | Umm! I can't really reveal that to you, right now. I'm sorry but it's something really urgent. |
| सैम : | अर्जेंट? तुम तो बिलकुल सेहतमंद दिख रही हो। तो तुम निश्चय ही डॉक्टर के पास नहीं जा रही हो। तो इससे ज्यादा क्या जरूरी हो सकता है? कृपया मुझे बताओ कि ये है क्या? क्या तुम्हारे साथ सब कुछ ठीक चल रहा है? मैं अब बहुत चिंतित महसूस कर रहा हूँ। | Urgent? You seem in good health. So, you're certainly not going to see a doctor. So, what could be more pressing? Please tell me what is it? Is everything okay with you? I'm feeling anxious, now. |
| प्रिया : | तुम चिंतित ना हो। ये ज्यादा कुछ नहीं है। मैं सिर्फ एक टैटू बनाने वाले के पास टैटू बनवाने जा रही हूँ। | Don't get worried unnecessarily. It's nothing much. I'm just going to a tattoo-maker to get a tattoo done. |
| सैम : | एक टैटू? तुम्हें हो क्या गया है? क्या तुम्हारी माँ इसके | A tattoo? What's wrong with you? Does your mother know |

| | | |
|---|---|---|
| | बारे में जानती है? क्या तुमने अपने माता-पिता से इसकी इजाजत ली है? | about that? Did you take your parents' permission for this? |
| प्रिया : | देखा, यही वजह है कि मैं तुम्हें अपना राज नहीं बताना चाहती थी। खबरदार जो मेरे माँ-पिताजी के पास गए और उनके सामने यह राज उगला तो। मैं तुमसे कभी बात नहीं करूँगी, अगर तुमने ऐसा किया तो। तुम तो मेरी जिंदगी बरबाद करने पर तुले हो। | See, that's the reason I didn't wanna share my secret with you. Don't you dare go and spill the beans in front of my parents. I'll just not speak to you ever, if you do so. You're so bent upon devastating my life. |
| सैम : | नहीं, तुम मुझे बिलकुल गलत समझ रही हो। ये ऐसा बिलकुल भी नहीं है। मैं तुम्हारा सबसे प्रिय मित्र व शुभचिंतक हूँ। तुम्हें मेरे बारे में ऐसे नहीं बोलना चाहिए। बात तो बस इतनी सी है कि मैं नहीं चाहता कि तुम अपने शरीर या त्वचा से खिलवाड़ करो। | No, you're getting me all wrong. It's not at all like that. I'm your best friend and a well-wisher. You should not speak so harshly about me. It's just that I don't want you to play with your body or skin. |
| प्रिया : | खिलवाड़? तुम्हारा क्या मतलब है? मैं कोई प्लास्टिक सर्जरी नहीं करवा रही। ये तो केवल कॉस्मेटिक फेरबदल है। ज्यादा कुछ नहीं। तुम्हें राई का पहाड़ बनाने की जरूरत नहीं, पाखंडी इंसान। | Play? What do you mean? I'm not undergoing any plastic surgery. It's just a cosmetic alteration. Nothing much. You need not make a hill out of a mole, you hypocrite. |

| | | |
|---|---|---|
| सैम : | मुझे जो कहना है कह लो मगर मैं जो कह रहा हूँ उसे ध्यान से सुनो। देखो, ये टैटू टिकाऊ प्रकार के होते हैं। समय, उम्र व गुजरते वर्षों के साथ, तुम भी बड़ी हो जाओगी। तुम्हें बाद में इसका पछतावा हो सकता है मगर तब तुम इस स्थिति में नहीं होगी कि इसे अपनी त्वचा से हटा सको। | Call me what you want, but please pay heed to what I'm saying. See, these tattoos are permanent in nature. With time, age and passing years, you'll mature as well. You may regret it later but then you won't be in a position to erase it off your skin. |
| प्रिया : | देखो, कुछ चीजें कभी नहीं बदलतीं। मुझे नहीं लगता कि मैं कभी भी फैशन में होने वाले बदलाव को नापसंद करूँगी। | See, some things never change. I don't think I'll ever dislike to be in vogue. |
| सैम : | मगर तब क्या अगर बदलते फैशन के साथ, तुम अपने शरीर पर बने इस डिजाइन को नापसंद करने लगो? तो ऐसी स्थिति में तुम डिजाइन को बदल नहीं पाओगी। कम-से-कम ये तो हो ही सकता है कि तुम वही डिजाइन अपनी त्वचा से दिन-रात झलकता देख बोर हो जाओ। | But what if with the changing trends, you dislike the pattern/design made on your body? So, in such a scenario, you won't be able to alter the design. At least, this can happen—that you get bored of the same design flashing through your skin day in and day out. |
| प्रिया : | आहा! ये बात काफी मानने लायक लगती है। मैं वही डिजाइन अपने शरीर पर देखकर बोर हो सकती हूँ। | Aha! That sounds convincing enough. I may get bored of the same design on my body. But I really am an art-lover. |

| | | |
|---|---|---|
| | मगर मैं वाकई में एक कला-प्रेमी हूँ। मैं अपने शरीर पर एक कलात्मक गुदाई कराना चाहती हूँ। तो अब मैं क्या करूँ? | I wanna have an artistic inscription done on my body. So, what do I do? |
| सैम : | क्या तुमने कभी चिपकने वाले टैटू के बारे में सोचा है? ये सभी रंगों, डिजाइनों, स्टाइल और प्रकारों में मिलते हैं। तुम जब तक चाहो इन्हें लगाए रख सकती हो और जब उनसे थक जाओ तो उतार सकती हो। दरअसल, तुम इन्हें हर रोज बदल सकती हो ताकि अपने रोजाना के कपड़ों या रोजाना के फैशन के अंदाज के अनुसार पहन सको। इस तरह से तुम फैशन भी कर पाओगी और अपनी त्वचा को कोई स्थायी नुकसान भी नहीं पहुँचाओगी। तुम्हें क्या लगता है? तुम्हारा क्या विचार है? | Have you ever thought about the sticky-tattoos? They're available in all colours, designs, styles and patterns. You can wear them as long as you want and take them out once you get tired of them. In fact, you can change them everyday to match them as per your daily dress or daily style quotient. That way you'd continue to look trendy and not do any permanent damage to your skin. What do you feel? What do you think? |
| प्रिया : | मुझे लगता है तुम्हारी बात में दम है। ठीक है, मैं एक स्थायी टैटू नहीं बनवाऊँगी। अब चलो मेरे साथ आओ। चलकर एक चिपकने वाला टैटू खरीदते हैं। चलो भी, जल्दी करो! | I think you've a point here. Fine, I'll not get a permanent one done. Now, come along with me. Let's go and buy a sticky one. Come on, hurry up! |

| | | |
|---|---|---|
| सैम : | ठीक है, चलो चलते हैं। (बाईक चलाता है और वे चले जाते हैं।) | Alright, let's move. (Starts his bike and they go away.) |
| प्रिया : | एक और बात, मैं तुम्हारा शुक्रिया अदा करना भूल गई थी। तो बहुत-बहुत शुक्रिया। | By the way, I forgot to thank you. So, thanks a lot. |
| सैम : | तुम्हारा स्वागत है। मुझे शर्मिंदा ना करो, प्रिय। | You're welcome. Don't embarrass me, dear. |

# 75

## *Telephonic Conversation about a Campsite*

| | | |
|---|---|---|
| उपभोक्ता सेवा कर्मचारी : | गुड मॉर्निंग। ए-वन ट्रेवल एजेंसी में कॉल करने का शुक्रिया। मैं राधा हूँ। मैं आपकी किस प्रकार सहायता कर सकती हूँ? | Good morning. Thank you for calling A-one Travel Agency. I'm Radha. How may I help you? |
| डेविड : | गुड मॉर्निंग राधा। मैंने तुम्हारे अगले महीने जाने वाले कैम्पसाइट यात्रा के बारे में सुना। मगर इस यात्रा/ट्रिप संबंधी सारी जानकारी समाचार-पंत्र/इश्तहार में वर्णित नहीं थी। अपनी बुकिंग का आर्डर देने से पहले मैं अपने कुछ सवालों का जवाब जानना चाहता हूँ। मुझे इस ट्रिप संबंधी यात्रा के बारे में किससे बात करनी होगी? | Good morning Radha. I read about your campsite trip scheduled for next month. But all the details regarding this trip have not been mentioned in the newspaper/advertisement. I have got few queries to be resolved before I go ahead with my booking order. Whom do I need to speak to regarding this trip? |

| | |
|---|---|
| उपभोक्ता सेवा कर्मचारी : सर, मैं आपको अभी सारे जवाब दे दूँगी। क्या मैं आपका पूरा नाम व मोबाइल नंबर जान सकती हूँ? | Sir, I'll provide you with all the details right away. Can I have your full name and mobile number please? |
| डेविड : हाँ! बिलकुल। मैं डेविड शर्मा हूँ और मेरा मोबाइल नंबर है 9812312312। अब क्या आप मुझे इस कार्यक्रम में जाने व वापस आने की तिथि बता सकती हैं? | Ya! Sure. I'm David Sharma and my cell number is 9812312312. Now could you tell me the date of departure and return for this program? |
| उपभोक्ता सेवा कर्मचारी : जी बिलकुल, सर। यह अगले महीने की 22 से 28 तक होगा। यह 6 रातों व 7 दिनों की यात्रा होगी। | Of course, sir. That's from 22nd to 28th of next month. It's gonna be a six nights' and seven days' trip. |
| डेविड : इसका यात्राक्रम क्या है? हम कौन-कौन सी जगहों पर रुकेंगे और हमारी क्या गतिविधियाँ होंगी? | What about the itinerary? Where all are we gonna stop and what all activities will be included? |
| उपभोक्ता सेवा कर्मचारी : सर, मेरे पास उपलब्ध जानकारी के अनुसार हम चार अलग-अलग जगहों पर ठहरेंगे और इसमें सभी एडवेंचर खेल-कूद शामिल हैं, जैसे कैंपिंग, हाईकिंग, रॉक-क्लाईबिंग, रिवर-राफ्टिंग, सर्फिंग, नैटिंग, और भी बहुत कुछ। | Sir, as per the information that I have, we'll stop by at four different spots and all adventure sports are included, such as camping, hiking, rock-climbing, river-rafting, surfing, netting and much more. |

| | | |
|---|---|---|
| डेविड : | एक व्यक्ति को अपने साथ क्या-क्या लाना होगा? | What all things does one need to bring along? |
| उपभोक्ता सेवा कर्मचारी : | सर, जो जरूरी चीजें आपको लानी होंगी, उनकी सूची आपको लिखित में प्रदान की जाएगी, जब आप इस यात्रा के लिए पंजीकरण कराएँगे। | Sir, the list of mandatory items will be provided to you in writing once you register for this trip. |
| डेविड : | मगर, सिर्फ मेरी उत्सुकता के लिए, क्या आप कुछ का नाम बता सकती हैं? | But, just for the sake of my curiosity, could you name some? |
| उपभोक्ता सेवा कर्मचारी : | सर, ऐसी कुछ चीजें, जैसे कि एक टॉर्च, स्पोर्ट शूज, सनग्लास, ट्रैक सूट, स्निकर्स, छाते इत्यादि। | Sir, some of the items would be a torch, sportshoes, sunglasses, track suits, snickers, umbrella and so on. |
| डेविड : | आहा। इसके लिए शुक्रिया। अब, खाने का क्या? खाने में कौन-कौन सी चीजें मिलेंगी? | Aha! Thanks for that. Now, what about the food? What type of food items will be served? |
| उपभोक्ता सेवा कर्मचारी : | सर, यह शाकाहारी व मांसाहारी, दोनों के लिए होंगी। | Sir, it would be both for vegetarians as well as non-vegetarians. |
| डेविड : | ओह। यह तो बहुत बढ़िया है। औषधीय मदद का क्या? भगवान ना करे, अगर कोई हादसा हो जाता है तो उसका जिम्मेदार कौन होगा? | Oh! That's great. What about the medical aid? God forbid, in case some accident takes place, then who would be accountable? |
| उपभोक्ता सेवा कर्मचारी : | सर, सबसे पहले तो हम यह सुनिश्चित करते हैं कि ऐसी कोई बात ना हो | Sir, first of all, we make sure that no such thing happens but, in case of any medical |

| | |
|---|---|
| मगर मेडिकल इमरजेंसी के किसी भी केस में, टीम के नियुक्त डॉक्टर स्थिति का जायजा लेंगे व जरूरी एक्शन का निर्देश देंगे। | emergency, the team's accompanying doctor would take the charge of the situation and order necessary action. |
| डेविड : मैंने समाचार-पत्र में पढ़ा कि एक व्यक्ति का 2,500/- रुपए किराया है। मगर क्या अगर एक समूह इच्छुक हो तो कुछ छूट मिलेगी? | I read from the newspaper that the cost is ₹ 2,500/- for a single person. But do you offer any rebate if there is an interested group? |
| डेविड : नहीं, सर। कीमत फिर भी उतनी ही रहेगी। | No, sir. The price would still remain the same. |
| डेविड : कोई कॉरपोरेट छूट? | Any corporate discounts? |
| उपभोक्ता सेवा कर्मचारी : जी, हाँ। अगर आप कोई प्रमाण दिखा सकें तो 15 प्रतिशत तक की कॉरपोरेट छूट दी जा सकती है। | Well, yes. In case you can produce the supporting evidence, a corporate discount of upto 15% can be offered. |
| डेविड : अच्छा। मेरे पास दस्तावेज हैं। पंजीकरण की अंतिम तिथि क्या है? | Okay! I do have the papers. When is the last date for registration? |
| उपभोक्ता सेवा कर्मचारी : पंजीकरण कार्यक्रम अगले मंगलवार को बंद हो जाएगा। | The booking process will close by next Tuesday. |
| डेविड : आप कार्ड लेते हैं या नकद? | Do you accept card or cash? |
| उपभोक्ता सेवा कर्मचारी : दरअसल, भुगतान कार्ड, चेक या डी.डी. से होता है। हम नकद नहीं लेते। | Well, the mode of payment can be by card, cheque or D.D. We do not accept cash. |

| | |
|---|---|
| डेविड : चेक के संदर्भ में क्या आप मुझे बता सकती हैं कि ये किसके नाम पर बनाना है? | In case of a cheque, could you tell me in whose favour it needs to be drawn/made? |
| उपभोक्ता सेवा कर्मचारी : यह 'ए-वन ट्रेवल एजेंसी' है, सर। | That's 'A-one Travel Agency', sir. |
| डेविड : आहा। एक सेकेंड, मुझे जरा ये लिख लेने दें। अच्छा मेरा काम हो गया। शुक्रिया। | Aha! Just a second, let me make a note of it. Okay! I'm done here. Thanks. |
| उपभोक्ता सेवा कर्मचारी : क्या आप मेरी किसी और प्रकार से सहायता चाहते हैं? | Is there anything else, I can assist you with? |
| डेविड : नहीं, बस इतना ही। आपने काफी जानकारी दी। | No, that's it. You've been very informative. |
| उपभोक्ता सेवा कर्मचारी : यह तो मेरी ड्यूटी है, सर। ए-वन में कॉल करने के लिए शुक्रिया। आपका दिन शुभ हो! | It's my duty, sir. Thank you for calling 'A-one'. Have a good day! |
| डेविड : आपका भी। बाय-बाय! | You too. Bye-bye! |

# 76

## *T.V. Interview between a Spiritual Guide and a Devotee about General Superstitions*

| | |
|---|---|
| टी.वी. ऐंकर : गुड मॉर्निंग दर्शकों। आज हमारे साथ हैं श्री ए.बी.सी.—आध्यात्मिक मार्गदर्शक, गुरु, प्रवक्ता, जो आप सबके अंधविश्वास से संबंधित सवालों व मुद्दों के जवाब देंगे। सर, इस कार्यक्रम में आपका स्वागत है। | Good morning viewers. Today we have Shri ABC—the spiritual mentor, guide, speaker with us, who will respond to all your queries and concerns retaled to superstitions. Welcome sir on the show. |

| | | |
|---|---|---|
| गुरु : | नमस्कारम्। आप सभी को आशीष! | Namaskaram (Hello!) Blessings to all of you! |
| टी.वी. ऐंकर : | जैसा कि आप सभी जानते हैं कि श्री ए.बी.सी. एक जेन, मेडिटेशन, योगा, प्राणिक हीलर हैं जो कि हिंदू माईथोलॉजी व ज्योतिष शास्त्र के भी अच्छे ज्ञाता हैं। वे पिछले कई वर्षों से लोगों के मस्तिष्क को जागरूक कर, उन्हें सही रास्ता दिखा कर और उच्च व्यवहार द्वारा लोगों को परेशानियों से उबरने के लिए मार्गदर्शन व मदद करते आए हैं। श्रोताओं, आप बारी-बारी से अपने सवाल रख सकते हैं। | As you all know that Shri ABC is a zen, meditation, yogic, Pranic healer, with extensive knowledge in Hindu mythology and Astrology. He has been guiding and helping people for the last several years in overcoming their problems by enlightening their minds, showing them the path of righteousness and noble behaviour. People sitting in the audience, you may raise your queries one by one. |
| पहला व्यक्ति : | गुरुजी, मैं नगों व रत्नों का हमारे जीवन में महत्त्व समझना चाहता हूँ। क्या ये वाकई हमारी किस्मत बदल देते हैं? | Guruji, I wanna understand the role of gems and stones in our life. Do they really change our luck? |
| गुरु : | मेरे बेटे, वैज्ञानिक रूप से ये एक प्रकार की ऊर्जा की किरणों को पकड़ने में सहायक होते हैं जो तुम्हारे जीवन में बढ़िया कार्य करने में मदद करते हैं और नहीं भी करते हैं। तो यह आश्वासन से ज्यादा तुम्हारे दृष्टिकोण पर निर्भर करता है। | My son, scientifically they help in trapping certain energy rays, which may or may not help you do well in life. So, it's a matter of perception rather than a guarantee. |

| | |
|---|---|
| दूसरा व्यक्ति : गुरुजी, बुरे लोग अच्छे लोगों से ज्यादा खुश कैसे रहते हैं? | Guruji, why do the bad people rejoice more than the good ones? |
| गुरु : यह एक गलत धारणा है। याद रखो "जो बोआ बबूल तो आम कहाँ से पाओगे।" ये कर्मों का गोलाकार चक्रक्रम है—तुम्हारे द्वारा किए कार्यों का। असामाजिक तत्त्व जीवन का आनंद अधिक लेते हुए प्रतीत हो सकते हैं मगर असल में ऐसा नहीं होता। अगर तुम्हारे कर्म ही बुरे हों तो ऐसा संभव ही नहीं कि तुम इससे एकत्रित हुए असर को फल या बाद के प्रभाव या कभी एकदम हुए प्रमाण के रूप में महसूस ना करो। | It's a misconception. Remember as you sow, so shall you reap. It's a cyclical process of karmas of your actions. The anti-social elements may appear to be rejoicing life but it may not really be so. If your deeds are bad then there is no way you can escape its accumulated effects in the form of repercussions, after-effects or even immediate results. |
| तीसरा व्यक्ति : मगर, गुरुजी, आपको नहीं लगता कि "देर से किया इनसाफ, इनसाफ ना करने के समान है"? | But, Guruji don't you think "Justice delayed is justice denied"? |
| गुरु : मेरे बच्चे, "भगवान के घर देर है पर अंधेर नहीं।" और 'देर' किस मात्रक के अनुसार? निश्चय ही तुम्हारे समय के सूचक के अनुसार नहीं। | My son, "God's mill grinds slow but surely" and 'delayed' according to whose parameter? Certainly not as per your sense of the time. |

| | |
|---|---|
| चौथा व्यक्ति : गुरुजी, नाम में बदलाव का क्या? क्या उससे किस्मत बदल सकती है? | Guruji, what about the name change? Can that bring any luck? |
| गुरु : जैसा कि मैंने पहले कहा, ये सारा खेल दृष्टिकोण, विश्वास और मान्यता का है। तुम इस गिलास को आधा भरा या आधा खाली कह सकते हो। ये तो तुम्हारे विचार व अहसास सुनिश्चित करते हैं कि तुम्हारे जीवन का रास्ता और बदले में तुम्हारी प्रगति का मार्ग क्या होगा। केवल नाम के अक्षरों के फेरबदल से ना तो तुम्हारी किस्मत चमक जाएगी और ना ही कोई विपदा टूट पड़ेगी। | As I said previously, it's all a matter of perception, faith and belief. You can call this glass half empty or half full. It's your views and feelings that determine your course of life and, in turn, your path of progress. A mere change in your name's spelling will neither bring you fortune nor open a can of worms for you. |
| पाँचवा व्यक्ति : गुरुजी, आजकल बहुत सारे लोग मेडीटेशन की बात करते हैं। हमें इसकी क्या जरूरत है? | Guruji, these days a lot of people talk about meditation. Why do we need it? |
| गुरु : यह तुम्हें तुम्हारे वास्तविक स्वरूप से जोड़ती है— तुम्हारे आलौकिक स्वरूप और अंतरआत्मा से। ये इस भौतिकवाद संसार से तोड़ने और भीतरी प्रवाह से लय में आने में मदद करती है। यह तुम्हारे ऊर्जा के बहाव में छोटे गोते लगाने जैसा | That's to make you connect with the real you—the higher self and the inner conscience. It helps you disconnect with this material world and be in sync with your internal core. It's like a sneak peak in the ocean of your energy flow, a dissociation from the hard |

| | | |
|---|---|---|
| | है, रोजमर्रा की जिंदगी के शोर से अलग-थलग होने जैसा। | and puzzling routine life. |
| छठा व्यक्ति : | तो, सही रास्ता क्या है— चरित्रवान जीवन का मौलिक मार्ग? हम शंका या उलझन के समय कैसे निर्णय लें? | So, what is the right way—the moral path of virtue? How do we decide it in time of crisis or conflicts? |
| गुरु : | केवल अपनी अंतरआत्मा की आवाज सुनें। ये तुम्हें कभी धोखा नहीं देगी। अगर कभी भी तुम्हें अपने दिल व दिमाग में, अहसास व समझ में, समझ व भाव में उलझन/शंका हो तो अपनी अंतरआत्मा की आवाज को सुनना। वह तुम्हारा मार्गदर्शन करेगी। याद रखो मेरे बच्चे कि तुम अतीत में जाकर चीजें नहीं बदल सकते पर कभी भी भविष्य में बदलाव के लिए एक नई शुरुआत जरूर कर सकते हो। जीवन में खुश रहना, जागरूक होना, संतुष्ट होना और उस असीम ताकत के साथ तादात्मय बिठाना सीखो। जय श्रीराम और भगवान आप सबका भला करे! | Just follow the inner voice of your conscience. It'll never fail you. If ever you experience a polarisation/conflict between your heart and mind, feelings and reason, in-tellect and emotions, listen to the call of your inner-core. That's gonna guide your path. Remember my child that you can never go back in the past and change the beginning but you can always work for the future by beginning a new change. Learn to be happy, aware, satiated and in sync with the Higher power...Jai Shri Ram... and God bless you all! |
| टी.वी. ऐंकर : | इस संदेश के साथ कि आप सब असीम ताकत से | With this message to 'unite with the Higher power', we |

जुड़ें, हम आज के कार्यक्रम का समापन करते हैं। अगले हफ्ते हम फिर मिलेंगे इसी समय इसी चैनल पर। तब तक के लिए नमस्कार व अपना खयाल रखें। जय श्रीराम....।

have come to the end of today's session. We'll meet next week, same time, same channel. Till then, goodbye and take care. Jai Shri Ram....

# 77

## *Conversation between a Customer Service Executive (Billing Clerk) and a Customer Complaining about High Telephone Bill*

कर्मचारी : एअरफोन में कॉल करने का शुक्रिया। मैं निधि हूँ। मैं आपकी किस प्रकार सहायता कर सकती हूँ?

Thank you for calling Airphone. I'm Nidhi. How can I help you?

उपभोक्ता : हाँ, मेरे कनेक्शन से संबंधित अत्यधिक बिल की शिकायत है। मेरा बिल कभी भी इतना ज्यादा नहीं रहा। मेरा मानना है कि आपकी ओर से कोई बड़ी गलती हुई है।

Yes, I've a complaint regarding over-billing of my connection. My bill has never been so high. I believe there is some mistake at your end.

कर्मचारी : सर, मैं निश्चय ही इस केस की जाँच में आपकी मदद करूँगी मगर क्या मैं पहले आपका मोबाइल नंबर जान सकती हूँ ताकि आपका अकाउंट विस्तार से देख सकूँ।

Sir, I'll surely look into that but first can I have your mobile number to open your account details?

| | | |
|---|---|---|
| उपभोक्ता : | हाँ। ये है 9812312312। | Ya! That's 9812312312. |
| कर्मचारी : | जानकारी के लिए धन्यवाद। क्या मैं आपका पूरा नाम जान सकती हूँ? | Thank you for the information. May I have your full name please? |
| उपभोक्ता : | हाँ। मैं डेविड शर्मा हूँ। | Ya! I am David Sharma. |
| कर्मचारी : | दोबारा शुक्रिया। क्या मैं आपकी बिल-डिटेल देखने के लिए आपकी कॉल होल्ड पर रख सकती हूँ? | Thanks again. Can I put your call on hold for a minute to go through your bill-details. |
| उपभोक्ता : | जैसे कि मेरे पास और कोई चारा है, कीजिए। अपना समय लें। | As if I've a choice, go ahead. Take your time. |
| कर्मचारी : | (उसे होल्ड पर डालती है और बिल देखती है) इंतजार के लिए शुक्रिया। सर, मैंने आपके बिल की विस्तृत जानकारी व अभी का बिल-साइकिल देखा है। निश्चय ही ये पिछले बिलों की तुलना में कुछ ज्यादा है मगर ऐसा इसलिए है क्योंकि आपने राष्ट्रीय व अंतर्राष्ट्रीय रोमिंग सेवाओं के लिए प्रयोग किया है। क्या आपको पेपर बिल मिल गया है? | (Puts him on hold and looks into the bill) Thank you for your patience. Sir, I have gone through your bill-details and the current bill-cycle. Certainly, it is little high as compared to the last bill but that is only because you've used the services for national as well as international roaming. Have you received the paper-bill? |
| उपभोक्ता : | नहीं, नहीं मिला है। मुझे अपने देय बिल के बारे में ऑनलाइन अकाउंट के द्वारा पता चला। मगर मैं अपनी आँखों पर विश्वास नहीं कर | No, I haven't. I just got to know about the outstanding dues from online account access. But I just couldn't believe my eyes when I saw |

| | | |
|---|---|---|
| | पाया जब मैंने उसकी राशि देखी। यह कभी भी इतना अधिक नहीं रहा है। | the amount. It has never been so high. |
| उपभोक्ता : | सर, जैसा कि मैंने पहले भी बताया है कि आपने फोन को राष्ट्रीय व अंतर्राष्ट्रीय रोमिंग सेवाओं के लिए प्रयोग किया है। रोमिंग के दौरान, दोनों, आने व जाने वाली कॉल का चार्ज लगता है। रोमिंग में घंटा भर या लंबी अवधि की बातचीत के लिए, आपको हमेशा देश संबंधी फोन सेवा या खास ऑफर पैकेज शुरू कराना चाहिए, जैसे कि राष्ट्रीय कॉल रोमिंग पैकेज, जो हमारे पास है, जिसमें आप केवल 100/- रुपए प्रतिमाह देते हैं और आपकी सभी राष्ट्रीय कॉल रेट घटकर आने की केवल 50 पैसे प्रति 30 सेकेंड और करने की 80 पैसे प्रति 30 सेकेंड हो जाती हैं। | Sir, as I've mentioned earlier as well, you've used the phone for national and international roaming services. During roaming, the incoming as well as outgoing calls are chargeable. For an hour or long time conversations during roaming, one should always opt for the country specific phone services or activate some special offer packages like the national call roaming package that we have, in which you pay ₹ 100 only per month, and your national call charges get reduced to just 50 paise per 30 seconds for incoming and 80 paise per 30 seconds for all outgoing calls. |
| उपभोक्ता : | आह। यह तो मेरे लिए नई बात है। मैं आपका पुराना ग्राहक हूँ। आपको मुझे पहले ही बता देना चाहिए था। | Ah! That's new to me. I'm your old customer. You should have informed me beforehand. |
| कर्मचारी : | मैं माफी चाहती हूँ, सर, पर ऐसी जानकारी वास्तविकता | I beg your pardon, sir, but such information is actually |

| | | |
|---|---|---|
| | में आप तक इश्तेहारों, बिल बोर्ड पर लगे संदेशों द्वारा, प्रोमोशन और सेल्स कॉल इत्यादि द्वारा भेजी जाती है। मगर व्यक्ति विशेष को जानकारी भेजना, मेरा ख्याल है, ना तो संभव है और ना ही पसंद आने वाला विचार है। | sent to you via advertisements, displayed messages on bill-boards, promotions and sales calls, etc. But sending customised information individually is neither a practicable nor likeable idea, I guess. |
| उपभोक्ता : | और अंतर्राष्ट्रीय कॉल के बारे में क्या? मैं अपना फोन नंबर छोड़ कर अचानक से एक नया नंबर नहीं ले सकता। | And what about international calls? I can't abandon my phone number and use a new number all of a sudden. |
| कर्मचारी : | उसके लिए भी, सर, हमारे पास एक नया पैकेज है, वह है....। | For that too sir, we have a new package, that is.... |
| उपभोक्ता : | अब कोई फर्क नहीं पड़ता। नुकसान तो हो चुका है। तो अगर मैं ये कहूँ कि मैं बिल नहीं दूँगा तो क्या आप कुछ छूट या डिस्काउंट देंगी? | Doesn't make any difference now. Damage is already done. So, if I say that I won't pay the bill, then would you offer any rebate or discount? |
| कर्मचारी : | मैं माफी चाहती हूँ, सर, मगर यह संभव नहीं हो पाएगा, क्योंकि यह हमारी कंपनी के नियमों के विरुद्ध है। | I'm sorry, sir, that won't be possible as it is against the rule of our company. |
| उपभोक्ता : | तो मेरे पास क्या विकल्प है? मैं इसे एक साथ अदा नहीं कर सकता। मैं बिलकुल नहीं कर सकता। | So, what options do I have? I can't pay it at one go. I just can't. |
| कर्मचारी : | ऐसे केस में सर, आप न्यूनतम 1,500/- रुपए का | In that case sir, you can make minimum payment of ₹ |

| | | |
|---|---|---|
| | भुगतान कर सकते हैं ताकि आप बिना रुकावट सेवाओं का आनंद लेते रहें और बची हुई राशि 10-15 दिनों में अदा कर सकते हैं। | 1,500/- to enjoy uninterrupted services and the balance can be paid within the next 10-15 days. |
| उपभोक्ता : | मैं ऐसे ही कर लूँगा। धन्यवाद। | I'll do that. Thanks. |
| कर्मचारी : | क्या आप किसी और प्रकार की सहायता चाहते हैं? | Is there anything else you need help with? |
| उपभोक्ता : | नहीं, बस इतनी ही। | No, that's it. |
| कर्मचारी : | एयरफोन में कॉल करने का शुक्रिया। आपका दिन शुभ हो! | Thank you for calling Airphone. Have a good day! |

## 78

## *Conversation between a Father and a Daughter Seeking Permission for a Movie Show*

| | | |
|---|---|---|
| बेटी : | पिताजी, गुड ईवनिंग। क्या मैं आपसे एक मिनट के लिए कुछ बात कर सकती हूँ? | Good evening, dad. Can I bother you for a minute? |
| पिता : | गुड ईवनिंग, मेरी बच्ची। कहो, क्या बात है? यहाँ कैसे आना हुआ? तुम्हारी पढ़ाई कैसी चल रही है? | Good evening, my child. Go ahead, what is it? What brings you here? How's your study going? |
| बेटी : | पढ़ाई तो ठीक है मगर...। | Studies are fine but.... |
| पिता : | क्या बात है? क्या ये तुम्हारे स्कूल से संबंधित बात है या तुम्हारी हॉबी क्लास से संबंधित? | What is it? Is it something related to your school or something to do with your hobby classes? |

| | | |
|---|---|---|
| बेटी | : पिताजी, सब कुछ ठीक है। इस शुक्रवार शाम को हमारे स्कूल की तरफ से एक फिल्म देखने का कार्यक्रम आयोजित किया गया है। मैं भी उसमें शामिल होना चाहती हूँ। मुझे उसके लिए आपकी अनुमति चाहिए। | Dad, everything is fine. There is a movie program scheduled for this Friday evening from our school's side. I wanna join that too. I need your permission for that. |
| पिता | : आहा। कौन-सी फिल्म है? | Aha! Which movie is it? |
| बेटी | : ये सुपरस्टार-2 शृंखला है। | It's Superstar-II series. |
| पिता | : क्या यह सेंसर हुई है या नहीं? | Has it been censored or not? |
| बेटी | : पिताजी, मुझे इसके बारे में पता नहीं है। | I don't really know about that, dad. |
| पिता | : मेरा मतलब है कि क्या यह केवल वयस्कों के लिए बनी है या सभी के लिए? क्या तुमने इसकी रेटिंग चेक की? इसका प्रमाण-पत्र क्या दर्शाता है—यू या ए? | I mean is it meant for adults only or for everyone? Did you check its rating? What certificate does it carry – U or A? |
| बेटी | : पिताजी, मैंने अभी ही आपको बताया। मैं इसके बारे में नहीं जानती। | Dad, I just told you. I'm not aware of that. |
| पिता | : ठीक है, तो मुझे तुम्हारी क्लास टीचर से बात करने दो और उनसे इस फिल्म के बारे में पता करने दो। | Okay, let me speak to your class teacher then and confirm from her about this movie. |
| बेटी | : पिताजी, आप हमेशा मेरे लिए चीजों को इतना कठिन क्यों बना देते हैं? आप मुझे मेरे हम-उम्र जवान बच्चों | Dad, why do you always make things so difficult for me? Why can't you just simply allow me to do certain |

| | | |
|---|---|---|
| | द्वारा किए कामों को यूँ ही करने की अनुमति क्यों नहीं दे सकते? | things that all teenagers of my age do? |
| पिता : | मेरी प्यारी परी, ये माँ-बाप ही होते हैं जिन्हें अपने बच्चों को सुरक्षित रखना होता है। तुम अभी मेरी परेशानी व संकोच को समझने के लिए बहुत छोटी हो। और जहाँ तक चीजें मुश्किल बनाने का सवाल है, मैं ऐसा बिलकुल नहीं चाहता। ये तो एक सामान्य चेकिंग है जो इसलिए है कि तुम्हारें लिए चीजें खराब ना हों जाएँ। वैसे भी, तुम्हें किसी कार्य को करने की मेरी अनुमति का मतलब है कि वह तुम्हारे लिए सुरक्षित, सावधानीपूर्वक व अहानिकारक हो। तुम्हारी क्लास टीचर का नंबर क्या है? इसे डायल करो और मुझे उनसे बात करने दो ताकि तुम्हें अपनी अनुमति देने से पहले मेरी तसल्ली हो जाए। | My dear angel, it's the parents only who have to protect their children. You are too young to understand my concern and skepticism. As for making things difficult, I never meant it to be so. It's just a routine investigation so as to ensure that things don't turn ugly for you. After all, my permission for you to do a certain thing means that it has to be safe, secure and harmless for you. What's your class teacher's number? Just dial it and let me have a word with her for my assurance before I grant you my permission. |
| बेटी : | रहने दीजिए पिताजी। मैं अब नहीं जाना चाहती। | Leave it, dad. I don't wanna go now. |
| पिता : | मगर क्यों? कारण क्या है? एक मिनट पहले तुम | But why? What's the reason? Just a minute ago, you were |

| | | |
|---|---|---|
| | फिल्म-ग्रुप के साथ जाने के लिए कितनी उत्सुक थी और अब अचानक से तुम अपनी ही चाहत के विरुद्ध हो। क्या मैं इस बदलाव का कारण जान सकता हूँ। | so insistent about joining this movie group and now suddenly you've turned so against your own wish. May I know the reason of this change? |
| बेटी : | आह। मैं और शर्मिंदा नहीं होना चाहती। | Ah! I don't wanna be embarrassed any further. |
| पिता : | और प्रिय क्या मैं यह्र जान सकता हूँ कि तुम क्यों शर्मिंदा होगी? | And may I know dear why would you be embarrassed? |
| बेटी : | अच्छा, आप मेरी टीचर को इसलिए कॉल करेंगे कि सच्चाई पता चल सके। तो क्या वह ये नहीं सोचेंगी कि आप मेरे इरादों पर शक करते हैं? | Well, if you call up my teacher to confirm about certain facts, won't she think that you doubt/suspect my intentions? |
| पिता : | तुम्हें अपने दिमाग को इतना परेशान करने की जरूरत नहीं है। मेरी बच्ची, शिक्षकों व अभिभावकों का अपना ही एक जुड़ाव होता है। ये ताना-बाना तुम्हारी कल्पना की नकली दुनिया से बहुत अलग होता है। मुझे लगता है कि यदि मैं उनको कॉल करूँगा तो वो काफी प्रभावित हो जाएँगी यह देखकर कि मैं तुम्हारे लिए कितना चिंतित हूँ। हा! हा! हा! | You need not tax your brain so much. Teachers and parents have a different alliance altogether, my child. This nexus is different from your fictitious world of imagination. I think if I call her up, she would be impressed to see how concerned I am about you. Ha! Ha! Ha! |
| बेटी : | पिताजी, ये बिलकुल भी मजाकीया नहीं है। आप | Dad, this isn't funny at all. You are bent upon making |

| | | |
|---|---|---|
| | मेरी जिंदगी मुश्किल बनाने पर क्यों तुले हैं? रहने दें, मैं अपनी टीचर को कॉल नहीं करना चाहती। | my life difficult. Leave it, I don't wanna call my teacher. |
| पिता : | मगर ऐसा क्यों? | But why so? |
| बेटी : | ठीक है। मैं और नहीं छुपा सकती। पिताजी, ऐसा है कि हमारे सारे स्कूल के, मतलब क्लास के साथियों ने यह निर्णय लिया है कि स्कूल खत्म होने के बाद हम खुद से एक फिल्म देखने जाएँगे। चूँकि मैंने अब आपको सच बता दिया है, तो क्या अब आप मुझे इसके लिए जाने देंगे? | All right. I can't hold it anymore. Dad it's just that all our schoolmates, rather classmates have decided to go for a movie on our own after the school gets over. Since I've told you the truth now, would you please allow me to go for it? |
| पिता : | ये तो निर्भर करता है। मगर तुम्हें मुझसे झूठ नहीं बोलना चाहिए था। | Well, it depends. But you should not have lied to me. |
| बेटी : | पिताजी, मैंने झूठ नहीं बोला। बस मैंने आपको इसका कुछ हिस्सा नहीं बताया। हा! हा! | Dad, I didn't tell a lie. It's just that I didn't tell you some part of it. Ha! Ha! |
| पिता : | अब मुझे कहना पड़ेगा कि ये बिलकुल भी हँसने की बात नहीं। मेरी बच्ची, ऐसा कभी दुबारा नहीं होना चाहिए। तुम्हें सच बात को छिपाना या अपने फायदे के लिए तोड़ना-मोड़ना नहीं चाहिए। मैं चाहता हूँ कि तुम एक ऊँचे | Now, I must say it's not funny at all. My child, this should never happen again. You must not hide true facts or manipulate things to your favour. I want you to be a paragon of highly ethical, virtuous and righteous being. |

| | | |
|---|---|---|
| | मूल्यों वाले, पुण्यकारी और सही इंसान का सर्वोच्च उदाहरण बनो। क्या तुम्हें मेरी बात समझ में आई? | Did you get that? |
| बेटी : | पिताजी, मुझे क्षमा कर दीजिए और कृपया मुझसे गुस्सा/नाराज ना हों। मैं आपको नाराज नहीं करना चाहती थी। मैंने बस ये सोचा कि अगर मैं आपको बता दूँ कि....। | I'm sorry dad and please don't get angry/annoyed with me. I didn't mean to offend you. I just thought that if I told you that.... |
| पिता : | दूसरों के नजरिए से सोचना व समझना बंद कर दो। अब से बस सच बात बताना और बाकी बातें पता करने के लिए मुझ पर छोड़ देना। ठीक है? | Stop thinking and perceiving things for others. From now onwards, just tell the true facts and leave the rest for me to gather. Alright? |
| बेटी : | हाँ, पिताजी। मैं आपकी बात समझ गई। मैं ऐसा दोबारा अपनी जिंदगी में कभी नहीं दोहराऊँगी। कृपया मुझे आखिरी बार माफ कर दें। | Yes, dad. I've understood your point. I'll never do that again in my life. Please forgive me for this last time. |
| पिता : | ठीक है और जहाँ तक फिल्म का सवाल है, तो तुम्हें उसके लिए जाने की अनुमति है, मगर मैं तुम्हें शो के लिए लेने व छोड़ने जाऊँगा। अगर तुम अपने साथ 3-4 सहेलियों को लाना चाहो तो उन्हें भी ला सकती हो। | Fine and as for the movie, you are allowed to go for it but I'll pick and drop you for the shows. In case you wanna bring 3-4 friends also along with you, you may do so. |

| | | |
|---|---|---|
| बेटी | : ओह! शुक्रिया पिताजी। आप कितने उदार हैं जो ऐसा कह रहे हैं। आप इस दुनिया के सबसे अच्छे पिता हैं। मैं तहे दिल से आपको प्यार करती हूँ। | Oh! Thanks dad. How generous of you to say so! You're the best father in this world. I really love you from the bottom of my heart. |
| पिता | : आह! अब मेरी खुशामद करना बंद करो। मैंने तुम्हें पहले ही अनुमति दे दी है और माफ भी कर दिया है। | Ah! Now stop flattering me. I've already granted the permission and forgiven you too. |
| बेटी | : पिताजी, फिर से धन्यवाद। | Thanks again, dad. |
| पिता | : कोई बात नहीं। अब जाओ और मौज करो। | You need not mention that. Now go and have fun. |
| बेटी | : बाय, पिताजी। मैं बाहर खेलने जा रही हूँ। | Bye dad. I'm going out to play. |
| पिता | : गुडबाय, प्रिय। 8 बजे तक वापस जरूर आ जाना। | Goodbye, dear. Come back by 8 p.m. for sure. |
| बेटी | : हाँ, मैं आ जाऊँगी, पिताजी। डिनर टेबल पर मिलते हैं। | Yes, I will, dad. See you at the dinner table. |

## 79

## *Conversation between an HR Professional and a Job-seeker (Interview for a BPO Job)*

| | | |
|---|---|---|
| इंटरव्यूअर | : हैलो, मि. शर्मा। कृपया बैठ जाएँ। मैं एच.आर. मैनेजर रिया हूँ। क्या मैं आपका पूरा नाम जान सकती हूँ। | Hello, Mr. Sharma. Please be seated. I'm Ria, the HR manager. May I know your full name please? |
| रोहित | : सुप्रभात मैडम। मैं रोहित शर्मा हूँ। | Good morning madam. I'm Rohit Sharma. |

| | | |
|---|---|---|
| इंटरव्यूअर : | तो मि. शर्मा, अपने बारे में कुछ बताएँ। | So, Mr Sharma, tell me something about yourself. |
| रोहित : | मैडम, मैंने 2009 में एक्स.वाई.जेड. कॉलेज से हॉस्पिटैलिटी में स्नातक किया है। उसके बाद मैंने ए.बी.एस. बी.पी.ओ. में उपभोक्ता सेवा कर्मचारी के रूप में 18 महीने कार्य किया। डेढ़ साल के सेवाकाल में मुझे एक आय बढ़ोतरी व एक प्रोफाइल की तरक्की मिली। अभी कुछ समय पहले ही मुझे सीनियर सी.एस.आर. के पद पर प्रोमोट किया गया। मेरी अभी की जिम्मेदारियों में सुपरवाइजर कॉल लेना, मुश्किल मुद्दों को सँभालना व कठिन परिस्थितियों का निवारण करना शामिल है। | Madam, I did my graduation in Hospitality from XYZ College in 2009. After that I joined ABS BPO as a Customer Service Representative and worked there for 18 months. During the span of one-and-a-half years, I received one salary appraisal and one profile promotion. Recently, I was promoted to the post of senior CSR. My current responsibilities involve taking supervisor calls, handling difficult issues and resolving complex situations. |
| इंटरव्यूअर : | अपने परिवार के बारे में बताओ। | What about your family background? |
| रोहित : | मेरी एक छोटी-सी न्यूक्लिअर फैमिली है। मैं अपने माता-पिता व छोटे भाई के साथ रहता हूँ। मेरे पिताजी एक सिविल इंजीनियर हैं व मेरी माँ एक गृहिणी हैं। मेरा छोटा भाई दसवीं कक्षा में पढ़ता है। | I have a small nuclear family. I live with my parents and younger brother. My father is a Civil Engineer and my mother is a homemaker (housewife). My younger brother is in 10th standard. |

| | | |
|---|---|---|
| इंटरव्यूअर : | तुम कहाँ रहते हो? | Where do you put up? |
| रोहित : | मैं तिलक नगर में रहता हूँ, यह पश्चिमी दिल्ली में है। | I put up at Tilak Nagar, that's in West Delhi. |
| इंटरव्यूअर : | तुम्हारी हॉबी, शौक क्या-क्या हैं? | What are your leisure time interest? |
| रोहित : | अपने खाली समय में मैं संगीत सुनना व बैडमिंटन खेलना पसंद करता हूँ। | In my spare time, I like to listen to music or play badminton. |
| इंटरव्यूअर : | तुम्हारी खूबियाँ क्या हैं? | What are your strengths? |
| रोहित : | मुझे लगता है कि मेरा मेहनती स्वभाव और दृढ़ व्यक्तित्व मेरी खूबियाँ हैं। | I perceive that my diligent nature and deterministic outlook are my strengths. |
| इंटरव्यूअर : | तुम्हें ऐसा क्यों लगता है? | Why do you think so? |
| रोहित : | ऐसा इसलिए क्योंकि आजकल के इस चूहे-बिल्ली वाले दौर और प्रतियोगिता वाले संसार में एक इंसान को आगे बढ़ने के लिए अपने मनचाहे लक्ष्य की तरफ निरंतर बढ़ना पड़ता है। और फिर केवल मेहनत करने की इच्छा ही इंसान को प्रगति के पथ पर ले जाती है। यह दृढ़ व्यवहार ही होता है जो इंसान को मुश्किलों से उभरने व लक्ष्य प्राप्त करने और समय की सीमा अनुसार कार्य करने में सहायक होता है। इसीलिए मैं इन मूल्यों की कद्र करता हूँ। | That's because, in today's rat-race and competitive world, to advance further in life, one needs to work continuously towards the desired goal. And, it is only the striving spirit that takes a man on the progressive path. It's this determined nature that helps a man overcome hurdles or attain a target or meet deadlines. That's why I hold these values very important. |
| इंटरव्यूअर : | तुम्हारी कमजोरियाँ क्या हैं? | What about your weaknesses? |

| | | |
|---|---|---|
| रोहित : | मेरी एकमात्र कमजोरी मेरा कामकाजी स्वभाव है। अपने इसी व्यवहार के कारण मैं कभी भी आराम नहीं कर पाता या खाली नहीं बैठ पाता। सप्ताह के अंत में भी मैं खाली बैठना पसंद नहीं करता, व्यस्त ही रहता हूँ। जैसा कि मैंने पहले भी कहा कि काम के बाद भी मैं क्लब जाकर बैडमिंटन खेलता हूँ। | My only weakness is my workaholic nature. Because of this trait, I've never been able to rest or sit idle. During weekends also, I do not like to sit idle or remain unoccupied. As mentioned earlier, after work also, I go to the club to play badminton. |
| इंटरव्यूअर : | आप हमारी कंपनी क्यों जॉईन करना चाहते हैं? | Why do you wish to join our company? |
| रोहित : | मैडम, मैं इस बात से परिचित हूँ कि (आपकी) ए.बी.सी.एल. कंपनी फार्चून 500 कंपनियों में से एक है। इसका मार्केट में बहुत नाम है और इसकी विभिन्न शाखाओं में 13,000 से ज्यादा लोग काम कर रहे हैं। और फिर इसे ग्राहक संतुष्टि के चार्ट में प्रथम रहने का फोर्ब्स पुरस्कार भी मिला है। इसीलिए मैं भी इसका हिस्सा बनना चाहता हूँ। | Madam, I'm well aware that (your) ABCL Company is one of the Fortune 500 companies. It has a great rapport in the market and has over 13,000 employees working in all its sister branches. Also that it has been awarded with Forbes Award this year for topping the chart in customer satisfaction. Therefore, I wanna be a part of it too. |
| इंटरव्यूअर : | और अपनी ग्रेजुएशन हॉस्पिटैलिटी में करने के बाद आपने बी.पी.ओ. इंडस्ट्री ही क्यों चुनी? | And why did you choose the BPO industry only after doing your graduation in hospitality? |

| | | |
|---|---|---|
| रोहित : | मैडम, मैं काफी अच्छे से यह जानता हूँ कि आई.टी. इंडस्ट्री का 2/3 हिस्सा तो बी.पी.ओ. इंडस्ट्री से आता है। चूँकि यह क्षेत्र हमेशा रहने वाली तरक्की का वायदा करता है और यह सत्य है कि मुझे लोगों से बातचीत करना बहुत पसंद है इसलिए मैंने सोचा कि इस इंडस्ट्री में ही अपना करियर बनाना फायदेमंद होगा। | Madam, I'm well aware that 2/3rd of revenue generation of I.T. industry is from the BPO industry. As this sector promises an ever-persistent rise and also the fact that I love talking to people, I thought that it would be fruitful to pursue my career in this industry only. |
| इंटरव्यूअर : | तुम्हारा पढ़ाई के बारे में क्या कहना है? क्या तुम आगे नहीं पढ़ना चाहते? | What about your studies? Don't you wanna pursue higher/further education? |
| रोहित : | दरअसल, मैं आगे पढ़ने का इच्छुक हूँ मगर परिवार का सबसे बड़ा बेटा होने के नाते मेरी कुछ जिम्मेदारियाँ भी हैं। मेरे पिता एक अकेले कमाई करने वाले सदस्य होने के कारण दो बेटों की पढ़ाई का एक साथ खर्च नहीं उठा सकते। तो मैंने फुल-टाईम काम करने का और पारिवारिक जिम्मेदारियों को बाँटने का फैसला किया। लेकिन यदि मौका मिला तो मैं पार्ट टाईम मे पी.जी. डिग्री लेना अवश्य चाहूँगा। | Well, I do wish to pursue further education but being the eldest son, I have got certain liabilities as well. My father being the only bread-earner can't support education of two sons at one go. So, I decided to work full-time and share the filial responsibilities. But, if given a chance, I would certainly pursue a P.G. degree in part-time. |

| | | |
|---|---|---|
| इंटरव्यूअर : | क्या आप हमारी कंपनी के सहयोग द्वारा संचालित सैल्फ-फाइनेंस एजुकेशन प्रोग्राम करना चाहेंगे? | Would you like to go for a self-financed educational program in collaboration with our company? |
| रोहित : | सुनने में तो यह काफी रोचक लग रहा है। बिलकुल, मैं इस तरह के प्रोग्राम को करने के लिए बहुत उत्सुक हूँ। | That sounds pretty interesting. Certainly, I'd be highly interested in this kind of a program. |
| इंटरव्यूअर : | हमारी कंपनी के साथ 12 महीने का बॉन्ड साइन करने के बारे में क्या विचार है? | What about signing a bond with our company for a period of at least 12 months? |
| रोहित : | मुझे उसमें कोई परेशनी नहीं है। मैं एक साल का बॉन्ड साइन् करने के लिए तैयार हूँ। | I don't have any problem about that. I'm ready to sign a bond for an year. |
| इंटरव्यूअर : | अब, आखिरी मगर उतनी ही जरूरी बात—वेतन की बात। आपका आख़िरी सी.टी.सी. क्या था? | Now, let's come to the last but not least—the salary part. What's your last drawn CTC? |
| रोहित : | मैडम, यह 2.5 लाख वार्षिक है। | Madam, it's 2.5 lakhs p.a. |
| इंटरव्यूअर : | आप हमारी कंपनी से क्या अपेक्षा करते हैं? | What do you expect from our company? |
| रोहित : | दखिए, मेरे अनुभव, पुराने रिकॉर्ड, करियर चार्ट व योग्यताओं के अनुसार ये इसके बराबर ही होनी चाहिए। | Well, going by my experience, track record, career chart and qualifications, it should be at par. |
| इंटरव्यूटर : | क्या तुम 24×7 की कार्य शैली के लिए तैयार हो? | Are you ready to 24×7 work culture? |

| | | |
|---|---|---|
| रोहित | : बिलकुल, मुझे उसमें कोई आपत्ति नहीं। | Of course, I've no reservations about that. |
| इंटरव्यूअर | : ठीक है, मैं ज्यादा-से-ज्यादा तुम्हें 3.0 लाख वार्षिक का ऑफर दे सकती हूँ। इसके अलावा 3 से 5 हजार तक का परफॉरमेंस भत्ता भी मिलेगा। ठीक है? | Fine, the best that I can offer you is 3.0 lakhs p.a. plus performance incentives that will vary from 3K to 5K every month. Is that fine? |
| रोहित | : बिलकुल ठीक है, मैडम। | Absoutely fine, madam. |
| इंटरव्यूअर | : मुबारक हो! तुम नियुक्त हुए। तुम्हें कल फिर से आकर प्रमाण-पत्र व कागजी दस्तावेज जमा कराने होंगे। याद रहे कि जाँच-पड़ताल के लिए असली प्रमाण-पत्र जरूर ले आएँ। | Congratulations! You've been hired. You'll have to come back tomorrow with the supporting documents and credentials. Make sure you carry originals as well for cross-verification. |
| रोहित | : बिलकुल, मैडम। मैं ले आऊँगा। | Certainly, madam. I will. |
| इंटरव्यूअर | : तुम अपना नियुक्ति पत्र बाहर रिसेप्शन से ले सकते हो और कल तुम्हारे दस्तावेजों की जाँच के बाद ऑफर-लेटर भी दे दिया जाएगा। तो एक बार फिर मुबारक हो! कल सुबह 11 बजे मिलते हैं। | You can collect your appointment letter from the reception and the offer letter will be handed over to you tomorrow after further documentary evaluation. So, once again congrats! See you tomorrow at 11 a.m. |
| रोहित | : धन्यवाद, मैडम। आपका दिन शुभ हो! | Thank you madam. Have a good day! |
| इंटरव्यूअर | : तुम्हारा भी। गुडबाय! | You too. Goodbye! |

# 80

## *Conversation between Two Friends about the Disadvantages of Online Shopping*

| | | |
|---|---|---|
| पीटर : | हैलो डेविड। कैसे हो? इतने दिन कहाँ रहे? | Hello David. How do you do? Where have you been all these days? |
| डेविड : | हाय (हैलो) पीटर। मैं ठीक हूँ। धन्यवाद। पिछले कुछ दिनों से मैं कुछ चीजें बदलवाने में व्यस्त रहा। भगवान की कसम, बहुत बुरा समय कटा। | Hi Peter. I am fine. Thank you. I've been busy these days in getting some goods (things) replaced. I swear on God, I had really a hard time. |
| पीटर : | बुरा समय! क्या करने में? | Bad time! In doing what? |
| डेविड : | आह! यह एक लंबी कहानी है। मेरा विश्वास करो, तुम यह नहीं जानना चाहोगे। | Ah! It's a long story. Trust me, you won't (would not) wanna (want to) know it. |
| पीटर : | हाँ बिलकुल, मैं जानना चाहता हूँ। मुझे बताओ कि तुम्हारे साथ क्या गलत हुआ है? | Of course, I do. Tell me, what went wrong at your end? |
| डेविड : | आह! मेरे साथ धोखाधड़ी हुई और मुझे अपनी रकम वापिस पाने के लिए एड़ी-चोटी का जोर लगाना पड़ा। | Ah! I got defrauded and had to run from pillar to post to get my money refunded. |
| पीटर : | तुम अभी भी खुलकर बात नहीं कर रहे हो। कृपया विस्तार से बताओ। असल में हुआ क्या? मैं इशारों में बातें नहीं समझ सकता। | You're still not opening up. Please tell in detail. What happened exactly? I can't read between the lines. |

| | | |
|---|---|---|
| डेविड | : ठीक है! गुस्सा मत हो। दरअसल, मैं बिलबोर्ड पर लगे ए.एक्स.एक्स. कंपनी के क्रेडिट व डेबिट कार्ड के उपयोग पर रिटर्न प्वाईंट और कैश-बैक के विज्ञापन को देखकर आकर्षित हो गया और मैंने इसके लिए अप्लाई कर दिया। मुझे जैसे ही यह प्राप्त हुआ, मैंने विज्ञापन के दावे के अनुसार इसका इस्तेमाल शुरू कर दिया। लेकिन एक महीने के इस्तेमाल के बाद मैं हैरान रह गया जब मैंने यह देखा कि मेरे नाम पर एक बढ़ा बिल पेंडिग था, जिसमें कई अवर्णित गलत चार्ज लगे थे। | Okay! Don't get angry. Actually, I got enticed by the billboard advertisement about the return points and cash-back rewards on the use of debit or credit card of the AXX company and I applied for one. As soon as I recieved it, I started using it as per the claims made by the advertisement. However, to my surprise, I realised that after one month's use, I had a huge outstanding bill in my name with several unexplained charges. |
| पीटर | : तो क्या तुमने उन्हें फोन करके सूचित नहीं किया कि क्या गड़बड़ थी? | So, did you not ring them up (call them) about what had conspired? |
| डेविड | : हाँ मैंने किया था। मगर कोई फायदा नहीं हुआ। | Yes, I did. But to no avail. |
| पीटर | : तुम्हारा इससे क्या मतलब है? | What do you mean by that? |
| डेविड | : देखो, जब मैंने उनके 24×7 हेल्पलाइन नंबर पर कॉल किया और उनके उपभोक्ता सेवा कर्मचारी से संपर्क किया, तो उसने मुझे बताया कि कैसे मेरे क्रेडिट कार्ड | See, when I called their 24×7 helpline number and got hold of a customer service executive, she explained how my credit card number had been misused. She briefed me |

| | | |
|---|---|---|
| | नंबर का दुरुपयोग किया गया था। उसने मुझे संक्षेप में बताया कि कैसे क्रेडिट कार्ड का ऑनलाइन (कंप्यूटर द्वारा) गलत उपयोग हो सकता है। उसने मुझे यह भी बताया कि कैसे एक अनजान व्यक्ति भी अगर आपके कार्ड का नंबर व उसका सी.वी.एन. नंबर जान जाए तो वैसे भी वह भुगतान व अदायगी कर सकता है। ये ऐसे है जैसे कि इस मशीनी तकनीक के मायावी (वर्चयूअल) संसार में केवल नंबर ही मायने रखते हैं। | about the fraudulent use of the credit card online. She also acquainted me with the fact that if any unknown person gets to know the CVN number of a credit card along with the card number, then, the payments/transactions can be processed anyways. It's like in this virtual world of mechanized technology, numbers are all that matter. |
| पीटर : | तो क्या तुम्हारा यह मतलब है कि तुमने कार्ड के साथ लापरवाही बरती? | Do you mean that you have been careless with the card? |
| डेविड : | नहीं। मैं केवल अपने भोलेपन और अज्ञानता का शिकार बन गया। मैंने तो वो सब चीजें खरीदी भी नहीं और फिर भी मुझे उनकी कीमत अदा करनी होगी। ये सही नहीं है। ये तो आम आदमी के रुपए चुराने जैसा है। | No. I became a victim of my naive ignorance. I didn't even shop for those certain goods' yet I'm the one who'll have to pay for their price. It's not fair. It's like stealing away of a common man's money. |
| पीटर : | मगर, डेविड ये सब तुम्हारी गलती है। तुम अपना क्रेडिट | But David, this is all your fault. You can't share your |

| | | |
|---|---|---|
| | कार्ड नंबर व सी.वी.एन. नंबर दूसरों के साथ नहीं बाँट सकते। ये प्लास्टिक धन भी कागजी धन के बराबर ही आकर्षक होता है। तुम्हें इसके बारे में भी सावधानी बरतनी चाहिए। | credit card number and CVN with others. This plastic money is as alluring to others as paper money. You ought to be always careful about it. |
| डेविड : | हाँ! देर आए दुरुस्त आए। मैंने अपना पाठ पढ़ लिया है। मैं अगली बार से ध्यान रखूँगा। मगर मेरे दुःख यहीं खत्म नहीं हुए। | Yeah! "Better late than never". I've learnt my lesson. I'll be careful next time. But my woes did not end here. |
| पीटर : | क्यों? और क्या हुआ? | Why? What's more? |
| डेविड : | वो चीज जो मैंने ऑनलाइन खरीदी थी, उससे मेरी जिंदगी नर्क बन गई। | The thing that I had purchased online, also made my life a hell. |
| पीटर : | कृपया विस्तारपूर्वक बताओ। तुम्हारा क्या मतलब है? | Please tell me in detail. What do you mean? |
| डेविड : | देखो, मैंने ये ए.बी.सी. कंपनी से एयरो-प्रेशर वाला चमड़े का सोफा खरीदा था। ऊपर से मैंने इसका बिलिंग, पोस्टेज और हैंडलिंग चार्ज भी दिया। मगर जब मुझे यह मिला तो मैंने पाया कि इसमें खराबी थी। इसमें एक छोटा-सा छेद था, जिसकी वजह से इसमें हवा भरना असंभव हो गया था क्योंकि यह छेद हवा को (अपने | See, I purchased this Aero-pressurised leather sofa from ABC company. I paid the billing plus the postage and handling charges additionally. But when I received it, I found it to be faulty. It had a minor hole that made it impossible to swell with air as the hole let the air escape through it. When I called the company's |

| | | |
|---|---|---|
| | से) बाहर निकाल देता था। जब मैंने कंपनी के हेल्पलाइन नंबर पर कॉल किया, तो उन्होंने मुझे बताया कि बदलने के लिए भी मुझे पोस्टेज व हैंडलिंग चार्ज दुबारा देना होगा और पहले अपने खर्च पर इसे उनके पास दुबारा भेजना होगा ताकि वे मुझे एक बदला हुआ (नया उत्पाद) भेज सकें। | helpline number, they informed me that for the replacement also, I'll have to bear the postage and handling charges again and send it back to them on my expense before they could send me a new replacement. |
| पीटर : | ये तो दुःख की बात है। फिर क्या हुआ? | That's sad! Then what happened? |
| डेविड : | ज्यादा कुछ नहीं। मैंने बस अपना पैसा वापिस लेने की ठान ली क्योंकि मुझे उनकी पॉलिसी पसंद नहीं आई। मैं 75 कि.मी. तक ड्राईव करके उनके मुख्यालय गया और उन्हें सब कुछ बताया। उन्होंने वहीं उसी समय नया बदला हुआ (उत्पाद) देने की बात कही मगर मैंने दुबारा खतरा उठाना ठीक नहीं समझा। तो मैं अपने पूरे पैसे वापिस माँगने की बात पर अड़ गया। फिर उन्होंने मुझे इस आश्वासन के साथ वापिस भेज दिया कि अगले 4–5 कार्यदिवसों | Nothing much. I just decided to claim my money back as I didn't like their policy. I drove 75 kms to their head office and explained them everything. They offered replacement there and then but somehow I didn't feel like taking a chance again. So, I remained firm on my demand for a refund. Then, they sent me back with a refund assurance to be executed within 4-5 working days. |

| | | |
|---|---|---|
| | में पैसे वापिस दे दिए जाएँगे। | |
| पीटर : | तो, आखिर तुम्हें तुम्हारे पैसे मिल ही गए, है ना? | So, finally you got your money back, ha? |
| डेविड : | नहीं, ये इतना आसान नहीं था। उन्होंने 5 दिनों को 15 और फिर 25 के विलंब में बदल दिया। मैं उन्हें कॉल करता रहा और उनसे संपर्क बनाने की कोशिश करता रहा, मगर चीजें ठीक नहीं हो रही थीं। 25 दिनों में वे मुझे एक से दूसरी जगह भेजते रहे मगर काम बिलकुल भी होता हुआ नहीं नजर आ रहा था। फिर, दुबारा मैंने चार्ज सँभाला और 75 कि.मी. ड्राइव कर उनके हेड ऑफिस गया, जहाँ से मुझे उन्होंने दूसरे रिफंड ऑफिस भेज दिया जो कि वहाँ से 20 कि.मी. दूर था। तो, कुल मिलाकर, मैं लगभग 190 कि.मी. और 150 कि.मी. चला और लगभग एक महीने इंतजार करने के बाद कहीं जाकर मुझे मेरे पैसे वापस मिले और वो भी 20 प्रतिशत कटौती सरचार्ज के बाद। हा! हा! | No, it wasn't such a fairy tale. They delayed the 5 working days to 15 and then 25. I kept calling them and trying to get contacting them but things didn't seem to fall in place. During these 25 days, they kept sending me from one place to another but somehow the processing was going nowhere. Then, again I took charge and drove 75 kms away to their head office from where I was redirected to another refund office 20 kms away. So, in all, I almost drove 190 kms plus 150 kms and waited for almost a month to get my own money back after a deduction surcharge of 20%. Ha! Ha! Ha! What a deal I cracked! Ha! Ha! Ha! |

| | | |
|---|---|---|
| | हा! मैंने कितना बढ़िया सौदा किया। हा! हा! हा! | |
| पीटर : | डेविड, ये बिलकुल भी हँसने की बात नहीं है। अगर तुम चाहो, तो मैं कंपनी द्वारा की गई धोखाधड़ी व तुम्हारे द्वारा उठाई परेशानी के लिए कंपनी पर केस करने में तुम्हारी मदद कर सकता हूँ। ऐसे बहुत सारे उपभोक्ता कोर्ट व मीडिएशन केंद्र हैं जो तुम्हारे ऐसे मुद्दों को सुलझा सकते हैं। | David, this isn't funny at all. If you want, I can help you sue the company for fraudulent practices and the harassment it caused to you. There are several consumer courts and mediation centres to resolve such concerns. |
| डेविड : | तुम्हारी सलाह के लिए धन्यवाद। मगर कोर्ट व झगड़े नहीं, बिलकुल नहीं। मैं, जैसा चल रहा है, उससे संतुष्ट हूँ। मैं और अधिक तकलीफ नहीं उठाना चाहता और यहाँ से वहाँ भागने की परेशानी भी नहीं झेलना चाहता। | Thanks for your advice. But courts and disputes, a big no. I'm fine the way it is. I don't want any further problem or tension of running from here to there. |
| पीटर : | कोई बात नहीं। मैं तुम्हें तकलीफ नहीं पहुँचाना चाहता था। अगर तुम इससे संतुष्ट हो तो मैं भी संतुष्ट हूँ। | That's alright. I didn't mean to bring the pain back. If you're fine with, it I'm also fine. |
| डेविड : | हाँ। "अंत भला तो सब भला।" मुझे अपने पैसे वापिस मिल गए और जो मेरे | Yeah! "All is well that ends well." I got my money back and I'm satisfied with what I |

| | | |
|---|---|---|
| | पास है, उसमें खुश हूँ। वैसे तुम आज यहाँ कैसे आ गए? | have. So, what brings you here today? |
| पीटर | : ज्यादा कुछ नहीं। मैं तो बस बाकी दिनों की तरह बाल कटवाने ही आया था। मैं यूनिक सैलून की ओर जा रहा हूँ। क्या तुम मेरे साथ आना चाहते हो? | Nothing much. I just came for a regular haircut. I'm heading towards 'Unique Salon'. Do you wanna accompany me? |
| डेविड | : दरअसल नहीं। मुझे देर हो रही है। मुझे कुछ सब्जियाँ खरीदनी हैं व घर वापिस जाना है। नहीं तो माँ चिंतित होना शुरू कर देंगी। | Not really. I'm getting late. I've to buy some vegetables and rush back home. Mom would start worrying otherwise. |
| पीटर | : ठीक है। कल ऑफिस में मिलते हैं। अभी के लिए विदा। | O.K.! See you tomorrow in the office. Bye for now. |
| डेविड | : गुडबाय! अपना खयाल रखना। | Goodbye! Take care. |

## 81

## *Conversation between a Father and a Son about Importance of Arts, Drama and Music in Life*

| | | |
|---|---|---|
| पिता | : गुड इवनिंग मेरे बेटे। तुम कैसे हो? | Good evening my son. How do you do? |
| बेटा | : मैं ठीक हूँ, पिताजी। धन्यवाद (धीरे से बोलते हुए)। | I'm fine dad. Thanks (in a low tone). |
| पिता | : तुम इतने ढीले से क्यों लग रहे हो? क्या स्कूल में सब ठीक चल रहा है? | Why do you seem so low? Is everything going fine at school? |

| | |
|---|---|
| बेटा : हाँ, लगभग ठीक है, पिताजी। | Well, almost fine, dad. |
| पिता : लगभग? इसका क्या मतलब है रोबर्ट? | Almost? What does that mean Robert? |
| बेटा : पिताजी, पढ़ाई ठीक है। मेरा मतलब है कि विभिन्न विषयों, सिद्धांतों, बातों, क्षेत्रों व शाखाओं के बारे में सीखने में मेरी गहरी रुचि है। मगर खेलकूद की गतिविधियों इत्यादि से नफरत करता हूँ। | Dad, academics is fine. I mean I have a deep interest in learning about different subjects, theories, topics, areas and branches. But the co-curricular activities and areas—I just hate them. |
| पिता : तुम इन्हें इतना नापसंद क्यों करते हो? | Why do you dislike them so much? |
| बेटा : क्योंकि पिताजी, मैं जीवन में इनके महत्त्व को समझ पाने में नाकाम रहता हूँ। ये हमें क्या देते हैं? लगभग कुछ नहीं। मैं इनसे अपनी आजीविका नहीं चला सकता। ना ही मैं इनमें से किसी विषय में अपना करियर बनाना चाहता हूँ। ना ही मेरी इनमें से किसी भी क्षेत्र में कोई रुचि है। फिर भी मुझे ये विषय पढ़ने पड़ते हैं और मैं किसी भी तरह से इनसे अपना पीछा नहीं छुड़ा पाता। यह कैसा विरोधाभास है? | Because dad, I just fail to understand their need in life. What do they give us? Almost nothing. I can't make a living out of these. I don't wanna pursue a career in any of these either. I don't have any inclination towards these areas as well. Yet I need to pursue these fields as there is no way I can get rid of them. It's so paradoxical. |
| पिता : मेरे बच्चे, मैं तुम्हारी परेशानी समझता हूँ। मगर इन विषयों | My child, I understand the fix you're in. But don't be so |

के भविष्य के बारे में इतने निराश मत हो। देखो, ये विषय जीवन में एक ताजी ऊर्जा का बहाव व तरोताजा अहसास लाते हैं। तुम भले इनमें अपना करियर नहीं बनाना चाहते, मगर तुम्हें जीवन में इनके आकर्षण, खिंचाव, योगदान, खूबसूरती, प्रयोग व प्रभाव की प्रशंसा करना सीखना चाहिए। क्योंकि ये फाइन आर्ट्स, जैसे कि रेखाचित्र, संगीत, नाट्य इत्यादि ही हैं जो जीवन में कलात्मकता व उच्च स्तर के महत्त्व का अहसास लाते हैं।

dismal about the scope of these subjects. See, these fields provide a fresh lease of energy, and rejuvenating spirit in life. You may not wish to make your career in these, yet you should learn to appreciate their charm, role, beauty, use and appeal in life. For it is the Fine Arts, such as painting, music, drama, etc. only that lend an aestheticism and a sense of elevated loftiness in life.

ये क्षेत्र तुम्हें मनोरंजन के रास्ते प्रदान करते हैं ताकि जब तुम रोजमर्रा की जिंदगी से तंग हो जाओ तो इनकी ओर चल सको। उदाहरणत:, ड्रामा तुम्हें मन में एकत्रित हुए भावों को, तुम्हारे एहसासों व नकारात्मक विचारों को थिएट्रिकल तरीके से निकालने का मौका देता है। ये एक सिनेमा जैसा होता है जो जीवंत स्वरूप में प्रदर्शित होता है। जहाँ तक संगीत की

These areas also provide you a recreational mode, to recourse, whenever you feel fed up from your routine life. For example, the drama provides you an opportunity to release your pent-up emotions, a kind of theatrical purging of your sentiments and negative feelings. It's like a cinema being enacted alive. As for the music, it relaxes your nerves and soothes the senses, and re-energises you

बात है, यह तुम्हारी नसों व दिमाग को आराम देता है और जीवन में नई चुनौतियों का सामना करने के लिए दोबारा ऊर्जा देता है। जहाँ तक चित्रकला व कविता रचना इत्यादि की बात है, तो ये तुम्हारे लिए असली संसार की खुबसूरती से तादात्मय बिठाना आसान कर देती हैं। मतलब, तुम प्रकृति रूपी माँ से एक हो जाते हो और इसके छिपे नगीनों को अपने कार्यों के स्वरूप द्वारा जीवित कर सकते हो। उदाहरणतः, एक कवि अपने आस-पास के खुबसूरत परिवेश व नजारों को देखता है। वह फिर उस स्वरूप को कागज पर शब्दों या काव्य-छंदों के रूप में रचता है। इसी तरह से तुम भी प्राकृतिक छवियों को अहसास की दृष्टि से महसूस करते हो। उदाहरण के लिए, जब तुम विलियम वड्र्सवर्थ की 'डैफोडिल' की ये पंक्तियाँ पढ़ते हो कि ....मैं बादल की तरह अकेला घूमता रहा,"'जो वेल्स व पहाड़ियों पर ऊँचा उड़ता रहे, तो तुम वास्तविकता में

to meet the new challenges of life. As for the painting, drawing, poetic creations, etc., these facilitate your synchronising with the real world's beauty. Means, you become integral with the mother nature and re-invent its hidden gems by incarnating the same in/ through your work. For example, a poet looks around for the beautiful vistas and scenarios. He then reproduces all such captured imagery on the paper through words or in the form of poetic verses. That's how you feel the natural imagery through your sensory perception. For instance, when you read lines: "I wandered lonely as a cloud, ...That floats on high o'er vales and hills"... from 'Daffodils' by William Wordsworth. you actually feel akin to a cloud floating all alone in the sky. And when you read Keats: "A thing of beauty is a joy

एक बादल समान महसूस करते हो, जो आसमान में अकेला उड़ रहा हो। और जब तुम कीट्स की 'एक खूबसूरत चीज हमेशा सुखद होती है' पढ़ते हो तो तुम भी हाँ में सिर हिलाते हो। इसलिए, रोबर्ट, तुम्हें बढ़िया व उच्च सेंसरी दृष्टिकोण का आनंद लेना भी सीखना होगा। तुम केवल एक तरह की शाखा या ज्ञान के प्रकार का पक्ष नहीं ले सकते। तुम्हें पढ़ाई व खेल-कूद की गतिविधियों में बराबरी रखना सीखना होगा ताकि तुम्हारे व्यक्तित्व का संपूर्ण विकास हो सके। क्या मैंने जो अभी कहा तुमने समझा?

forever," you nod your head in assent nevertheless. Therefore, Robert, you must learn to enjoy finer and higher sensory perceptions as well. You can't just favour one type of branch or form of knowledge. You must learn to strike a balance between academic and co-curricular activities to help the overall development of your personality. Did you get what I just said?

बेटा : हाँ पिताजी। मैं आपकी बात ठीक से समझ गया। मगर आप इन्हें मनोरंजक कैसे कहते हैं? मुझे नहीं लगता कि ये किसी भी रूप से एक व्यक्ति को ऊर्जा प्रदान करते हैं, बल्कि मुझे लगता है कि ये एक व्यक्ति को थका देते हैं।

Yes, dad. I've understood your point well. But how do you call them recreational? I don't think that they energise a being at all. I think they rather tire out a person.

पिता : बेटे, जब तुम एक दिन के थकाने वाले काम व मेहनत भरी दिनचर्या के बाद थक

Son, when you get tired after a day's hectic work and laborious schedule, try

| | | |
|---|---|---|
| | जाते हो, तो हलके संगीत को सुनने की कोशिश करो। ये तुम्हें थकान मिटाने व तरोताजा अहसास कराने में मदद करेगा। एक बार ताजा होने पर, तुम फिर से चुनौतीपूर्ण कार्य और अच्छे से काम करने को तैयार हो जाओगे। | listening to light and soft music. It will help you relieve the stress and make you feel rejuvenated. Once revived, you would again be able to take up challenging work and do well. |
| बेटा : | पिताजी, मैं आपके निर्देशों का पालन करने की कोशिश करूँगा। | I'll try to follow your instructions, dad. |
| पिता : | अगर तुम इन शाखाओं में सीखना और अधिक जानना चाहते हो तो स्कूल के उपरांत हॉबी क्लास भी जा सकते हो। वह भी तुम्हें फाइन आर्ट्स को और समझने में मदद करेगा। | If you wanna be trained in these branches and learn more, you may also join a hobby club after the school. That would also help you to appreciate the fine arts more. |
| बेटा : | नहीं, पिताजी। मुझे लगता है कि आपके सुझावों को सुनने के बाद मेरा पहले ही इन गतिविधियों को करने का मन कर रहा है। चिंता ना करें। मैं और ज्यादा रुचि व रोमांच से इन शाखाओं को समझने की कोशिश करूँगा। आपके मार्गदर्शन के लिए धन्यवाद। मैं अब आपकी अनुमति चाहूँगा। मुझे बॉस्केटबॉल की प्रैक्टिस के | No, dad. I think after listening to your suggestions, I already feel like taking up these activities. Don't worry. I'll pursue these branches with more interest and enthusiasm. Thanks a lot for your guidance. I'll take your leave now, dad. I gotta (got to) go to park for basketball practice. See you for dinner. |

| | | |
|---|---|---|
| | लिए पार्क जाना है। आपसे डिनर पर मिलता हूँ। | |
| पिता | : समय पर लौट आना। बाय। अपना खयाल रखना। | Be back on time. Bye, take care. |

## 82

# *Conversation between Two Friends about Migration*

| | | |
|---|---|---|
| डेविड | : हैलो! पीटर, काफी समय हो गया, ना मिले, ना फोन। कहाँ रहे तुम? | Hi! Peter, long time no show, no call. Where've you been? |
| पीटर | : हे (हैलो) डेविड। तुम कैसे हो? | Hey David. How do you do? |
| डेविड | : मैं ठीक हूँ। तुम कैसे हो? | I'm good. How about you? |
| पीटर | : मैं तो सातवें आसमान पर हूँ। मैं अगले महीने कनाडा जा रहा हूँ। | I'm on a cloud nine. I'm just about to fly to Canada next month. |
| डेविड | : क्या? तुम बिलकुल तैयार हो। मगर तुमने सारा प्रबंध कैसे किया? | What? You're all set. But how did you manage everything? |
| पीटर | : दरअसल, यह एक व्यवस्था भर है। अगर तुम सब कुछ ठीक से पूरा करो तो तुम भी उच्च शिक्षा या नौकरी इत्यादि के लिए विदेश जा सकते हो। | Well, it's just a procedure. If you follow everything properly, even you can go abroad for higher studies or job, etc. |
| डेविड | : मगर मैं इस तरीके के बारे में कुछ नहीं जानता। क्या तुम मेरा इस बारे में मार्गदर्शन कर सकते हो? | But I don't know anything about this process. Can you , guide me about it? |

| | | |
|---|---|---|
| पीटर : | हाँ, बिलकुल। देखो, पहले तुम्हें ये फैसला करना होगा कि तुम किस देश व राज्य में जाना चाहते हो। राज्य चुनने के बाद तुम्हें अपने पसंद के कार्यक्रम ढूँढ़ने होंगे। उदाहरण के लिए, अगर तुम हॉस्पीटैलिटी में मास्टर्स डिग्री करना चाहते हो तो यह एक राज्य में प्रत्येक यूनिवर्सिटी द्वारा नहीं आयोजित होगा। एक बार तुमने ऐसी तीन या चार यूनिवर्सिटियाँ ढूँढ़ लीं तो तुम्हें उनके दाखिले की प्रक्रिया को जानना होगा। | Yeah, of course. See, first you need to decide which country or state you wish to go to. Once you've decided the state then you need to search for the desirable programs. For example, if you're looking for a master's in hospitality, then it may not be offered by all the universities in a particular state. Once you've shortlisted such three or four universities, then you need to check their admission criteria. |
| डेविड : | माफ करना, मैंने तुम्हें बीच में ही रोक दिया। मगर दाखिले का तरीका? क्या तुम्हारा मतलब है कि प्रतियोगी परीक्षा होगी? | Sorry, I interrupted you in between. But admission criteria? Do you mean there is some entrance test? |
| पीटर : | मैं उसी पर आ रहा था। जरा संयम रखो। देखो विभिन्न पाठ्यक्रमों के लिए विभिन्न परीक्षाओं के अंक भी चाहिए होते हैं। उदाहरणतः, अगर तुम भारत के 10 मुख्य कॉलेजों में एम.बी.ए. प्रोग्राम में दाखिला लेना चाहो तो तुम्हें कैट (सी.ए.टी.) परीक्षा | I was coming to that part. Just be patient. See different courses require different examination score also. For example, if you wish to enrol for MBA program in top-10 colleges in India then you need to appear for CAT exam. Similarly, to enrol for MBA in any foreign |

| | | |
|---|---|---|
| | देनी होगी। इसी प्रकार, विदेशी यूनिवर्सिटी में एम.बी.ए. में दाखिले के लिए तुम्हें जी.मैट. में अच्छे अंक लाने होंगे। इस परीक्षा के अलावा, तुम्हारी पूरी प्रोफाइल, जिसमें एस.ओ.पी., एल.ओ.आर., जी.पी.ए., खेल-कूद प्रतियोगिताएँ, संपूर्ण पढ़ाई, कार्य अनुभव, अगर हो तो, आर्थिक स्थिति, समाज सेवा कार्य इत्यादि भी देखे जाते हैं। | university, you need to secure a good score in GMAT. Apart from this exam, they also consider your overall profile including SOP, LOR, GPA, co-curricular activities, overall academics, work experience, if any, financial background, community service involvement and much more. |
| डेविड : | तुम किस बारे में बात कर रहे हो? ये सब क्या कोड वर्ड हैं? मैं इनके बारे में जागरूक नहीं हूँ। | What are you talking about? What are all these code words? I'm not aware of them. |
| पीटर : | इस कागजी कार्यवाही के बारे में परेशान ना हो। मैं तुम्हें एक काउंसलर का नंबर दूँगा जो तुम्हारे ये सभी दस्तावेज आसानी से तैयार करने में मदद करेगा। तुम्हें सब कुछ अभी जानने के लिए परेशान होने की जरूरत नहीं। ये रहा उसका बिजनेस कार्ड। उसका नाम है मि. आशीष शर्मा। बस उससे एक अपॉईंटमेंट ले लो और वह सब कुछ तैयार | Don't worry about all this paperwork. I'll give you the number of a counsellor who will help you in preparing all these documents easily. You need not bother too much about knowing everything right away. Here's his business card. His name is Mr. Ashish Sharma. Just fix an appointment with him and he'll help you arrange everything. |

| | | |
|---|---|---|
| | करने में तुम्हारी मदद कर देगा। | |
| डेविड : | मुझे और किस बात का ध्यान करना चाहिए? मेरा मतलब है कि क्या मैं अभी शुरू कर सकता हूँ और अगले महीने तुम्हारे पास आ सकता हूँ? | What else should I consider? I mean can I start now and join you the next month as well? |
| पीटर : | नहीं, तुम नहीं कर सकते। क्योंकि हर यूनिवर्सिटी की दाखिले की एक अंतिम तिथि तय होती है। एक बार अंतिम तिथि निकल जाए तो तुम्हें अगले सेमेस्टर तक इंतजार करना पड़ता है। | No, you can't. Because every university set a deadline for admissions. Once the deadline passes away, you'll have to wait for the next semester. |
| डेविड : | क्या सभी छात्र, जो आवेदन भरते हैं, दाखिल हो जाते हैं? | Do all the students, who apply, get admitted? |
| पीटर : | दरअसल नहीं। वे योग्य छात्रों को छाँट लेते हैं व उन्हें सही तरीके से सूचना दे देते हैं। जब चीजें सही राह पकड़ लेती हैं तो उन्हें दाखिले का आई-20 फॉर्म भेज दिया जाता है। | Not really. They shortlist the deserving candidates and intimate them via proper channel. Once things get streamlined, they are sent an I-20 approval form for admission. |
| डेविड : | तो, इसका मतलब है कि सब कुछ यूनिवर्सिटी के प्रबंधक निर्धारित करते हैं। | So, that means everything is decided by the administration of the university. |
| पीटर : | नहीं। तुम्हें यूनिवर्सिटी से हरी झंडी मिल सकती है मगर बाद में तुम्हें वीजा पास कराने | Nope. You may get a green signal from the university but afterwards you've to also |

| | | |
|---|---|---|
| | भी जाना पड़ता है। अगर तुम वीजा पाने में नाकाम रहे तो विदेश नहीं जा सकते। | seek the visa approval. If you fail to obtain a visa, then you can't go abroad. |
| डेविड : | क्या? तो इसका मतलब है कि सारे प्रयास बेकार हो गए? | What? So, that means all efforts go in vain? |
| पीटर : | आह! इतने निराश मत बनो। देखो, तुम्हारा वीजा सिर्फ और सिर्फ तब फेल होगा जब इम्मिग्रेशन ऑफिसर को तुम्हारे केस में कुछ गड़बड़ी महसूस हो। अगर तुम उनके सवालों के जवाब ठीक से दे पाए, अगर तुम्हारे पास सभी जरूरी कागजात, लोन इत्यादि हुए और अगर तुम्हारी फाइल हर प्रकार से पूरी हुई तो ऐसा बहुत कम अवसर है कि तुम्हें वीजा ना मिले। | Ah! Don't be so pessimistic. See, you'll be denied visa only and only if the immigration officers sense something fishy in your case. If you answer their queries properly, if you obtain all the requisite papers, loan, etc. and if your file is complete in all respects, then there is a very little chance of you being denied a visa. |
| डेविड : | अच्छा! तो तुम्हें लगता है कि तुम्हारे काउंसलर, मि. शर्मा मेरी इस संदर्भ में मदद कर पाएँगे? | Okay! Do you think your counsellor, Mr. Sharma would be able to help me in this regard? |
| पीटर : | बिलकुल। वह तुम्हें जरूरी वीजा मदद भी दे देंगे। | Of course. He'll provide you the necessary visa assistance as well. |
| डेविड : | तो मुझे कितनी प्रतियोगी परीक्षाओं में बैठना होगा? | So how many entrance exams do I need to appear for? |
| पीटर : | देखो, अगर तुम विदेश जाना चाहते हो तो तुम्हें | See, if you wanna go abroad then you'll have to appear for |

| | | |
|---|---|---|
| | निश्चय ही IELTS टेस्ट देना होगा जो अंग्रेजी भाषा को पढ़ने, बोलने, लिखने व सुनने की तुम्हारी क्षमता को जाँचता है। एक अच्छा संगठन विदेशी यूनिवर्सिटी में आवेदन हेतु जरूरी होता है। | IELTS test for sure which measures your ability to read, speak, write and listen to the English material. A good band is mandatory for applying to foreign universities. |
| डेविड : | तो तुम्हारा मतलब है कि एक IELTS परीक्षा और सब तैयार? | So, do you mean, one IELTS exam and all set? |
| पीटर : | नहीं, गाड़ी को घोड़े से पहले मत रखो। अगर तुम अमेरीका जाना चाहते हो तो तरीका अलग है। अमेरीका में अधिकतर यूनिवर्सिटियाँ TOEFL अंक ही माँगती हैं। और जैसा कि मैंने तुम्हें पहले ही बताया था, तुम्हें दूसरे विषयों से संबंधित एप्टीट्यूड परीक्षाएँ, जैसे कि जी.मैट., जी.आर.आई., सैट इत्यादि भी देने पड़ सकते हैं। | No, don't 'put the horse before the cart. If you wanna migrate to U.S., then the criteria are different. In US, most universities accept TOEFL score only. And as I told you earlier as well, you may have to appear for other subject-related aptitude tests as well, such as GMAT, GRE, SAT, etc. |
| डेविड : | ये तो बहुत उलझन भरा वाला लगता है। मुझे कौन-से कोर्स/देश के लिए कौन-सी परीक्षा देनी है? | It's all very confusing. Which test do I need to take for which course/country? |
| पीटर : | ज्यादा परेशान ना हो। बस जाओ और मि. शर्मा से मिल लो। वह तुम्हारी जरूरत व पसंद को | Don't get too tense. Just go and see Mr. Sharma. He'll help you narrow down your preferences and require- |

| | | |
|---|---|---|
| | निर्धारित करने में तुम्हारी मदद कर देंगे। | ments. |
| डेविड : | आह! मुझे लगता है कि यह मेरी आवश्यकता के अनुकूल रहेगा। ठीक है। तुम्हारे मार्गदर्शन व मदद के लिए धन्यवाद। मैं तुम्हारे भविष्य के लिए तहे दिल से शुभकामना देता हूँ। भगवान तुम्हारा भला करें! | Ah! I think that's gonna suit me the best. Alright. Thanks for your guidance and support. I really wish you the best for your future from the core of my heart. May God bless you! |
| पीटर : | तुम्हारी शुभकामनाओं के लिए धन्यवाद। मुझे देर हो रही है। तो मैं अब तुम्हारी आज्ञा लेता हूँ। मैं निश्चय ही तुमसे संपर्क बनाए रखूँगा तुम्हारे विदेश चले जाने के उपरांत भी। अगर तुम्हें किसी मदद की जरूरत हो तो बेझिझक मुझे कहना। अच्छा! अभी के लिए विदा। | Thanks for your wishes. I'm getting late. So, I'll take your leave now. I'll certainly keep in touch with you even if you migrate. If you need any help, you can approach me without any hesitation. Okay! Goodbye for now. |
| डेविड : | गुडबाय! तुम्हारी यात्रा सुखद हो! | Goodbye! Bon voyage! |
| पीटर : | धन्यवाद, अपना खयाल रखना। | Thanks. Take care. |

## 83

## *Conversation between Two Middle-aged Persons about Health Gadgets*

| | | |
|---|---|---|
| पीटर : | हैलो मि. डेविड। आप कैसे हैं? | Hello Mr. David. How do you do? |

| | | |
|---|---|---|
| डेविड | : हैलो मि. पीटर। मैं ठीक हूँ, शुक्रिया। आप कैसे हैं? आपकी सेहत कैसी है? | Hello Mr. Peter. I am fine, thank you. How about you? How's your health? |
| पीटर | : आह! मैं इतना ठीक नहीं हूँ। वही पुराना मधुमेह, उच्च रक्तचाप व जोड़ों का दर्द। उस पर, ये बर्फीली ठंड। आप अपने को इतना ठीक कैसे रख पाते हैं जबकि सच्चाई तो ये है कि आप रोजाना व्यायाम नहीं करते? | Ah! I'm not so well. The same old diabetes, blood pressure and arthritis. On top of it, these chilling winters. How do you keep yourself so maintained despite the fact that you don't jog everyday? |
| डेविड | : आह! यह तो एक राज है। मैं अपना लाखों का फॉर्मूला नहीं बताऊँगा। हा! हा! हा! | Ah! That's a top secret. I'm not gonna reveal my millions formula. Ha! Ha! Ha! |
| पीटर | : हा! हा! हा! आपकी कितनी बढ़िया सूझबूझ है। फिर भी, आप वाकई बहुत सेहतमंद दिखते हैं। | Ha! Ha! Ha! You've got such a ready wit. Anyway, you seem really in good spirits. |
| डेविड | : हाँ! इतने ईर्ष्यालू मत हो, जबकि तुम भी इसे पा सकते हो। देखो, यह कोई भगवान् का दिया उपहार नहीं है। ये बस इतना है कि मैं घर पर ही अपने स्वास्थ्य संबंधी मापकों का नियमानुसार रोजाना ध्यान रखता हूँ। वह चाहे रक्तचाप हो, मधुमेह या जोड़ों का हिलना-जुलना। मैं जाँच का कोई भी मापक नजरअंदाज नहीं करता। | Ya! Don't be so envious when you can also have it. See, it's not something God-gifted. It's just that at home itself I keep a regular check on all my health reflectors on a daily basis. Be it the blood pressure, diabetes or joint-movements. I don't neglect any checking parameter. |

| | | |
|---|---|---|
| पीटर | : आह! अब तुम फिर मजाक कर रहे हो। घर पर? ये तो हो ही नहीं सकता। | Ah! Now you're kidding again. At home? That's just not possible. |
| डेविड | : नहीं, सच में मि. पीटर। मैं आपसे सच कह रहा हूँ। मैं यह रोजाना करता हूँ बिना किसी परेशानी को झेले कि क्लीनिक/लैब जाना है, लंबी कतारों का इंतजार, भारी फीस देना, इत्यादि। | No, seriously Mr. Peter. I'm telling you the truth. I do it everyday without being bothered about the hassles of going to a clinic/lab, long waiting lines, paying hefty fees, etc. |
| पीटर | : मगर ये कैसे संभव है? | But how's that possible? |
| डेविड | : देखो, आजकल के तेज रफ्तार तकनीकी संसार में, तुम जो चाहे खरीद सकते हो। मैंने सभी बिजली के यंत्र, जैसे कि डिजिटल बी.पी. मापक, स्वचालित रक्त-चाप रीडर और एक बिजली का मॉर्निंग वॉकर भी खरीद लिया है। तो जब भी कोहरे की वजह से या खराब मौसम के कारण मैं बगीचे में नहीं आ पाता, तो मैं बस अपने मॉर्निंग वॉकर मशीन को बिजली के स्विच में लगाता हूँ व इस पर 15 मिनट व्यायाम करता हूँ और बस उतना ही व्यायाम मुझे 2 कि.मी. तक की धीमी चाल के बराबर व्यायाम दे देता है। है ना बढ़िया? | See, in this modern world of fast-paced technology, you can buy everything you want. I've bought all electronic gadgets, such as digital B.P. recorder, mechanised blood-sugar reader and even an electronic morning walker. So, whenever due to the fog or extreme weather conditions I'm unable to come to the garden, I just plug in my morning-walker machine and exercise on it for 15 minutes and just that much of workout gives me the benefits of brisk walking for upto 2 kms. Isn't that great? |

पीटर : बिलकुल। मगर रक्तचाप रिकार्डर व मधुमेह रीडर मशीन के बारे में तुम्हारा क्या कहना है? तुम उन्हें कैसे प्रयोग करते हो?

Certainly, it is. What about the B.P. recorder and diabetes reader machine? How do you use them?

डेविड : देखो, बी.पी. मशीन एक हथेली पर चलने वाले कंप्यूटर जैसी है। तुम्हें इसे केवल अपनी बाँह पर रखना है और यह तुम्हारी नब्ज की चाल को महसूस कर लेती है व अपने डिजिटल पेनल पर इसे दर्शाती है। यह इस्तेमाल में आसान व ले जाने में सरल है। जहाँ तक मधुमेह रीडर की बात है, यह भी स्वचालित है। इसमें चुभाने को एक पिन लगा है। तुम्हें बस अपनी ऊँगली के सिरे को इससे छूना है और यह तुम्हें तुम्हारे सही ब्लड शूगर का माप बता देगी। तो बिना इस बारे में परेशान हुए कि तुम्हें सैंपल के लिए, रिपोर्ट, चेकिंग (जाँच) इत्यादि के लिए यहाँ-वहाँ भागना है, तुम घर पर ही इन्हें स्वयं कर सकते हो और अपने सारे मापों को नियमित रूप से चेक कर सकते हो।

See, the B.P. machine is a kind of palmtop. You just have to place it on your arm and it senses the pulse rate and reflects the same on its digital panel. It's easy to use and convenient to carry. As for the blood-sugar reader, that is also mechanised. It has a pin to prick. You just have to touch your finger-top on it and it gives the accurate measure of your blood sugar. So, without being bothered about running here and there for sample, reports, checking, etc., you can do them yourself at home and keep a regular check on all vitals.

| | | |
|---|---|---|
| पीटर : | हाँ! सुनने में तो यह बहुत रोचक लगता है। धन्यवाद। तो क्या अब मुझे तुम्हें लाखों रुपए देने होंगे क्योंकि तुमने अपना रहस्य खोल दिया है? हा! हा! हा! | Ya! That sounds pretty interesting. Thanks. So, do I need to pay you a million rupees for revealing your secret? Ha! Ha! Ha! |
| डेविड : | हा! हा! हा! अब तुम मेरी नब्ज पकड़ पा रहे हो। हा! हा! | Ha! Ha! Ha! Now, you're really catching up with me. Ha! Ha! |
| पीटर : | तो क्या ये यंत्र काफी महँगे हैं? | So, are these gizmos very expensive? |
| डेविड : | नहीं बहुत ज्यादा नहीं। दरअसल, अगर तुम इनकी कीमत उस कीमत से मिलाओ जो तुमने अतीत में दी है या अभी दे रहे हो, तो यह कुछ भी नहीं। अगर तुम चाहो तो मैं तुम्हें अपने डिस्ट्रीब्यूटर का नंबर दे देता हूँ। वह ये तुम्हारे घर पर फ्री में डिलीवर करेगा और अधिकतम मूल्य पर 10 प्रतिशत की छूट भी देगा। | Not very much. In fact, if you compare their price to the cost you pay or have paid in the past, it's nothing. If you want, I'll give you the number of my distributor. He'll deliver them for free at your doorstep and also give you a rebate of 10% on the M.R.P. |
| पीटर : | क्या ये तुम्हारे पास अभी है? | Do you have it right now? |
| डेविड : | नहीं, अभी नहीं। मगर तुम आज शाम को मुझे कॉल कर सकते हो। मुझे उसके नंबर के लिए डायरी चेक करनी होगी। | Not right now. But you can call me today in the evening. I'll have to check the diary for his number. |
| पीटर : | ठीक है। मैं तुम्हें शाम को फोन करूँगा। तो, और | All right. I'll call you in the evening. So what else? How's |

| | | |
|---|---|---|
| | क्या? तुम्हारा काम कैसा चल रहा है? | your work going on? |
| डेविड : | ठीक है। तुम्हारा कैसा चल रहा है? | It's fine. How about yours? |
| पीटर : | ठीक-ठाक चल रहा है। चलो अब चलते हैं। नाश्ते के लिए हमें देर हो रही है। अगर समय पर नहीं पहुँचे तो उसे कुत्ता खा जाएगा। हा! हा! हा! | So-so. Let's make a move now. We're getting late for the breakfast. If we don't reach on time, the doggy will eat it. Ha! Ha! Ha! |
| डेविड : | हा! हा! हाँ, बिलकुल, हमें जल्दी चलना चाहिए। ठीक है! कल फिर मिलते हैं। अभी के लिए विदा। | Ha! Ha! Ya, of course, we should hurry up. Okay! See you tomorrow again. Goodbye for now. |
| पीटर : | विदा! खयाल रखना। | Bye. Take care. |

## 84

## *Conversation between Two Friends about Joining a Fitness Club*

| | | |
|---|---|---|
| रीमा : | हाय (हैलो) सीमा। बहुत समय बीत गया है ना! तुम कैसी हो? | Hi Seema. Long time, ha! How do you do? |
| सीमा : | हे (हैलो) रीमा। कितना बढ़िया सरपराइज है। मैं ठीक हूँ, धन्यवाद। तुम कैसी हो? | Hey Reema. What a pleasant surprise! I'm fine, thank you. How about you? |
| रीमा : | अच्छा, क्या यह प्रत्यक्ष नहीं है? क्या तुम्हें नहीं लगता कि मैंने कुछ वजन घटा लिया है? | Well, isn't it self-evident? Don't you think I've lost some weight? |

| | | |
|---|---|---|
| सीमा : | हाँ! मैं अंतर महसूस कर सकती हूँ। तुम बिलकुल बदली हुई दिख रही हो। क्या बात है? | Yeah! I can feel the change. You look completely transformed. What is it? |
| रीमा : | मैंने एक फिटनेस क्लब ज्वाइन कर लिया है। मैं सुबह जल्दी उठती हूँ व रोजाना वहाँ जाती हूँ। | I've joined a fitness club. I get up early in the morning and go there daily. |
| सीमा : | क्या? एक फिटनेस क्लब? मगर तुम्हें इसकी क्या जरूरत थी? तुम तो सारी जिंदगी सेहत के बारे में जागरूक रही हो। तुम बास्केटबॉल टीम में भी हो। तो फिर यह क्लब क्यूँ? | What? A fitness club? But why did you need that? You have been health-conscious all your life. You are also in the basketball team. So, why this club? |
| रीमा : | सीमा, ये केवल शरीर ही नहीं होता जिसे व्यायाम की जरूरत होती है। तुम्हारे दिमाग को भी इसकी जरूरत होती है। | Seema, it's not just the body which requires a workout. Your mind also needs that. |
| सीमा : | मुझे तुम्हारी बात समझ नहीं आई, प्रिय। दिमाग का व्यायाम, वह क्या है? | I didn't get your point, dear. The workout of mind, what's that? |
| रीमा : | मेरा मतलब है कि आजकल की भाग-दौड़ भरी जिंदगी, चिंता, परेशानी, उलझनों व तकलीफों से भरी पड़ी है। व्यावसायिक लक्ष्यों को पूरा करने की दौड़ में और व्यक्तिगत खुशी पाने में हम | What I mean is that today's fast-paced life is full of stress, tension, problems and troubles. In a rush to meet the professional targets and attain personal fulfilment, we tend to experience a lot of emotional difficulties. So, the |

| | | |
|---|---|---|
| | बहुत-सी भावनात्मक परेशानियों को महसूस करते हैं। तो ध्यान, योग, हँसने के व्यायाम, चिंतारहित करने वाली पद्धतियाँ इत्यादि स्वस्थ दिमाग के लिए बहुत जरूरी हैं। ये दबे हुए अहसासों व भावनाओं को निकालने में मदद करती हैं। इसलिए मैंने वहाँ ज्वाइन किया। इसने मुझे अपनी झिझक व नकारात्मक सोच से उबरने में मदद की है। दरअसल हमें वहाँ 'आर्ट ऑफ लिविंग' की कक्षाएँ भी दी जाती हैं। | meditation, laughter exercises, destressing techniques, etc. are very important for healthy mind. They help in purging the repressed emotions and feelings. Therefore, I joined there. It has helped me a lot in overcoming my inhibitions and negative thinking. In fact, we also get 'Art of Living' classes there. |
| सीमा : | तुम उन कक्षाओं में क्या करती हो? | What do you do in those classes? |
| रीमा : | दरअसल, हम जीवन जीने के मौलिक व सही रास्ते के बारे में सीखते हैं। ऐसी कक्षाएँ हमें जीवन के मौलिक व सही रास्तों का ज्ञान देती हैं। | Well, we learn about the virtuous and righteous way of living life. Such classes train us about the moralistic and ethical ways to lead life. |
| सीमा : | और ध्यान-योग ट्रेनिंग का क्या? | And what about the meditation-yoga training? |
| रीमा : | हाँ, हम ऐसी कक्षाओं से अलग-अलग पद्धतियों के बारे में सीखते हैं। वे हमें श्वास के व्यायामों से ताजी ऊर्जा भरना व बुरी ऊर्जा को | Yes, we learn about different techniques from such classes. They acquaint us with breathing exercises to infuse fresh energy and expel |

| | | |
|---|---|---|
| | शरीर से निकालना सिखाती हैं। यह हमें आत्मा व दिमाग को भगवान से जोड़ना सिखाती हैं। | negative energy from our bodies. They also help us link our soul and mind to the Higher-self. |
| सीमा : | तुम इन सत्र में कितनी बार जाती हो? | How often do you go for these sessions? |
| सीमा : | रोजाना सुबह 7.30 से 9.00 बजे तक। | Daily from 7:30 a.m. to 9.00 a.m. |
| सीमा : | क्या कोई शुल्क भी है? | Is there any charge? |
| रीमा : | दरअसल, ये मामूली-सा है, 250/- रुपए प्रतिमाह ताकि केंद्र की देखभाल हो सके। | Well, it's a nominal amount of ₹ 250/- per month towards the maintenance of the centre. |
| सीमा : | ये ज्यादा नहीं है। तुम्हें लगता है कि मैं भी इन कक्षाओं का फायदा उठा सकती हूँ, अगर मैं जाऊँ तो? | That's not much. Do you think I could also benefit from such classes, if I join? |
| रीमा : | हाँ बिलकुल, क्यों नहीं? यह तुम्हें केवल अपने दिमाग को ही चिंतारहित करने में मदद नहीं करता, बल्कि तुम्हारे रक्त प्रवाह व शारीरिक संचालन में भी बेहतरी लाता है। तुम वजन भी कम कर पाओगी व तुम्हारे भीतर आत्मविश्वास भी आ जाएगा। | Of course, why not? It will not only help you destress your mind but also improve your blood circulation and physiological functioning. You'll lose weight and gain self-confidence too. |
| सीमा : | ठीक है! तो क्या मैं कल सुबह तुम्हारे साथ पंजीकरण के लिए चलूँ? | Okay! So, shall I accompany you tomorrow morning for the registration process? |
| रीमा : | बिलकुल। मगर तुम अपने साथ एक अतिरिक्त जोड़ी | Of course. But make sure you also carry an extra pair of |

| | |
|---|---|
| फिटिंग वाले कपड़े निश्चित तौर पर ले आना ताकि ये पद्धति कल से ही शुरू कर लो। तुम जींस में तो व्यायाम नहीं कर सकती, है ना? | body-fiting clothes to start your session from tomorrow itself. You can't workout in jeans, can you? |
| सीमा : बिलकुल नहीं। तुम्हारी सलाह के लिए धन्यवाद। | Certainly not. Thanks for your advice. |
| रीमा : तुम्हारा स्वागत है। तो फिर कल सुबह 7.15 बजे मिलते हैं। ठीक है? | You're welcome. So, I'll catch up with you at 7.15 a.m. tomorrow. Okay? |
| सीमा : बिलकुल, गुडबाय! | Sure, goodbye! |
| रीमा : गुडबाय! | Goodbye! |

## 85

## *Conversation between Two Girls about Buying Haircare Products*

| | |
|---|---|
| सीमा : हाय प्रिया, कितना बढ़िया सरप्राइज है! तुम कैसी हो? | Hi! Priya, what a pleasant surprise! How do you do? |
| प्रिया : हाय सीमा। मैं ठीक हूँ, शुक्रिया। तुम्हारे यहाँ क्या चल रहा है? | Hi Seema. I'm fine, thank you. What's up at your end? |
| सीमा : ज्यादा कुछ नहीं। मैं तो बस बाजार में शैम्पू खरीदने आई थी। और तुम यहाँ पर कैसे? | Nothing much, I just came to the market to buy shampoo. And what about you? |
| प्रिया : ज्यादा नहीं। मैं तो बस कुछ किराने की चीजें खरीदने आई थी। | Not much. I just came to buy some grocery items. |
| सीमा : प्रिया, मुझे कहना ही पड़ेगा तुम्हारे बाल बहुत खुबसूरत हैं। ये कितने लंबे व | Priya, I must say you've got lovely hair. They're so long and shiny. How do you |

| | | |
|---|---|---|
| | चमकदार हैं। तुम इनका खयाल कैसे रखती हो? | manage them? |
| प्रिया : | तारीफ के लिए धन्यवाद। | Thanks for the compliments. |
| सीमा : | नहीं, सच में। मुझे लगता है कि ये भगवान के वरदान हैं। तुम्हें बढ़िया जीन्स की कृपा हुई है। इसीलिए तुम्हारे इतने चमकदार, घने व शानदार बाल हैं। है कि नहीं? | No, really. I think it's God's gift. You're blessed with good genes. That's why you've such glossy, bouncy and lustrous hair. Isn't it? |
| प्रिया : | सीमा, मेरे प्राकृतिक रूप से लंबे बाल हैं मगर ये तो नियमित ध्यान व देखभाल है जिससे ये हर समय इतने स्वस्थ रहते हैं। | Seema, I do have naturally long hair but it's the regular maintenance and care that keeps them so healthy all the time. |
| सीमा : | मैं तुम्हारी बात नहीं समझी। मैं भी अपने बालों की देखभाल करती हूँ मगर ये काफी पतले व कमजोर हैं। हर महीने नियमित कटवाने, शैम्पू करने व बालों के स्पा इलाज के बावजूद, मेरे पास तुम्हारी जैसी संपत्ति नहीं है। | I didn't get you. I take care of my hair as well but they're so limp and breakable. Despite regular trimming, shampooing and hair-spa treatments every month, I don't have the same asset that you have. |
| प्रिया : | आह! अब मुझे शर्मिंदा मत करो। देखो, ऐसा नहीं है कि देखभाल व पोषण महीने में एक या दो दिन तक सीमित रहता है। यह एक ऐसी चीज है जो तुम्हें नियमित रूप से करनी पड़ती है। | Ah! Don't embarrass me now. See, it's not that the care and nourishment has to be limited to only a day or two in a month. It's something that you need to do on a regular basis. |

| | | |
|---|---|---|
| सीमा : | क्या? तुम्हारा मतलब है रोज पार्लर में जाऊँ? | What? You mean going to a parlour everyday? |
| प्रिया : | नहीं, मेरा ये मतलब नहीं था। ये ऐसी चीज है जो तुम खुद अपने-आप घर पर भी कर सकती हो। | No, I didn't mean that either. It's something that you can do on your own as well, on a routine basis at your home. |
| सीमा : | कैसे? क्या तुम मुझे संक्षेप में इसके बारे में बता सकती हो? | How? Can you brief me about that? |
| प्रिया : | देखो, सबसे पहले, बेसिक रूल याद रहे कि 'बचाव उपाय से बेहतर है'। तुम्हें अपने बालों को अत्यधिक मिट्टी, प्रदूषण, धूल व सूरज की गरमी से बचाना चाहिए। सिर पर कपड़ा, टोपी पहनो या छाता लेकर जाओ। उन्हें हमेशा खुला व नंगा मत छोड़ो। जब किसी खुले यातायात जैसे बाईक या स्कूटी पर जाओ तो उन्हें बाँध लो। दूसरा, एक अच्छी गुणवत्ता वाला कंडीशनर हर बार धोने के बाद प्रयोग करो। रसायन से बने शैम्पू का अत्यधिक इस्तेमाल तुम्हारे बालों को रूखा व कमजोर बनाता है। कोई शैम्पू खरीदने से पहले, तुम्हें अपने बालों की किस्म जाँचनी चाहिए और तब ही कोई किस्म लेनी | See, first of all, remember the basic rule that "Prevention is better than cure". You must protect your hair from excessive dirt, pollution, dust and sunlight exposure. Wear a headgear, cap or carry an umbrella. Don't leave them open and exposed all the time. Tie them around when moving on an open-faced vehicle, such as bike or scooty. Secondly, use a good quality conditioner after every wash. Excessive use of chemical-based shampoo makes your hair dry and brittle. Before selecting any shampoo, you should consider the type of your hair and then go for any kind. After every wash, you must |

| | |
|---|---|
| चाहिए। हर बार धोने के बाद, अपने बालों की किस्म के अनुकूल कंडीशनर प्रयोग करना चाहिए। अगर तुम्हारे पास कंडीशनर के लिए समय ना हो तो तुम शैम्पू के बाद लगे रहने वाला सीरम भी लगा सकती हो। ऐसे छोड़े जाने वाले सिलिकॉन आधारित सीरम बालों पर या उनकी सतह को सीधा सुरक्षित रखने वाले कारकों-सा कार्य करते हैं और उनका पोषण भी करते हैं। | use the conditioner as suitable for your hair type. In case you don't have time for a conditioner, then you can think of going for a leave-on serum post-shampooing your hair. Such leave-ons also have a silicon-based serum that forms a protective layer on hair-strands that act as stratifying agents and nourish the hair as well. |
| सीमा : बालों के जैल व स्टाईल उत्पादों के बारे में क्या कहना है तुम्हारा? | What about the hair-gels and styling products? |
| प्रिया : इन्हें कम-से-कम इस्तेमाल करो। जब तक कि इन्हें लगाना बहुत जरूरी ना हो, मत लगाओ। ये तुम्हारे बालों को खराब करते हैं। | Use them sparingly. Unless and until it's not very imperative to wear them, do not use them. They tend to make your hair bad. |
| सीमा : मगर मुझे अपने बाल रोजाना स्टाईल करना पसंद है। | But I love to style my hair everyday. |
| प्रिया : ऐसे केस में भी, बहुत अधिक स्प्रे, मूस या जैल लगाने की कोशिश न करो। इसके अलावा ड्रायर, करलर, बाल सीधे करने की इस्त्री व रोलिंग ब्रश | In that case too, avoid too much of hair sprays, mousse or gels. Also, do not use hair-dryers, curlers, straightening-irons or rolling brushes often. All these gadgets tend to |

| | | |
|---|---|---|
| | अकसर प्रयोग ना करो। ये सभी यंत्र तुम्हारे बालों को नुकसान पहुँचाकर उन्हें कमजोर, रूखा व खराब बनाते हैं। इनका अकसर प्रयोग मत करो। | harm your hair, leaving them brittle, dry and damaged. Avoid their frequent use. |
| सीमा : | आह ! ये तो दुःख की बात है। मैं ये नहीं जानती थी। और क्या? | Ah! That's sad. I didn't know that. What else? |
| प्रिया : | और, अपने सिर की खाल की तेल से हफ्ते में दो बार मालिश करो व अत्यधिक गरम पानी का सिर की त्वचा पर बाल धोते समय प्रयोग मत करो। हमेशा गुनगुना पानी इस्तेमाल करो और बालों की आराम से देखभाल करो। छोटे दाँतों वाली कंघी का गीले बालों पर प्रयोग कम करो। जब बाल गीले हों तो उन्हें खुले-दाँतों वाली कंघी से सुलझाओ क्योंकि गीले बालों के टूटने के ज्यादा चाँस होते हैं। | Also, massage your scalp with oil at least twice a week and avoid using very hot water on your scalp while washing your hair. Always use the lukewarm water and be gentle with your hair. Avoid combing with thin-tooth combs in wet hair. Go for a wide-tooth comb to separate them when wet as wet hair are prone to breakage. |
| सीमा : | मेंहदी के बारे में क्या कहना है तुम्हारा? मैंने सुना है कि यह बालों की कंडीशनिंग के लिए बहुत अच्छी होती है? क्या तुम्हें लगता है कि मुझे यह इस्तेमाल करनी चाहिए? | What about henna? I've heard it's good for hair conditioning? Do you think I should try that? |

| | | |
|---|---|---|
| प्रिया | : नहीं, ज्यादा नहीं। क्योंकि यह बालों पर अपना रंग छोड़ देती है और फिर बाद में तुम छह महीनों तक अपने बालों में कोई रंग या हाईलाइटिंग नहीं करवा सकती। | Not very often. Because it leaves its own colour on hair and, later on, you can't get any hair colour or highlighting done for upto six months. |
| सीमा | : आह! यह तो सही नहीं। अगर मैं अपने बालों को रंग करना चाहूँ तो? | Ah! That's not happening. What if I wanna colour my hair? |
| प्रिया | : अमोनिया-युक्त गहरे रंगों से दूर रहो। बालों के लिए हल्की महक वाले रंग चुनो। और ये भी सुनिश्चित करो कि तुम खास शैम्पू या कंडीशनर इस्तेमाल करो जो बालों के रंग, शानदार चमक व रूपरेखा को बनाए रखे। | Avoid ammonia-based harsh colours. Go for subtle hair-colours. Also make sure that you use the special shampoos and conditioners meant for coloured hair to maintain their lustrous shine and texture. |
| सीमा | : बाल बढ़वाने का क्या? क्या तुम्हें लगता है कि मुझे ये करवाना चाहिए ताकि मेरे भी तुम्हारे जैसे लंबे बाल हो जाएँ? | What about hair extensions? Do you think I should get that done to have equally long hair as yours? |
| प्रिया | : नहीं, इसकी कोई जरूरत नहीं। तुम्हें लंबे बालों के लिए हजारों खर्च करने की जरूरत नहीं। वैसे भी एक्स्टेंनशन लगवाने पर भी उन्हें काटने व देखभाल की जरूरत पड़ेगी। तो तुम बेकार ही एक्सटेंशन कराना, हजारों | That's not needed. You don't have to spend thousands to have long hair. Anyway, the extensions also would require trimming and care. So, why do you wanna undergo the painful extension treatment, spend |

| | | |
|---|---|---|
| | खर्च करना व फिर मासिक तौर पर उन्हें कटवाना क्यों चाहती हो? मुझे लगता है कि अगर तुम उनका खयाल रखो, ठीक से तेल लगाओ, नियमित रूप से शैम्पू व कंडीशनर करो, उन्हें आराम से मैनेज करो व उन्हें पोषित व सँवार कर रखो तो वह दोगुनी तेजी से बढ़ेंगे। तुम्हें नकली ट्रीटमेंट कराने की जरूरत नहीं। | thousands and then get them trimmed on a monthly basis? I think if you take care for them, oil them properly, shampoo and condition regularly, be gentle with them, and nourish and maintain them, they'll grow at double the rate. You need not go for artificial treatments. |
| सीमा : | हाँ! (हलकी साँस भरती है।) मुझे लगता है तुम बिलकुल सही कह रही हो। मैं निश्चय ही इन सब निर्देशों का पालन करूँगी। तुम्हारी सलाह के लिए शुक्रिया। | Yeah! (sighs) I think you're absolutely right. I'll certainly follow these guidelines. Thanks a lot for your advice. |
| प्रिया : | तुम्हारा स्वागत है। अब इनका ठीक से खयाल रखो व इन्हें जल्दी से खूबसूरत लंबी चोटियों में बदल लो। | You're welcome. Now, take good care of them and grow them into beautiful and long tresses. |
| सीमा : | निश्चय ही मैं कर लूँगी। अभी के लिए विदा। | Definitely I'll. Bye for now. |
| प्रिया : | विदा। खयाल रखना। | Bye. Take care. |

## 86

## *Conversation between a Professor and a Student about Global Warming*

| | | |
|---|---|---|
| प्रोफेसर : | गुड मॉर्निंग छात्रों। आज मैं ग्लोबल वार्मिंग के कारणों | Good morning students. Today, I'll talk about the |

| | | |
|---|---|---|
| | व परिणामों की बात करूँगा। तुम में से कितने पहले से ही इसके बारे में जानते हैं? (कोई भी हाथ नहीं उठाता) अच्छा! राम, खड़े हो जाओ और बताओ कि तुम इसके बारे में क्या जानते हो? | causes and consequences of global warming. How many of you already know about it? (Nobody raises a hand) Okay! Ram, stand up and tell us what you know about it. |
| राम : | सर, मैं इसके बारे में ज्यादा नहीं जानता। मगर मैंने सुना है कि यह तापमान में हर दशक में सारे विश्व में होने वाला 2 डिग्री सेल्सियस तक का बदलाव है। | Sir, I don't know much about it. But I've heard that it's the average rise in temperature by 2°C every decade across the globe. |
| प्रोफेसर : | यह सही है। बैठ जाओ। प्रिया, खड़ी हो जाओ और बताओ कि यह किस कारण से होता है? | That's right. Sit down. Priya, stand up and tell us what causes this? |
| प्रिया : | सर, मुझे इस बारे में कोई ज्ञान नहीं है। | Sir, I don't have any knowledge about it. |
| प्रोफेसर : | ठीक है, बैठ जाओ। क्या कोई और इसके कारणों के बारे में जानता है? (कोई भी सिर नहीं हिलाता) ठीक है। देखो, इसके कई कारण हैं जिनसे यह होता है। उदाहरण के लिए, तीव्र औद्योगिकीकरण पर्यावरण के नुकसान के कारणों में से एक है। जंगलों का नियमित रूप से काटा जाना | Okay, sit down. Does anyone else know about its causes? (None nods) Fine. See, there are several reasons because of which it happens. For example, the environmental hazards due to the rapid industrialisation is one of them. Regular deforestation also leads to an imbalance in the atmospheric gases. Less |

भी वातावरण की गैसों में असंतुलन पैदा करता है। पेड़ों व पौधों की घटती संख्या से पर्यावरण में कार्बन डाईऑक्साइड को सोखने की शक्ति कम हो जाती है। कार्बन डाईऑक्साइड की अधिकतम मात्रा से पर्यावरण में तापमान बढ़ जाता है। यह बढ़ा हुआ तापमान धुव्रों की बर्फ को पिघलाती है, जो आगे और प्राकृतिक विपदाओं, जैसे सुनामी, बाढ़, सूखे इत्यादि का कारण बनता है। किसी का अभी तक कोई प्रश्न है?

number of trees, plants, flora and fauna leads to less absorption of carbon dioxide gas. The more carbon dioxide in the environment leads to increase in temperature. This increased temperature is further leading to melting of the polar ice, which, in turn can cause several natural calamities, like tsunamis, floods, droughts, etc. Any questions so far?

राम : सर, क्या जंगलों का कटना किसी और तरह की परेशानियों को भी पैदा करता है?

Sir, does the deforestation also lead to other problems?

प्रोफेसर : हाँ, बिलकुल। जंगल कटने से मिट्टी का क्षरण होता है। इससे कृषि उत्पादन घटता है। जानवर भी संसाधन और प्राकृतिक आवास की कमी होने से मर रहे हैं। ओजोन आवरण भी अत्यधिक सल्फर कणों व नुकसानदेह गैसों के

Certainly, yes. Due to deforestation, the soil erosion takes place. This leads to decreased agricultural output. The animals are also dying because of the lack of resources and natural habitats. The ozone layer is getting depleted due to the

| | | |
|---|---|---|
| | कारण घट रहा है। पर्यावरण का संतुलन गड़बड़ा गया है। सूर्य की कैंसर वाली यू.वी. किरणें अब ओजोन परत से नहीं रुकतीं। भूतलों, जल-स्रोतों में रासायनिक कूड़े के जाने से व्यापक स्तर पर मछलियाँ व समुद्री प्राणी इत्यादि मर रहे हैं। | excessive emission of sulphuric particles and harmful gases. The ecological balance has been skewed. The cancerous UV rays of sun no longer can be blocked by the ozone layer. The chemical waste disposal into landfills, water bodies, etc. is causing mass killing of fishes and sea-creatures and so on. |
| प्रिया : | तो, सर, हमें क्या करना चाहिए? हम इसे होने से कैसे नियंत्रित कर सकते हैं या रोक सकते हैं? | So, sir, what do we need to do? How can we control or stop this from happening? |
| प्रोफेसर : | प्रिया, अच्छा सवाल है। देखो, इसे रोकना होगा। क्योंकि अगर हम कोई बचाव का कार्य नहीं करेंगे तो समस्त जीवन का ही अंत हो जाएगा। हर तरफ विनाश ही विनाश होगा। | Good question, Priya. See, it has to be stopped. Because if we don't take any preventive action, the whole existence will come to an end. There will be destruction all around. |
| राम : | सर, गहराई से विचार करते हुए, मुझे नहीं लगता कि हम अकेले ही कोई बड़ा बदलाव या परिवर्तन ला सकते हैं, है ना? | Sir, looking at the bigger picture, I don't think, if we can individually make a very big difference or bring in a change, can we? |
| प्रोफेसर : | मेरे प्रिय छात्रों, याद रखो "बूँद-बूँद से ही सागर बनता है"। तो अगर तुममें से प्रत्येक जन सावधान हो | My dear students, remember that it's the "single drop that makes an ocean". So, if each one of you becomes aware |

| | | |
|---|---|---|
| | जाए और सावधानी बरते तो बदलाव लाया जा सकता है। | and takes precautionary measures, a change can be brought in. |
| प्रिया : | सर, तो हम क्या करें? | Sir, then what do we do? |
| प्रोफेसर : | चीजों को रिसाईकल व रियूज करना शुरू करो। विभिन्न चीजों की खपत कम करो। बायो-डिग्रेडेबल कूड़े को नॉन बायो-डिग्रेडेबल कूड़े से अलग रखो। अधिक पेड़ लगाओ व ऊर्जा के कभी समाप्त ना होने वाले संसाधनों, जैसे सूर्य की ऊर्जा, हवा की ऊर्जा, व अन्य दूसरी चीजें इस्तेमाल करो। फौसिल फ्यूल का प्रयोग कम करो। हाइब्रिड कारों का प्रयोग करें। साधारण बिजली के बल्बों के स्थान पर सी.एफ.एल. का प्रयोग करें। ऊर्जा-उपयोगी तरीकों का हर प्रकार से इस्तेमाल करें। भविष्य के लिए चीजें व अन्य बहुत कुछ बचाएँ। | Start with recycling and reusing things. Try to reduce the consumption of various items. Separate the bio-degradable waste from the non-biodegradable waste. Plant more trees and switch to inexhaustible resources of energy, such as solar power, wind power or other forms. Cut down the use of fossil fuels. Switch to the hybrid cars. Use CFLs instead of normal light bulbs. Adopt energy-efficient methods in all respects. Save things for the future and a lot more. |
| श्याम : | आहा! मैं समझ गया। मैंने हर एक बिंदु लिख लिया है व मैं इसे स्कूल पत्रिका में छापूँगा। | Aha! I got that. I've noted every single point and I'll publish it in the school magazine. |
| प्रोफेसर : | तुम्हारे लिए अच्छा है। और क्या? और कोई सवाल है क्या? | Good for you. What else? Any other questions? |

| | | |
|---|---|---|
| रिया : | जी सर। मुझे एक शंका है। पेड़ लगाने से ग्लोबल वार्मिंग की समस्या कैसे हल होती है? | Yes, sir. I have a doubt. How does planting more trees help in combating global warming? |
| प्रोफेसर : | क्या कोई इसके सवाल का जवाब दे सकता है? | Can anybody answer her query? |
| पीटर : | जी, सर, मैं दे सकता हूँ। | Yes, sir, I can. |
| प्रोफेसर : | हाँ, बताओ। | Yeah, go ahead. |
| पीटर : | देखो, जैसा कि सर ने बताया कि पेड़ नुकसानदेह कार्बन डाईऑक्साइड को सोख कर ऑक्सीजन देते हैं, तो नुकसानदायी गैसों का विसर्जन अगर नियंत्रित किया जा सके, तो इसका असर भी कम हो सकता है। ऐसा ही है ना, सर? | See, as sir has explained that trees absorb the harmful carbon dioxide and yield oxygen, so, the emission of harmful gases once controlled leads to less harmful effects. Isn't it so, sir? |
| प्रोफेसर : | हाँ, सही जवाब दिया। क्या कोई और शंका है? | Yes, well answered. Any more doubts? |
| | (कोई भी और सवाल नहीं पूछता) | (No one raises any query) |
| | ठीक है। तो हम सब आगे के कार्य के लिए तैयार हैं। जहाँ तक गृहकार्य की बात है, तो हर कोई कल किसी भी भाँति या प्रकार के दो बीज़ अवश्य लाएगा और हम बोजों का रोपन करेंगे ताकि हम पर्यावरण की ओर अपना योगदान करें। क्या सब समझ गए? | Alright. Then we are all set for the day. As for your home-assignment, everybody will bring at least two seeds tomorrow of any type or kind and we shall all plant seeds to contribute our bit towards the environment. Is that clear? |
| छात्र : | जी, सर। | Yes, sir. |

| | | |
|---|---|---|
| प्रोफेसर | : ठीक है, आज के लिए डिस्सेमबल होते हैं। | All right, let's dissemble for the day. |
| छात्र | : गुड आफ्टरनून, सर। | Good afternoon, sir. |
| प्रोफेसर | : (सिर हिलाता है और चला जाता है)। | (Nods and leaves). |

## 87

## *Conversation between Two Friends: A Vegetarian and a Non-vegetarian (About Which One is Better)*

| | | |
|---|---|---|
| राम | : हैलो! शाम, तुम कैसे हो? | Hello! Sham, how do you do? |
| शाम | : हे (हैलो) राम। मैं इतना अच्छा नहीं हूँ। इन दिनों ठीक महसूस नहीं कर रहा हूँ। तुम कहो, तुम कैसे हो? | Hey, Ram. I am not so good. Haven't been feeling easy off late. You tell, how are you doing? |
| राम | : मैं बहुत बढ़िया हूँ। मगर तुम्हें क्या हुआ? तुम काफी निराश व थके हुए लगते हो। मेरा ताकतवर दोस्त कहाँ खो गया? | I'm doing great. But what happened to you? You seem very dull and exhausted. where's my energetic friend lost? |
| शाम | : मुझे नहीं पता कि मेरे साथ क्या परेशानी है। मैं ठीक से खा रहा हूँ, पूरी नींद ले रहा हूँ, मेरी नियमित दिनचर्या है मगर फिर भी कमजोरी महसूस करता हूँ। मेरी त्वचा को देखो, ये मेरी उम्र से दस साल बड़ी दिखती है, और तुम्हें देखो, तुम कितने ऊर्जावान व जवान दिखते हो। क्या चल रहा है? क्या यह प्यार है? | I don't know what's wrong with me. I am eating properly, taking enough sleep, do the work as usual, follow regular routine, yet I feel debilitated. Look at my skin, it looks 10 years older than what I am and look at you, you look so radiant, energetic and youthful. What's up? Is it love? |

| | | |
|---|---|---|
| राम : | हा! हा! ये तो तुम बहुत समझदारी की बातें कर रहे हो। भगवान का शुक्र है। कुछ चीजें कभी नहीं बदलतीं। तुम्हारी सूझबूझ व हाजिर-जवाबी हमेशा की तरह बढ़िया है। मगर स्वास्थ्य, हाँ, मैं तुमसे बिलकुल सहमत हूँ कि तुम ठीक नहीं लग रहे। तो जैसा कि तुमने कहा कि तुम ठीक से व्यायाम कर रहे हो, सोते हो व नियमित दिनचर्या का पालन करते हो, तो चक्कर क्या है? | Ha! Ha! That was really smart of you. Thank God! Some things never change. Your wit and repertoire is as good as ever. But health, well, yes, I agree nevertheless that you don't seem well. So, as you said, you've been working out properly, sleeping well and following a regular routine, so where's the catch? |
| शाम : | मैं नहीं जानता। मेरे फ्रिज में खाने की वे सारी चीजें भरी पड़ी हैं जो तुम सोच सकते हो, जैसे चिकन, मटन, हैम, रूस्टर, पोर्क, बीफ, प्रौन, लॉबस्टर, ट्यूना, पामफ्रे, तुम जो भी नाम लो मेरे पास है। | I don't know, my refrigerator is full of all eatables you can dream of—chicken, mutton, ham, rooster, pork, beef, prawns, lobster, tuna, pomfret—you name it and I have it. |
| राम : | (आह भरता है) उफ! भगवान के लिए, रुक जाओ। तुम्हारे मन में चल क्या रहा है? मेरा मतलब है तुम्हारे पास कितना स्टॉक है? तुम्हें अपने फ्रिज में इतनी चीजों की क्या जरूरत है और वो भी सारी | (Gasps) Phewww! For heaven's sake, hold on. What's up with you? I mean how much stock do you have? Why do you need so much stuff in your fridge and it's all non-vegetarian. Don't you ever eat vegetables and |

| | | |
|---|---|---|
| | मांसाहारी। क्या तुम कभी शाकाहारी व अन्य ऑर्गेनिक उत्पाद नहीं खाते? | other organic products? |
| शाम : | मेरे दोस्त, मैंने ये सारा फ्रोजन लिया है। तो, मेरी चीजें खराब या अस्वस्थ होने का कोई डर नहीं। और जहाँ तक शाकाहारी उत्पादों की बात है, मुझे लगता है कि मीट व डेयरी उत्पादों में पत्तियों व साधारण सब्जियों से कहीं ज्यादा पोषण होता है। | Dear friend, I got it all frozen. So, there isn't any fear of my stuff getting rotten or unhealthy. And as for vegetarian items, I think meat and dairy products have much higher nutritional value as compared to leaves and plain vegetables. |
| राम : | नहीं, मेरे दोस्त। तुम्हें गलतफहमी है। पहले तो, सब्जियों या मांसाहारी भोज्य पदार्थों को यदि लंबे समय तक रखा जाए तो उनकी पोषक गुणवत्ता खत्म हो जाती है। वे हो सकता है कि गलें नहीं मगर पोषण में बहुत खराब हो जाती हैं। तुम्हें ऐसी लंबी अवधि तक सँजोकर रखे खाद्य पदार्थ नहीं खाने चाहिएँ। और केवल मांसाहारी चीजें खाने से तुम्हारा कोलेस्ट्रोल, रक्तचाप इत्यादि बढ़ता है और तुम्हारा शरीर अन्य स्वास्थ्य अनियमितताओं के प्रति ढीला पड़ जाता है। इसलिए, | No, my friend. You're mistaken. First of all, stocks of vegetables or even non-vegetarian food items, if kept for long, lose their nutritional value. They may not become rotten but are very poor in nutrients. You must not consume such long-term preserved eatables. Also, consuming only non-veg items increases your cholesterol, blood pressure, etc. and makes your body susceptible to other health disorders. Hence, they're a big no for everyday consumption. Once or twice |

| | | |
|---|---|---|
| | ये रोजाना खाने के लिए बिलकुल नहीं हैं। सप्ताह में एक या दो बार का सेवन ठीक रहेगा, मगर उनका प्रतिदिन सेवन मत करो। | a week their consumption would be alright but avoid them for everyday usage. |
| शाम : | तुम काफी शक्की दिखाई पड़ते हो। तुम ये कैसे कह सकते हो कि ये एक इंसान को बीमार कर देते हैं? | You sound too skeptical. How can you say that they make a person sick? |
| राम : | प्रिय, ये सभी मांसाहारी खाद्य पदार्थ सैचूरेटेड फैट्टी एसिड से भरे होते हैं और उच्च कैलोरी देते हैं। लंबे समय तक रखने से ये उनके पोषक तत्त्वों को बरबाद कर देते हैं और डीप-फ्रीजिंग, फिर डी-फ्रीजिंग, फिर फ्राईंग या कुकिंग उन्हें सेवन करने लायक नहीं छोड़ते। तुम्हें इनके बजाय डेयरी उत्पादों का सेवन करना चाहिए और भारी फैट्टी ऐसिडिक भोजन को कभी-कभार ही लेना चाहिए। | Dear, all these non-vegetarian food items are rich in saturated fatty acids and provide high calories. Over-preservation destroys their nutrients and deep-freezing, then de-freezing, then frying or cooking further makes them all the more unuseful for daily consumption. You should rather switch over to dairy products for daily consumption and should indulge in rich-fatty acids diet only once in a while. |
| शाम : | तो, इनके बजाय मुझे क्या खाना चाहिए? | So, instead what should I eat? |
| राम : | सब्जियाँ, दालें, अन्न, होल-ब्रेड इत्यादि। | Vegetables, pulses, grains, whole-bread, etc. |
| शाम : | आह! जैसे तुम उन्हें परिरक्षित नहीं करते या पकाते नहीं। फर्क क्या है? | Ah! As if you don't preserve them or cook them. What's the difference? They turn |

वे भी पोषण के अनुसार कम अच्छे रह जाते हैं। equally low in nutrition.

राम : नहीं, शाम। तुम फिर मुझे गलत समझ रहे हो। देखो, सब्जियाँ तो कच्चे रूप में, जैसे सलाद की तरह भी खाई जा सकती हैं या तुम उन्हें थोड़ा-सा उबाल कर और मसाले मिलाकर खाने में स्वादिष्ट व पोषण में बढ़िया भी रख सकते हो।

No Sham. Again you misinterpreted me. See, the vegetables can be consumed in raw form as salads or you could slightly blanch them and add seasoning to make them tasty and retain their nutrition also.

शाम : खूब कहा। मैं तुम्हारी सलाह मानूँगा। शुक्रिया।

Well said. I'll follow your advice. Thanks.

राम : तुम्हारा स्वागत है। स्वस्थ रहने के लिए स्वस्थ भोजन खाना सीखो। गुडबाय व अपना अच्छे से खयाल रखना।

You'r welcome, learn to eat healthy to stay healthy. Goodbye and take good care of yourself.

# 88

## *Conversation between a Bank Executive and an Account Holder (Reporting the Loss of a Credit Card)*

बैंक अधिकारी : गुड आफ्टरनून। ए.बी.सी. बैंक में कॉल करने का शुक्रिया। मेरा नाम रेनू है। मैं आपकी क्या सहायता कर सकती हूँ?

Good afternoon. Thank you for calling ABC Bank. My name is Renu. How can I help you?

उपभोक्ता : हैलो! मैं अपने क्रेडिट कार्ड खो जाने की रिपोर्ट दर्ज कराना चाहता हूँ।

Hello! I want to report the loss of my credit card.

| | |
|---|---|
| बैंक अधिकारी : क्या मैं कृपया आपका नाम जान सकती हूँ? | May I have your name, please? |
| उपभोक्ता : हाँ, मैं राम शर्मा हूँ। | Yes, I am Ram Sharma. |
| बैंक अधिकारी : क्या मैं आपका अकाउंट नंबर जान सकती हूँ? | Can I have your account number? |
| उपभोक्ता : यह है 1611 1234 1234। | That's 1611 1234 1234. |
| बैंक अधिकारी : धन्यवाद। क्या आपके पास आपका टी. पिन तैयार है ? | Thank you. Do you have your TPIN handy? |
| उपभोक्ता : टी.पिन. ! वो क्या है? मेरे पास ये नहीं है। मुझे इसकी क्या जरूरत है? | TPIN! What's that? I don't have one. Why do I need that? |
| बैंक अधिकारी : सर, परेशान ना हो। अकसर उपभोक्ताओं को टी.पिन, जो कि टेलीफोनिक पर्सनल आइडेंटीफिकेशन नंबर है, इसकी जरूरत होती है, मगर अगर आपके पास ये अभी नहीं है तो आप अभी इसके लिए निवेदन कर सकते हैं। मगर पहले, मैं आपसे निवेदन करना चाहूँगी कि आप अकाउंट संबंधी जानकारी दें ताकि मैं आपके अकाउंट की डिटेल चेक कर सकूँ। सर, क्या मैं आगे बढ़ूँ? | Sir, don't worry. Usually, the customers need TPIN, which is telephonic personal identification number, but if you don't have one right now, you can request for one right away. But first, I would request you to supply some account related information so that I can verify your account details. Sir, shall I go ahead? |
| उपभोक्ता : बिलकुल, पूछिए। | Of course, go on. |
| बैंक अधिकारी : सर, क्या आप अपनी जन्म-तिथि बता सकते हैं? | Sir, could you please confirm your date of birth? |
| उपभोक्ता : हाँ, यह है 15 अगस्त, 1947। | Yes, that's 15th August, 1947. |

| | |
|---|---|
| बैंक अधिकारी : धन्यवाद, आपके घर का पता क्या है जो कि आकउंट में वर्णित है? | Thank you. What is your residential address as mentioned in the account? |
| उपभोक्ता : यह है 123, एक्स.वाई.जेड. रोड, ए.बी.सी. शहर, नई दिल्ली–18। | That's 123, XYZ Road, ABC City, New Delhi-18. |
| बैंक अधिकारी : ठीक है! क्या आप कृपया अकाउंट में लिखा ई–मेल आई.डी. बता सकते हैं? | Alright! Could you please confirm your e-mail ID as listed on the account form? |
| उपभोक्ता : हाँ! यह है राम_शर्मा@जीमेल.कॉम | Yes! It's ram_sharma@gmail.com |
| बैंक अधिकारी : कोई आखिरी लेन–देन जो आपने कैश, चेक या कार्ड द्वारा किया हो, याद कर सकते हैं? | Any last transactions via cash, cheque or card that you can recall? |
| उपभोक्ता : हाँ! मैंने आखिरी सोमवार को पश्चिमी दिल्ली की ब्राँच में 5,000/– रुपए जमा करवाए थे। | Ya! I deposited ₹ 5,000/- last Monday in West Delhi branch. |
| बैंक अधिकारी : धन्यवाद, सर। मैं आपके संयम व सहयोग की कद्र करती हूँ। जानकारी के अनुसार आपके पास एक वीजा कार्ड व एक मास्टकार्ड दोनों हैं। आपसे कौन–सा खो गया? | Thank you, sir. I appreciate your patience and cooperation. As per the information, you hold both a VISA card and a Mastercard. Which one did you misplace? |
| उपभोक्ता : वीजा। | VISA. |
| बैंक अधिकारी : अच्छा, मैंने कार्ड को ब्लॉक करने का निवेदन भेज दिया है। यह एक घंटे | Alright, I have sent a request to block the card. It would be rendered dysfunctional |

| | | |
|---|---|---|
| | में निष्क्रिय हो जाएगा। क्या मैं एक नए कार्ड व ए.टी.एम. पिन का निवेदन भेज दूँ? | within an hour or so. Shall I go ahead and request a new card and ATM Pin? |
| उपभोक्ता : | ये बढ़िया रहेगा। | That would be great. |
| बैंक अधिकारी : | अच्छा, सर। मैंने निवेदन भेज दिया है और आपको एक नया वीजा कार्ड एक नए ए.टी.एम. पिन के साथ 2 से 3 दिनों में मिल जाएगा। साथ ही, मैंने आपके लिए टी.पिन. जारी करने का निवेदन भी भेज दिया है। आपको ये सभी चीजें डाक द्वारा आपके अकाउंट पर लिखे निवास स्थान के पते पर मिल जाएँगी। | Fine, sir. I have sent the request and you'll receive a new VISA card along with a new ATM PIN within two to three days. In addition, I have also sent a request to generate the TPIN for you. You would receive all these things via post at your residential address as mentioned on the account. |
| उपभोक्ता : | मगर मैं अभी भी नहीं समझा। मुझे एक टी.पिन. की क्या जरूरत है? | But I still didn't understand. Why do I need a TPIN? |
| बैंक अधिकारी : | सर, अगर आपके पास टी.पिन. तैयार हो, तो आपको फोन पर हर बार ये विवरण नहीं देना पड़ता। आप बस यह टी.पिन. नंबर फोन द्वारा डायल करें व चोरी की रिपोर्ट, खोने की या अन्य कोई शिकायत भी आई.वी.आर. सिस्टम से ही रिकॉर्ड कर सकते हैं। यह | Sir, if you have a TPIN handy, you do not need to verify all these details every now and then over the phone. You can just punch in this TPIN number via telephone and report the theft, loss or any other complaint via recorded IVR system itself. It would save a |

| | |
|---|---|
| काफी सारा समय व परेशानी से भी बचाता है। | lot of time and trouble too. |
| उपभोक्ता : आह! मैं समझ गया। जानकारी के लिए शुक्रिया। | Ah! I got that. Thanks for the information. |
| बैंक अधिकारी : आपका स्वागत है, सर। क्या आप कुछ और जानना या निवेदन करना चाहेंगे? | You're welcome, sir. Is there anything else you would like to know or request? |
| उपभोक्ता : नहीं, अभी के लिए इतना ही। आपकी मदद के लिए धन्यवाद। | No, that's it for now. Thanks again for your help. |
| बैंक अधिकारी : सर, यह तो मेरा फर्ज है। ए.बी.सी. बैंक में कॉल करने का शुक्रिया। आपका दिन शुभ हो! | It's my duty, sir. Thank you for calling ABC Bank. Have a good day! |

## 89

## *Conversation between a Salesboy and a Customer Ordering Home Delivery for Pizza*

| | |
|---|---|
| सेल्स बॉय : हैलो! गुड मॉर्निंग। पिज्जा हब में कॉल करने का शुक्रिया। मेरा नाम सुनील है। मैं आपकी किस प्रकार सहायता कर सकता हूँ? | Hello! Good morning. Thank you for calling Pizza Hub. My name is Sunil. How can I help you? |
| प्रिया : हैलो सुनील। मैं एक पिज्जा व अन्य चीजें ऑर्डर करना चाहती हूँ। क्या मैं यह फोन पर कर सकती हूँ? | Hi Sunil. I want to order a pizza along with some other things. Can I do that over the phone? |
| सेल्स बॉय : बिलकुल, मैडम। क्या मैं कृपया आपका आर्डर ले सकता हूँ? | Of course, madam. May I take your order, please? |

| | | |
|---|---|---|
| प्रिया : | अपना ऑर्डर देने से पहले, मैं यह जानना चाहती हूँ कि मेरे द्वारा दिया ऑर्डर डिलीवर करने में आपको कितनी देर लगेगी? मेरा मतलब है कि यह इतना गरम तो होगा ना कि स्वाद लगे, या नहीं? | Before I place my order, I wanna know how long will it take for you to deliver me the placed order? I mean is it gonna be hot enough for me to enjoy or not? |
| सेल्स बॉय : | जी बिलकुल, मैडम। हम यह गारंटी देते हैं कि आपके ऑर्डर देने के 30 मिनट के भीतर यह डिलीवर होगा अन्यथा यह हमारी तरफ से होगा। | For sure, madam. We guarantee the delivery of your order within 30 minutes, else it's gonna be from us. |
| प्रिया : | मैं समझी नहीं। | I didn't get you. |
| सेल्स बॉय : | मेरा मतलब है कि कंपनी की पॉलिसी के अनुसार, अगर आपका ऑर्डर 30 मिनटों के भीतर नहीं डिलीवर होता तो आपको इसके लिए एक रुपया भी नहीं देना होगा। यह फ्री होगा। | I mean that as per the company's policy, if your order is not delivered within 30 minutes of your order, you won't have to pay a single penny for it. It's gonna be free. |
| प्रिया : | वाह! यह काफी आकर्षक है। हा! तो तुम तो काफी रुपयों का नुकसान उठा रहे होंगे, है कि नहीं? | Wow! That's really enticing. Ha! So, you must be losing a lot of money, isn't it? |
| सेल्स बॉय : | नहीं, मैडम। यह तो बिलकुल नहीं होता। हमारे सर्विस ब्वायज इतने स्मार्ट तो हैं ही कि समय पर डिलीवरी कर दें। | No, madam. It does not happen at all. Our service boys are too smart to deliver it on time. |

| | | |
|---|---|---|
| प्रिया : | अच्छा! तो मैं मांसाहारी पिज्जा में क्या ले सकती हूँ? | Ok! so, what can I have in non-veg pizzas? |
| सेल्स बॉय : | मैडम, हमारे पास बहुत सारे विकल्प हैं: चिकन, मीट, हैम, इत्यादि। क्या आप अपनी पसंद के बारे में और बता सकती हैं? | Madam, we have got plenty of options ranging from chicken, meat, ham, etc. Could you be more specific about your liking? |
| प्रिया : | हाँ! मुझे चिकन पिज्जा चाहिए और यह छह लोगों को परोसने के अनुसार बड़ा होना चाहिए। और मुझे उस पर बहुत सारा पनीर व चिकन के टुकड़े भी चाहिएँ और सुनिश्चित करें कि यह एक्सट्रा मसालेदार हो। तो, अब आप क्या सुझाव देंगे? | Yes, I want a chicken pizza and it should be large enough to serve six people. Also, I want a lot of cheese and chicken chunks on that and make sure it's extra spicy. So, what would you suggest now? |
| सेल्स बॉय : | मैडम, मुझे लगता है कि आपको एक बड़ा साइज गरम मसालेदार चिकन-ओ-चीज पिज्जा लेना चाहिए। इसमें एक्सट्रा पनीर, चिकन, मसाले व कुछ स्वादिष्ट जायके भी हैं। क्या आप ये लेना चाहेंगी? | Madam, I think you should go for a large size spicy hot chicken-o-cheese pizza. It has extra cheese, chicken, spices and some seasonal tastes. Would you like to go for that? |
| प्रिया : | बिलकुल। यह कितने का होगा? | Of course. How much would that be for? |
| सेल्स बॉय : | सर्विस टैक्स के साथ, यह 250/- रुपए के लगभग होगा। क्या आप कुछ ब्रेड या पेय या चटनी भी लेना चाहेंगी? | Along with the service tax, it would come around ₹ 250. Would you also like to have some breads or beverages or sauces? |

| | | |
|---|---|---|
| प्रिया : | मुझे सोचने दो। ठीक है! एक बड़ी बोतल कोला व उसके साथ गार्लिक ब्रेडस्टिक भी कर दें। तो, नया बिल कितना हुआ? | Let me think. Ok! Make it one large pet of Cola and garlic breadsticks along with that so. What would be the new total? |
| सेल्स बॉय : | आपको एक मांसाहारी पिज्जा चाहिए, एक कोला का पेट व गार्लिक ब्रेडस्टिक। तो, यह लगभग 325/- रुपए का होगा। आप और कुछ लेना चाहेंगे? | You want one non-veg pizza, a pet of Cola and garlic breadstics. So, that would be around ₹ 325/-. Anything else you would like to order for? |
| प्रिया : | और क्या है? | What else? |
| सेल्स बॉय : | हमारे पास पास्ता, सलाद, मीठी चीजें, इत्यादि भी हैं। | We also have pastas, salads, desserts, etc. |
| प्रिया : | नहीं, नहीं। बस इतना ही। क्या आप कृपया जल्दी से डिलीवरी कर सकते हैं? | No, no. That's it. Could you make the delivery fast, please? |
| सेल्स बॉय : | मैडम, मैं फिर से दोहराता हूँ—30 मिनट नहीं तो फ्री। क्या मैं कृपया आपका पता जान सकता हूँ? | Madam, I repeat—30 minutes, else free. Can I have your address please? |
| प्रिया : | हाँ, ये है 123, ए.बी.सी. मार्ग, क.ख.ग. नगर, नई दिल्ली-18। | Ya, that's 123, ABC Road, XYZ Nagar, New Delhi-18. |
| सेल्स बॉय : | क्या आप अपना टेलीफोन नंबर भी बता सकती हैं? | Could you also confirm your telephone number? |
| प्रिया : | बिलकुल, ये है 9812312312। | Sure, it's 9812312312. |
| सेल्स बॉय : | क्या मैं आपका शुभ नाम जान सकता हूँ? | Can I have your good name, please? |

| | | |
|---|---|---|
| प्रिया : | हाँ! मैं प्रिया सिंह हूँ। | Ya! It's Priya Singh. |
| सेल्स बॉय : | जानकारी के लिए धन्यवाद। मैंने आपका ऑर्डर दर्ज कर लिया है, जो कि है एक पिज्जा, एक कोला पेट व गार्लिक ब्रेडस्टिक व आपका बिल टैक्स सहित 325/- रुपए है। अभी समय 5.30 हुआ है और आपके सामान की डिलीवरी अगले 30 मिनटों में हो जाएगी। पिज्जा हब में कॉल करने का शुक्रिया। आपका दिन शुभ हो! | Thank you for the confirmation. I have placed your order that is one pizza, one Cola pet and garlic breadstics and your bill including the taxes is ₹ 325. The time right now is 5.30 p.m. and your order's delivery will be done within the next 30 minutes. Thank you for calling Pizza Hub. Have a wonderful day! |

## 90

## *Conversation between a Counsellor and a Student Enrolling for a Computer Course*

| | | |
|---|---|---|
| काउंसलर : | गुड मॉर्निंग, सर। मैं आपकी किस प्रकार सहायता कर सकता हूँ? | Good morning, sir. How may I help you? |
| राम : | हैलो! मैडम, मैं कंप्यूटर कोर्स में दाखिला लेना चाहता हूँ। आपके पास कौन-कौन से कोर्स हैं? | Hello! Madam, I wanna (want to) enrol myself for a computer course. What all courses do you have? |
| काउंसलर : | सर, काउंसलिंग के संबंध में आगे चर्चा करने से पहले, क्या आप एक गिलास पानी लेना चाहेंगे? | Sir, before I proceed with the counselling, would you like to have a glass of water? |
| राम : | नहीं। कोई बात नहीं। मैं ठीक हूँ। | No, that's alright. I'm fine. |

| | | |
|---|---|---|
| काउंसलर : | सर, क्या आप कृपया यह जानकारी का फार्म भर सकते हैं? | Sir, could you please fill this information form? |
| राम : | नहीं, मैं सीधा पंजीकरण नहीं करवाना चाहता। मैं पहले जानकारी लेना चाहता हूँ। | No, I don't wanna register right away. I wanna know the details first. |
| काउंसलर : | सर, यह केवल पूछताछ संबंधी फॉर्म है और एडमिशन फॉर्म नहीं। यह हमें आपकी पिछली भूमिका व भविष्य के प्लान को ठीक से समझने में मदद करता है। | Sir, this is just the enquiry form and not the admission form. This helps us to understand your background and future plan properly. |
| राम : | अच्छा! मुझे फॉर्म दे दीजिए। | Ok! Just give me the form. |
| | (फॉर्म भरता है और दे देता है।) | (Fills in the form and hands it over.) |
| काउंसलर : | धन्यवाद, सर। आपके द्वारा दी गई जानकारी के अनुसार आपने अभी अपनी हाई-स्कूल परीक्षा पास ही की है व आप पिछले चार सालों से कंप्यूटर इस्तेमाल कर रहे हैं। क्या मैं आपसे पूछ सकती हूँ कि आप किस प्रकार का कोर्स ढूँढ़ रहे हैं? मेरा मतलब है कि हमारे पास हार्डवेयर व सॉफ्टवेयर प्रोगाम हैं जो 3 से 13 महीनों तक चलते हैं, जिसमें विभिन्न सर्टिफिकेट, | Thank you, sir. As per the information that you have provided, you have just finished your high school examination and you have been using computers for the last four years. May I ask you what type of course are you looking for? I mean we have hardware and software programs running from 3 to 13 months with different certifications, job offers and study modules. |

| | | |
|---|---|---|
| | नौकरी प्रस्ताव व पढ़ाई के पाठ्यक्रम होते हैं। | |
| राम : | अच्छा, क्या आप इनमें अंतर को विस्तार से बता सकती हैं? | Well, could you elaborate the difference? |
| काउंसलर : | बिलकुल, हार्डवेयर कोर्स बाहरी चीजों को सँभालने के बारे में है जबकि सॉफ्टवेयर कोर्स कंप्यूटर के विभिन्न कार्यक्रमों, भाषाओं, यंत्रों, तकनीकियों व उपयोगों इत्यादि के बारे में है। | Sure, the hardware course is about handling the paraphernalias whereas the software course is to learn about different computer programs, languages, tools, technologies and applications, etc. |
| राम : | मुझे लगता है कि मैं सॉफ्टवेयर प्रोग्राम करना चाहूँगा। मैडम, दरअसल मैं एक मध्यम-वर्गीय परिवार से हूँ और मैं आत्मनिर्भर व आजाद बनना चाहता हूँ। मैं लंबी अवधि के प्रोग्राम पढ़ना अफोर्ड नहीं कर सकता और मैं अगले 6 से 8 महीनों के भीतर नौकरी पाना चाहता हूँ। तो क्या आप मुझे कोई छोटी अवधि का सर्टिफिकेट प्रोगाम सुझा सकती हैं, जिससे मुझे तकनीकी कौशल व नौकरी दोनों मिलने में मदद हो सके। | I think I would like to go for the software program. Madam, actually I belong to a middle-class family and I want to be self-sufficient and independent. I can't afford to study for long-term program and I wish to join a job within the next 6 to 8 months. So, can you suggest some short-term certification program that could help me get a job as well as technical skills? |
| काउंसलर : | बिलकुल, सर। हमारा कई एम.एन.सी., कंपनियों, | Of course, sir. We have tie-ups with several MNCs, |

आई.टी. हबों व बैंक-ऑफिस इकाइयों से अनुबंध है। अगर आप अपना निर्धारित प्रोग्राम पूरा कर पाते हैं और कंपनियों की इच्छानुसार आवश्यक कौशल अपना लेते हैं तो हम आपको कमिशन के आधार पर अच्छी नौकरी भी दिलवा सकते हैं।

companies, IT hubs and bank-office units. If you complete the chosen program successfully and acquire the basic competency as required by the employers, we can help you with good placement as well but on a commission basis.

राम : मैं कमिशन वाली बात नहीं समझा।

I didn't get the commission part.

काउंसलर : देखिए, मेरा मतलब है कि ऐसे कई योग्य व जरूरतमंद विद्यार्थी हैं जिनके पास शिक्षा के लिए या सीखने का पूरा सपोर्ट नहीं है मगर काबिलियत है। हम उन्हें विभिन्न भुगतान के तरीके सुझाते हैं जैसे कि सेल्फ-फाइनेंस प्रोग्राम, छात्रवृत्ति, स्टाइपेंड इत्यादि जो कि उनकी योग्यता, सुविधा व क्षमता के अनुसार होती है। अगर आप 'सीखते समय कमाई' प्रोग्राम के लिए जाना चाहते हैं तो आपको हमारा कोर्स ज्वाइन करने के 2 महीनों के भीतर ही हमारी पार्टनर कंपनी में नौकरी दिला दी जाएगी

See, what I meant is that there are several deserving and needy students, who do not have enough support to study or learn things but have talent. We offer them different payment options, like self-finance programs, scholarships, stipend, etc. depending on their suitability, convenience and affordability. If you wanna go for "earn while you learn" program, you would be placed with one of our partner companies within two months of joining our courses. However, you'll have to pay us the 20 per cent

| | | |
|---|---|---|
| | मगर आपको हमें अपनी पहली तनख्वाह का 20 प्रतिशत कमिशन सर्विस चार्ज के रूप में देना होगा। | commission of your first salary as service charge. |
| राम : | 20 प्रतिशत, ये काफी ज्यादा है। क्या आपको नहीं लगता? | 20 per cent, that's a big number. Don't you think so? |
| काउंसलर : | मगर यह एक छोटी रकम है, अगर आप ये देखें कि हमारे कोर्स में दाखिला लेने के 60 दिनों के भीतर ही आपको नौकरी मिल जाएगी। | But it's a small amount, if you consider the fact that you'll be placed within 60 days of course enrolment with us. |
| राम : | आहा! मैं यह देख सकता हूँ। आह! तो किस प्रकार का सॉफ्टवेयर प्रोग्राम मेरी प्रोफाइल के लिए उपयुक्त रहेगा? | Aha! I can see that. Ah! So, what type of software program would suit my profile? |
| काउंसलर : | मुझे लगता है कि आपको या तो 3-डी एनीमेशन कोर्स या एस.ई.ओ. प्रोग्राम करना चाहिए। आजकल ये काफी प्रचलित हैं और कम पैसे व कम समय में पूरा हो जाने वाले प्रोग्राम हैं। | I think you should either go for the 3-D animation course or SEO program. These two are quite popular these days and require less funding and shorter duration for the completion of program. |
| राम : | आपको बीच में रोकने के लिए क्षमा चाहता हूँ, मगर मुझे लगता है कि मेरा रुझान सुरक्षा प्रोग्राम, हैकिंग बचाने व बचाव के तरीके, इत्यादि की ओर है। क्या आपको | Sorry to interrupt you in between, but I feel more inclined towards security programs, hacking prevention and safety parameters, etc. Don't you |

| | | |
|---|---|---|
| | नहीं लगता कि ये भी एक उपेक्षित क्षेत्र है? | think it's a neglected area as well? |
| काउंसलर : | सर, सुरक्षा प्रबंध के प्रोग्राम जैसे सी.सी.एन.ए.®, सी.सी.एन.पी.®, इत्यादि बहुत महँगे प्रोग्राम हैं। अगर आप ये करना चाहें तो आपको अधिक समय व पैसों की जरूरत होगी। क्या आप कोई विद्यार्थी लोन लेना चाहते हैं? | Sir, the security updation courses like CCNA®, CCNP®, etc. are very expensive programs. If you wanna pursue them, you would require more time and funding. Do you wanna take some students' loan? |
| राम : | नहीं, इस समय तो नहीं। मगर मैं निश्चय ही इस क्षेत्र में काम करना चाहूँगा। | No, not at this point of time. But I certainly wanna pursue this field. |
| काउंसलर : | आप नौकरी शुरू करने के बाद भी इसमें पार्ट-टाईमर के रूप में दाखिला ले सकते हैं। इस तरह आपको कोई भी लोन लेने की या फंड (धनराशि) के बारे में परेशान होने की जरूरत नहीं रहेगी। आप आत्म-निर्भर प्रोफेशनल भी बन जाएँगे और शिष्य भी, जो जीवन में कुछ बड़ा करना चाहे। आप क्या सोचते हैं इस बारे में? | You may enrol for that after joining a job as a part-timer. That way, you won't (would not) be required to take a loan or worry about funds. You'll be a self-sufficient professional as well as a learner determined to make it big in life. What do you think? |
| राम : | हाँ! मुझे लगता है कि आप बिलकुल सही कह रहे हैं। तो मुझे 3-डी ऐनिमेशन प्रोग्राम के लिए कितना | Yeah! I think you're absolutely right. So, how much do I need to pay for 3-D animation program and |

| | | |
|---|---|---|
| | भुगतान करना होगा व कोर्स की अवधि कितनी है? | how long is the course duration? |
| काउंसलर : | जैसा कि मैंने आपको पहले ही बताया है कि यह 6 महीने का कोर्स होगा व एकमुश्त केवल 20,000/– रुपए लगेंगे, जिसमें ट्रेनिंग, थ्योरी, प्रैक्टिकल व पूरा सर्टिफिकेट कोर्स इत्यादि होगा। | As I have already told you, it's gonna be six months' time and the one-time charge would be ₹ 20,000/- only including training, theory, practicals and completion certification, etc. |
| राम : | अच्छा! मुझे अपने साथ और क्या दस्तावेज लाने होंगे? | Alright! What all documents do I need to bring along? |
| काउंसलर : | आप हमें दो पासपोर्ट साईज फोटो, 10वीं के सर्टिफिकेट की कॉपी ताकि आपकी जन्मतिथि चेक हो सके और 12वीं कक्षा की मार्कशीट की कॉपी दे दें। | You need to provide us two passport size photographs, a copy of your 10th certificate for date of birth verification and a xerox copy of your marksheet for 12th class. |
| राम : | भुगतान कैसे करना होगा? क्या मैं चेक से भुगतान कर सकता हूँ? | What about the payment? Can I pay it by cheque? |
| काउंसलर : | क्यों नहीं! आप इसे ए.बी.सी. आई.टी. हब के नाम पर नई दिल्ली ब्रांच में देय बना सकते हैं। | Why not! You can make it in favour of ABC IT Hub, payable at New Delhi. |
| राम : | आपके मार्गदर्शन के लिए धन्यवाद। मैं कल बाकी की फॉर्मेलिटी के लिए वापिस आऊँगा। | Thank you for your guidance. I shall come back tomorrow for further formalities. |
| काउंसलर : | आपका स्वागत है, सर। कल मिलते हैं। | You're welcome, sir. See you tomorrow. |

राम : बिलकुल, गुडबाय। Sure, goodbye.

काउंसलर : अभी के लिए विदा, सर। Goodbye for now, sir.

## 91

## *Conversation between a Father and a Son about Politics*

बेटा : गुड मॉर्निंग पिताजी। क्या चल रहा है? आप टी.वी. पर क्या देख रहे हैं? Good morning dad. What's up? What are you watching on T.V.?

पिता : गुड मॉर्निंग मेरे बेटे। मैं टी.वी. पर ताजा खबरें देख रहा हूँ। क्या तुम भी मेरे संग यह देखना चाहते हो? Good morning, my son. I'm watching current news on T.V. Do you wanna join me?

बेटा : नहीं! बिलकुल नहीं। राजनीति एक बेकार की चीज है। मेरी इसमें कतई रुचि नहीं है। Nope! Not at all. Politics is a dirty business. I am not interested.

पिता : तुम ऐसा क्यों कह रहे हो? ऐसा क्या है कि तुम विश्व के सबसे बड़े प्रजातंत्र की उपेक्षा व निरादर कर रहे हो? Why do you say so? What makes you criticise and debunk one of the largest democracies of the world?

बेटा : पिताजी, यह संख्या के अनुसार सबसे बड़े प्रजातांत्रिक देशों में से एक है मगर गुणवत्ता का आधार का क्या? हमारी स्थानीय राजनीति बेईमान, चालाक, स्वार्थी व असामाजिक तत्त्वों से भरा हुआ है। इनमें ज्यादातर लोगों पर एक या एक से अधिक आपराधिक Father, it is quantitatively one of the biggest democratic countries but what about the qualitative parameters? Our local politics is a neck-deep compendium of dishonest, shrewd, selfish and anti-social elements. Most of them have one or more criminal charges pending against

| | | |
|---|---|---|
| | मामले चल रहे हैं। इनमें से कई साक्षर भी नहीं और कई तो सिस्टम में केवल वंश परंपरा के कारण हैं। व्यवस्थित व सही निर्वाचन ना होने के कारण, हमारे देश को एक प्रजातंत्र कहना मज़ाक ही होगा। वास्तविकता में, मैं यहाँ से भागकर किसी और जगह, शायद विदेश या फिर एक मरुस्थल चला जाना चाहुँगा जहाँ पर छल-कपट का कोई स्थान नहीं है। | them. Many of them are not literate enough and many are in the system due to successive hierarchy. With no organised and fair elections, it would be ironical to term our nation a democracy. Really speaking, I feel like running away from here to some other land, may be a foreign country or even a desert, where there would be a fair play in all aspects. |
| पिता : | हा! हा! हा! तुम्हारे स्वप्नों भरे स्वर्ग जैसे जादुई विश्व के मिराज के बारे में सुनना काफी रुचिकर था। मगर मेरे बेटे, पहले से ही ऐसी कोई जगह नहीं बनी है जिसमें सर्वोत्तम स्वर्ग जैसी शर्तें हों। तुम्हें कार्यों को पूरा करने के लिए बहुत मेहनत करनी होती है। जीवन में कुछ भी फ्री नहीं मिलता। | Ha! Ha! Ha! It was pretty interesting to hear about your sought-after wonder world mirage. But my son, there is no such ready-made land with perfect/idyllic conditions. You've to strive hard to make things work. There is no free lunch in life. |
| बेटा : | आपका 'जादुई विश्व के मिराज' से क्या मतलब है? मैं दिन में सपने नहीं देख रहा। | What do you mean by 'wonder world mirage'? I'm not fantasising. |
| पिता : | मगर तुम अपनी उम्मीदों में बहुत ऊँचे उड़ रहे हो। तुम्हें | But you're going too overboard in your |

| | | |
|---|---|---|
| | वास्तविकता को इसके असली स्वरूप में ही अपनाना होगा। तुम जीवन में भगौड़े नहीं हो सकते। तुम जैसे जवान लोगों पर ही हमारे देश का भविष्य निर्भर करता है। और यह तुम्हारे जैसे जवान ही हैं जिनके कारण चीजें बेहतरी के लिए नहीं बदल रहीं। | aspirations. You must learn to face the reality as it is. You can't be an escapist in life. It's for young people like you on whom the future of our country depends. And it's because of youngsters like you that things ain't (are not) changing for the better. |
| बेटा : | हे भगवान! अब आप मुझे व मेरे साथी दोस्तों को देश की खराब हालत के लिए जिम्मेदार ठहरा रहे हैं। अब हम कैसे इस परेशानी के लिए जिम्मेदार हैं? | Oh my God! Now you are accusing me and my fellow-beings for the pathetic state of our country. How come are we responsible for this mess? |
| पिता : | बेटा, यह वर्तमान ही है जो कल तुम्हारा भविष्य बनेगा। अगर तुम जैसे नौजवान भागते फिरे और अपनी जिम्मेदारियों से दूर होते रहे, तो कुछ भी फायदेमंद सोचा या किया नहीं जा सकता। तुम्हें अपने पथ पर पहले से ही तैयार रहना होगा। मतलब, तुम्हें सही तरीके से ऊर्जावान होकर कार्यों को शुरू करना व भारतीय राजनीतिक क्षेत्र में नए बदलाव, सुधार व क्रांति के दौर को लाना होगा। बजाय | Son, it's this present today that will become your future tomorrow. If youngsters like you keep shunning away and shrugging off shoulders from your responsibilities, nothing fruitful can be planned or done. You need to be pro-active in your approach. That is, you need to feel positively energised to take initiatives and to usher in a new era of change, development and revolution in the Indian political scenario. Rather than |

| | | |
|---|---|---|
| | इसके कि स्थिति से भागने की सोचो, तुम्हें इससे जुड़ने व बदलाव लाने का सोचना चाहिए। | thinking of fleeing away from the situation, you should consider about joining it and bringing in a change. |
| बेटा : | मेरे जैसा अकेला आदमी देश के लिए क्या कर सकता है? क्रांति? बदलाव? सुधार? पिताजी, ये मुझ जैसे साधारण आदमी के लिए बहुत भारी शब्द हैं। मुझे नहीं लगता कि मैं इस तरह के बदलाव के लिए बना हूँ। | What can a single man like me do for the nation? Revolution? Change? Development? Dad, these are too big terms for a common man like me. I don't think I'm cut for that kind of transformation. |
| पिता : | बेटे, बूँद-बूँद से ही सागर बनता है। अपनी काबिलियत को कम मत आँको। राहुल गाँधी, सचिन पायलट, ज्योतिरादित्य सिंधिया और अन्य जवान राजनीतिज्ञों को देखो। ये सभी जवान, उत्साहपूर्ण हैं और काफी स्वतंत्र प्रवृत्ति के हैं। इनकी नई विचारधाराएँ व कार्यप्रणालियों से लाखों को फायदा हुआ है। अगर वे यह कर सकते हैं तो तुम क्यों नहीं? वैसे भी, तुम में वही नेतृत्व के गुण व कौशल हैं जो एक देश | Son, "It's the single drops that make an ocean". Don't under estimate your potential. Look at Rahul Gandhi, Sachin Pilot, Jyotiraditya Scindia and other young political icons. They're all young, enthusiastic and have a liberal outlook. Their modern ideologies and methodologies have benefitted several millions. If they can make it, why not you? After all, you've got the same leadership qualities and skills that any nation values |

| | | |
|---|---|---|
| | चाहता है। तुम्हें सिर्फ थोड़ा तराशने व शिक्षित करने की जरूरत है। अगर तुम अपना होमवर्क ठीक से कर लो तो तुम भी भारतीय राजनीतिक व्यवस्था का नायाब हीरा साबित हो सकते हो। सवाल यह है— क्या तुम इसके लिए तत्पर हो? | for. You just require some polishing and training. If you do your homework well, you could prove a cut above the rest in the Indian political system. The question is: Are you game for it? |
| बेटा : | मगर बाकी चीजों का क्या? मेरा मतलब है चुनाव व हमारी व्यवस्था के असामाजिक तत्त्वों का। | But what about other factors? I mean the elections and anti-social elements in our system. |
| पिता : | मेरे बेटे, जहाँ तक चुनाव प्रक्रिया की बात है, हमारे देश की सरकार ने इलेक्ट्रॉनिक मतदान प्रक्रिया शुरू कर दी है व अपने फायदे के लिए किसी के भी द्वारा इनसे छेड़छाड़ करना बहुत मुश्किल है। और विस्तृत जागरूकता के कार्यक्रमों के चलते, गाँव इत्यादि से महिलाओं समेत ज्यादा से ज्यादा वयस्क अपना वोट देने आ रहे हैं। और जहाँ तक उनकी बात है, जिन पर एक या एक से ज्यादा आपराधिक मामलों के आरोप हैं, तो ये | My son, as for the election process, the government of our country has introduced electronic voting system and there is a very bleak chance of tampering with them to one's advantage. Also, due to massive awareness campaigns, more number of adults including women from villages, are turning up to cast their votes. And as for those who have been charged with one or more criminal cases, let the judiciary system decide whether or not they are guilty and whether or not |

न्यायिक प्रक्रिया के निर्धारण पर छोड़ दें कि वे अपराधी हैं या नहीं और किसी सजा के हकदार हैं या नहीं। ये तुम्हारे लिए ठीक नहीं होगा कि तुम ऐसे व्यक्ति के आचरण के बारे में कुछ कहो जो किसी और के द्वारा आरोपित हो। क्योंकि ऐसे कई स्वार्थी प्रतिद्वंद्वी भी होते हैं जिनके घटिया तरीकों के कारण लोग ऐसा करते हैं। तुम्हें ऐसे मामलों में दखल नहीं देना चाहिए जिनमें गहन जाँच, सबूत, जोड़-तोड़ व कानूनी कार्यवाही की जरूरत पड़ती है...।

they deserve any punishment or sentence. It won't be fit for you to comment about the status of a person who has been alleged by someone else. Because there are several opponents, whose vested interests make them act in an insinuating manner. You need not poke your nose in such matters that require scrupulous investigations, evidence corroboration and jurisprudential processing....

बेटा : पिताजी, मैं समझ गया। मैं इतना अधिक बोलने के लिए क्षमा चाहता हूँ। मैं सुनिश्चित करूँगा कि मैं इतना पक्षपाती ना रहूँ।

I got that, dad. I apologise for being so audacious. I'll make sure not to be so biased.

पिता : मेरे बेटे, यही उचित रहेगा। जो कुछ तुम कहते हो, उसमें सावधानी बरतो और सावधान रहो। क्योंकि तुम्हारे शब्द ही तुम्हारे विचारों व व्यक्तित्व को दर्शाते हैं।

That would be desirable, my son. Be watchful and careful of what you say because it's your words that reflect your thoughts and persona.

बेटा : बिलकुल, पिताजी। मैं अब से अपनी भाषा पर ध्यान

Certainly, dad. I'll mind my language from now onwards.

| | | |
|---|---|---|
| | दूँगा। आपके मार्गदर्शन के लिए धन्यवाद। | Thanks for your guidance. |
| पिता | : तुम्हारा स्वागत है, मेरे बच्चे। भगवान तुम्हारा भला करे! | You're welcome, my child. God bless you! |

## 92

## *Conversation between a Salesman and a Customer about Buying Furniture*

| | | |
|---|---|---|
| सेल्समैन | : गुड मॉर्निंग सर। मैं आपकी किस प्रकार सहायता कर सकता हूँ? | Good morning sir. How may I help you? |
| ग्राहक | : गुड मॉर्निंग। मैं एक डबल बेड, सोफा और एक अलमारी खरीदना चाहता हूँ। आपके पास कौन-कौन से उत्पाद हैं? | Good morning. I wanna buy a double bed, sofa and an almirah. What all products do you have? |
| सेल्समैन | : सर, कृपया इस ओर आएँ। क्या आप थोड़ी चाय या कॉफी लेना चाहेंगे? | Sir, please proceed this way. Would you like to have some tea or coffee? |
| ग्राहक | : नहीं, मैं ठीक हूँ। शुक्रिया। | No, I'm fine. Thanks. |
| सेल्समैन | : सर, हमारे पास सभी प्रकार के फर्नीचर हैं। दरअसल, अभी सीजन की सेल चल रही है इसलिए आपको लगभग हर चीज पर 20 प्रतिशत की छूट मिल जाएगी। जहाँ तक डबल बेड और सोफे की बात है, आप डिस्पले क्षेत्र में जा सकते हैं। वहाँ हमने देखने | Sir, we have all types of furniture. In fact, right now the season's sale is on, so, you may get upto 20 per cent rebate on almost all the items. As for the double bed and sofa, you may check the display area. A wide variety of colour combinations, patterns, styles, etc. have |

| | | |
|---|---|---|
| | के लिए विभिन्न प्रकार के रंगों के मेल, पैटर्न, स्टाईल इत्यादि रखे हैं। हमारे पास सोफा-कम-बेड रेंज भी है जो बड़ा कर बिस्तर व मोड़ कर सोफा बन सकता है। ये रहा एक पीस। देखिए, ये कितने आराम से अंदर चला जाता है और आराम से मुड़ जाता है। यह कम जगह वाले घरों के लिए बहुत बढ़िया है व सभी कार्यों के लिए उपयोगी है। आप इसे सोफे या बिस्तर की तरह अपनी जरूरत के अनुसार इस्तेमाल कर सकते हैं। क्या आपको यह पसंद है? | been put on show. We also have a sofa-cum-bed range, which can be extended into bed or folded into sofa. Here is the one. See how it glides smoothly inside and out and gets folded easily. It's absolutely a treat for less spacious houses and is useful for all purposes. You may use it as a couch or a bed depending on your requirement. Do you like it? |
| ग्राहक : | अच्छा, इसका पैटर्न व डिजाइन तो ठीक है। मगर मुझे इसके कपड़े में अलग रंग व डिजाइन चाहिए। दरअसल इसका नीला रंग मेरे घर व रुचि के मुकाबले बहुत भड़कीला है। मुझे सौहंदा रंग चाहिए जो मेरे घर की पीली दीवारों के अनुसार मैच करे। मेरे पास उसके लिए क्या विकल्प हैं? | Well, its pattern and design seems to be fine. However, I want a different colour and design for its fabric. Somehow, its blue colour is too bright for my home and my taste. I want a subtle hue that could match the yellow walls of my house. What choices do I have for that? |
| सेल्समैन : | अच्छा, मैं आपको अपना संग्रह दिखाता हूँ। ये पैटर्न | Well, I'll show you our collection. This is the pattern |

| | | |
|---|---|---|
| | की पुस्तिका है। आप हमारे पास उपलब्ध 120 डिजाइनों, रंगों व पैटर्न में से चुन सकते हैं। कृपया इसे देख लीजिए। | brochure. You may choose from over 120 designs, colour and patterns that are available with us. Please have a look. |
| ग्राहक : | मुझे यह भूरा रंग पसंद है। कपड़े के बारे में कुछ बताएँगे? क्या मुझे इसमें भी विभिन्नता मिल सकती है? | I like this brown shade. What about the fabrics? Can I have a variety in that too? |
| सेल्समैन : | जी बिलकुल, सर। ये रहा कपड़ों का संग्रह। आप इसे खुद महसूस कर सकते हैं व अपनी पसंद के अनुसार जो चाहें ले सकते हैं। जितनी बेहतर गुणवत्ता होगी, उतनी ही प्रति वर्ग मीटर कीमत, जो कि 30/- रुपये से लेकर 130/- रुपए प्रति स्केयर मीटर तक है। और अगर चाहते हैं कि आपका उत्पाद आपकी पसंद के जोड़ व व्यवस्था के अनुसार तैयार किया जाए, तो उस पर बनवाई का अतिरिक्त शुल्क भी लगेगा। | Of course, sir. Here is the collection of the fabric leaves. You may yourself feel them and choose the one that you like. The better the quality, the higher will be the cost per square metre ranging from ₹ 30 to ₹ 130 per square metre. And if you want your product to be customized and prepared as per your desired combination and arrangement, then a surplus making charge would also be applicable. |
| ग्राहक : | और 20 प्रतिशत सीजन सेल की छूट का क्या? क्या वह भी लागू होगी या नहीं? | And what about the 20 per cent season's sale discount? Would that be applicable or not? |
| सेल्समैन : | बिलकुल नहीं, सर। चूँकि आपकी पसंद के अनुसार | Certainly not sir. Because the customized fabric, pattern, |

| | | |
|---|---|---|
| | बना कपड़ा, पैटर्न, रंग व डिजाइन जोड़ माँग के आधार पर बनता है, जिसमें अधिक मेहनताना और बनवाई लगती है। तो किसी भी प्रकार की छूट नहीं हो पाएगी, क्योंकि 20 प्रतिशत छूट तो स्टॉक क्लियरेंस चीजों पर है और नई चीजों पर नहीं। | colour and design combination would be prepared on the demand basis, which would involve extra labour charges and preparation. So, any sort of discount will not be possible because the 20 per cent off commodities comprise the stock clearance items and not the fresh pieces. |
| ग्राहक : | अच्छा, मैं समझ गया। मगर मैं तो यहाँ केवल सीजन सेल के कारण आया था। अगर छूट नहीं मिलेगी, तो मैं किसी और दुकान में चला जाऊँगा और वहाँ से मुझे जो चाहिए, मैं वह खरीद लूँगा। | Alright, I got that. But I came here because of the season's sale only. If no rebate is offered, I'd rather go to some other store and buy what I want from there. |
| सेल्समैन : | सर, आपको सौदा करने की खूब समझ है। अच्छा! क्योंकि आप हमारी दुकान पर पहली बार आए हैं तो मैं आपको बनवाई दर पर 10 प्रतिशत की और चुनिंदा कपड़ों पर 5 प्रतिशत की छूट दे दूँगा। | Sir, you've such a knack for negotiations. Okay! Since you've come to our store for the first time, I'll offer you a 10 per cent discount on the making charges and 5 per cent on the selected fabric. |
| ग्राहक : | क्या आप बस इतना ही देंगे? | Is that all you can offer? |
| सेल्समैन : | बस इतना ही सर। मैं इससे ज्यादा की छूट नहीं दे सकता। | That's it sir. I can't offer you any more discount than this. |

| | | |
|---|---|---|
| ग्राहक : | अच्छा! चलिए बुकिंग कर लेते हैं। कृपया मेरा ऑर्डर लिख लें। मैं यह सोफा-कम-बेड ऑफर भूरे रंग में 15 नंबर पैटर्न में, फैब्रिक सैंपल नंबर-21 में इस माह के अंत तक चाहता हूँ। क्या आप छूट दर काटने के बाद इसके बिल का कुल बता सकते हैं? | Fine, let's go ahead with the booking. Please note down my order. I want the sofa-cum-bed offer in brown shade, pattern number-15, fabric sample number-21 by this month's end. Could you tell me about the total bill for this after deducting the rebate price? |
| सेल्समैन : | बस एक मिनट, सर। (कैल्कूलेटर लेता है व जोड़ता है) सर, यह लगभग 18,000/- रुपए बनता है। | Just a minute, sir. (Grabs the calculator and calculates the total) Sir, it comes out to be approximately ₹ 18,000/-. |
| ग्राहक : | यह ठीक है। जहाँ तक अलमारी की बात है, मुझे यह लकड़ी वाली पसंद है और मुझे लगता है कि इसका रंग मेरे घर की सजावट से व फर्नीचर से मेल खाता है। इसकी क्या कीमत होगी? | That's alright. As for the almirah, I like this wooden one and I guess its colour will also match the decor of my house and other furniture items. How much will it cost? |
| सेल्समैन : | यह केवल 4,000/- रुपए की है। | It's for ₹ 4,000/- only. |
| ग्राहक : | अच्छा! मैं अलमारी के पूरे पैसे दूँगा व सोफा-कम-बेड की 50 प्रतिशत अग्रिम भुगतान अभी कर दूँगा। शेष भुगतान काम होने के बाद किया जा सकता है। | Okay! I'll pay for the almirah in full and I'll make 50 per cent advance payment for the sofa-cum-bed right away. The balance can be paid once the work is done. |

| | | |
|---|---|---|
| सेल्समैन | : सर, कोई बात नहीं। कृपया रिसेप्शन की ओर चलें। | Not an issue sir. Kindly proceed towards the reception. |
| ग्राहक | : क्या आप वीजा लेते हैं? | Do you accept VISA? |
| सेल्समैन | : बिलकुल सर। | Definitely sir. |
| ग्राहक | : अच्छा, ये रहा मेरा कार्ड। | Alright, here's my card. |
| सेल्समैन | : धन्यवाद, सर। मैंने 13,000/- रुपए का भुगतान कर लिया है। अलमारी आज दोपहर तक ही डिलिवर हो जाएगी। कृपया हमें पता बताएँ जहाँ यह डिलिवर की जानी है। | Thank you, sir. I've processed a payment of ₹ 13,000/-. The almirah will be delivered by today afternoon itself. Kindly provide us the address where it needs to be delivered. |
| ग्राहक | : बिलकुल। ये रहा मेरा बिजनेस कार्ड। जगह का नक्शा व पता इस पर वर्णित है। आपका समय देने के लिए धन्यवाद। | Sure. Here's my business card. The map of the location and address have been mentioned on it. Thanks for your time. |
| सेल्समैन | : आपका स्वागत है सर। कृपया फिर पधारें। | You're welcome sir. Please visit us again. |
| ग्राहक | : क्यों नहीं! अच्छा! अब मैं चलता हूँ। गुडबाय। | Why not! Okay! I'll get going now. Goodbye. |
| सेल्समैन | : आपका दिन मंगलमय हो, सर! | Have a great day ahead, sir! |

## 93

# *Conversation between Two Friends about Keeping a Pet*

| | | |
|---|---|---|
| डेविड | : हे (हाय) सैम। क्या चल रहा है? | Hi Sam. What's up? |
| सैम | : हे (हाय) डेविड! ज्यादा कुछ नहीं। मैं तो बस पीटर | Hey, David. Nothing much. I just came with Peter (dog) |

| | | |
|---|---|---|
| | (कुत्ते) के साथ सैर के लिए आया था। | for a walk. |
| डेविड : | पीटर? वह कौन है? | Peter? Who's that? |
| सैम : | वह मेरा कुत्ता है—लेब्रेडर नस्ल का। | That's my dog—a labrador breed. |
| डेविड : | कुत्ता? तुमने कब से कुत्ता रखना शुरू किया? | A canine? Since when did you start keeping a pet? |
| सैम : | अभी तो केवल एक महीना ही हुआ है। | It has just been a month. |
| डेविड : | तो कहाँ है यह? | So, where is it? |
| सैम : | ज़रूर झाड़ियों में कहीं घूम रहा होगा, मल-मूत्र त्याग रहा होगा या कोई खजाना ढूँढ़ रहा होगा। हा! हा! हा! | Must be loitering around the bushes, passing his yellow-mellow or sneaking some treasure out. Ha! Ha! Ha! |
| डेविड : | सैम, मुझे ये कहने के लिए क्षमा करना मगर मुझे नहीं लगता कि एक पालतू जानवर रखना कोई अच्छा विचार है। | Sam, I'm sorry to say this but I don't think it's a good idea to keep a pet. |
| सैम : | तुम्हें ऐसा क्यों लगता है? एक ऐसा जानवर जो गूँगा व बेचारा हो, उसे घर, प्यार, देखभाल व चीजें देने में कुछ गलत नहीं। वैसे भी, कुत्ते हमेशा से ही घरेलू जानवर रहे हैं व इंसान हमेशा से ही उन्हें मालिकों की तरह कंट्रोल करते आए हैं। | Why do you feel so? There isn't anything wrong in providing shelter, love, care and provisions to an animal that is mute and meek. Besides, dogs have always been domestic animals and humans have always been controlling them as masters. |
| डेविड : | मगर क्या तुमने कभी ऐनीमल राइट्स वाएलेशन | But have you ever considered about animal rights |

के बारे में सोचा है? क्या तुम्हें नहीं लगता कि जानवरों को भी अपनी आजादी, अपने आस-पास का माहौल, जीवन व पर्यावरण का आनंद उठाने का उतना ही हक है जितना हमें और वो भी बिना कैद किए? क्या तुम इस बात से सहमत नहीं होगे कि उन्हें पकड़ना व बंदी बनाना एक क्रूरता व अन्याय का काम है?

violation? Don't you think that animals also have a right to enjoy their freedom, surroundings, life and the existence as much as we do without being made subservient? Would you not agree that capturing and slaving them amounts to an act of cruelty and injustice?

सैम : हो! हो! हो! मेरे जेम्स बॉन्ड, कृपया रुक जाओ। रुकावट के लिए खेद है, मगर तुम्हें इस तरह भाषण देने की जरूरत नहीं है। कम-से-कम अपने सबसे अच्छे दोस्त की तो नहीं। देखो डेविड, मैं पीटर का खूब खयाल रखता हूँ। वह मेरे लिए एक जानवर की तरह नहीं है। वह एक साथी, दोस्त व परिवार के सदस्य की तरह है। वह मेरे साथ सुबह व शाम की सैर पर आता है। वह रात में मेरे साथ खेलता है, मेरे कमरे में सोता है और हम जो भी कार्य घर पर करते

Ho! Ho! Ho! Please stop my 'James Bond'. Sorry to interrupt you but you don't have to sermonise like this. At least not to your best friend. See David, I take good care of Peter. He is not like an animal to me. He's more of a companion, friend and a family member. He accompanies me for the morning and evening walks. He plays with me at night, sleeps in my room and enjoys almost every activity that we do at home. Besides, I also take him for Dog Spa treatments, feed him dog's

| | | |
|---|---|---|
| | हैं, उसका आनंद लेता है। इसके अलावा मैं उसे कुत्ते के स्पा उपचार के लिए भी ले जाता हूँ, उसे कुत्तों का विशेष खाना देता हूँ व उसके साथ अपने दोस्त की तरह व्यवहार करता हूँ। तुम खुद ही देख सकते हो। मैंने उसे चेन भी नहीं डाली और वह पार्क में अपनी मस्ती कर रहा है। तो क्रूरता, अन्याय, असमानता वगैरह-वगैरह की तुम क्या बात कर रहे हो? बहुत अधिक इंसाफ करने वाले ना बनो। पहले खुद देखो, फिर बात करो। | special food and treat him like my buddy. You can yourself see. I didn't even chain him and he's having his time in the park. So, what cruelty, injustice, inequality, blah blah blah.... are you talking about? Don't be over-judgemental. See for yourself and then speak. |
| डेविड : | तुम पीटर को क्यों नहीं बुला लेते और मैं खुद देख लूँगा? | Why don't you call Peter and let me see that? |
| सैम : | एक सेकेंड। पीटर... पी...ट...र... (पीटर दौड़ता हुआ आता है व सैम के जूते चाटता है।) देखो, मैं इसके बारे में बात कर रहा था। इसके साफ, चमकदार बाल देखो। इसका बढ़िया शरीर व खुशनुमा स्वभाव देखो। आखिरी मगर उतनी ही महत्त्वपूर्ण बात इसकी गरदन देखो। इस पर कोई | Just a sec. Peter... P...e...t...e..rrr. (Peter comes running and starts licking Sam's shoes.) See, that's what I was talking about. Look at his clean, shiny hair. Notice his developed body and playful nature. Last but not the least, pay attention to his neck. There isn't any collar band on. So, what's your |

| | | |
|---|---|---|
| | भी कॉलर बैंड नहीं है। तो अब तुम्हारा क्या फैसला है? | verdict now? |
| डेविड : | मैं मानता हूँ। तुमने इसकी ठीक देखभाल की है मगर फिर भी तुम्हें चाहिए कि.... | I agree. You may've maintained him well but still you should.... |
| सैम : | आह! फिर से शुरू मत हो जाना। मैं कुछ भी गलत नहीं कर रहा। मैं इसे पिछले सप्ताह के अंत में घर लाया था व यह बहुत बढ़िया तरीके से हमसे घुल-मिल गया है। यह हमारे परिवार का एक बहुत चहेता सदस्य बन गया है। मैंने इसे अपनाने का तब फैसला किया जब मुझे पता चला कि इसके पहले का मालिक अचानक विदेश जाने के प्लान के कारण उसे छोड़ देना चाहता है। मैं नहीं चाहता था कि पीटर या तो अकेला हो जाए या फिर एक आवारा कुत्ता बन जाए। मुझे लगता है कि मैंने निस्वार्थ भाव से काम किया और उसे मूल सहूलियतें दीं। तो, मेरी बुराई करना बंद करो। बजाय इसके, इसके सकारात्मक पक्ष को देखो क्योंकि हर सिक्के के | Ah! Don't get started again. I'm not doing anything wrong. I brought him home last weekend and he has adjusted well. He has become a very dear member of our family. I decided to adopt him when I learnt that his ex-master wished to abandon him due to his urgent immigration plan. I didn't want Peter to be deserted or become a stray dog. I think I acted in an altruistic spirit and provided him the basic amenities. So, stop criticising me. Rather, try to look at its positive aspect as every coin has a flip side. Learn to weigh the pros and cons of any issue before hurling such grave allegations. I'm being an altruist here, doing good to someone with no apparent gain. |

| | | |
|---|---|---|
| | दो पहलू होते हैं। हर मुद्दे के फायदे व नुकसान को मापना सीखो, इससे पहले कि तुम मुझ पर इतने गंभीर आरोप लगाओ। मैं यहाँ निस्वार्थ भाव से बिना किसी व्यक्तिगत फायदे के किसी का भला कर रहा हूँ। | |
| डेविड : | अच्छा, मेरे तुरंत हाजिर-जवाब वाले हीरो, तुम्हें बातों में कोई नहीं हरा सकता। मैं अपने शब्द वापस लेता हूँ। क्या तुम इससे खुश हो? | Fine, my rapid-fire repertoire hero, nobody can defeat you in arguments. I take my words back. Does that make you happy enough? |
| सैम : | हाँ! ये बेहतर है। याद रहे कि ऐसे निस्वार्थ कार्यों की बात करना आसान है पर करना मुश्किल। अच्छा! अभी के लिए विदा। पीटर अब भूखा महसूस कर रहा होगा। फिर मिलेंगे। | Yeah! That's better. Remember that such unselfish acts are easier said than done. Okay! Bye for now. Peter must be feeling hungry by now. See you. |
| डेविड : | कल पीटर के साथ फिर से पार्क में मिलते हैं। गुडबाय। | See you tomorrow in the park with Peter again. Goodbye. |

# 94

## *Conversation between an Electricity Office Executive and a Consumer about Over-billing*

| | | |
|---|---|---|
| उपभोक्ता : | मिस्टर शर्मा, सुप्रभात। मुझे बिल-संबंधी परेशानी है। क्या आप मेरी इस बिल को | Good morning Mr. Sharma. I got some serious billing issue. Could you please help |

| | | |
|---|---|---|
| | समझने में सहायता कर सकते हैं? | me in understading this bill? |
| ऑफिसर : | सुप्रभात सर। मुझे यह सुनकर काफी अफसोस हुआ। मुझे आपके सवालों के संबंध में मदद करने में खुशी होगी। मगर क्या आप मुझे पहले बिल-संबंधी परेशानी के बारे में बताएँगे? मेरा मतलब है कि क्या ये रीडिंग, कुल राशि या सब्सिडी से संबंधित है? | Good morning sir. I'm very sorry to hear that. I'd be more than happy to help you regarding your queries. But could you first tell me about your concern? I mean is it related to reading, totalling or subsidy? |
| उपभोक्ता : | रीडिंग व अत्यधिक बिल राशि की। | Reading and over-calculation of the bill. |
| ऑफिसर : | ओह! उसके लिए आपको काउंटर नंबर 5 पर जाना होगा और वहाँ पर मिस्टर भाटिया से मिलना होगा। वे जोनल इंचार्ज हैं। वे आपकी इसमें पूरी मदद करेंगे। | Oh! For that you need to go to the counter No. 5 and see Mr. Bhatia over there. He's the zonal incharge. He would help you in this concerns. |
| उपभोक्ता : | ठीक है। (उस दिशा में जाता है।) | Alright. (Heads towards that direction.) |
| | सर, सुप्रभात। मैं रोहित वर्मा हूँ और मेरी कुछ बिल-संबंधी शिकायतें हैं। यह रहा मेरा आखिरी बिल। क्या आप मेरी इसमें मदद कर सकते हैं? | Good morning sir. I am Rohit Verma and I've got some billing issues. Here's my last bill. Could you please help me with it? |
| मि. भाटिया : | मिस्टर वर्मा, सुप्रभात। कृपया बैठ जाएँ। कहिए, मैं आपकी किस प्रकार सहायता कर सकता हूँ? | Good morning Mr. Verma. Please be seated. Tell me how can I help you? |

| | | |
|---|---|---|
| उपभोक्ता : | सर, इसकी कैलकुलेशन व रीडिंग में बहुत बड़ी गलती हुई है। अगर आप पिछले 6 महीनों तक की रीडिंग को देखेंगे तो पाएँगे कि खपत कभी भी 200 यूनिट से ज्यादा नहीं रही। लेकिन, इस महीने का बहुत अधिक यानि 400 यूनिट का बिल सामान्य बिल का दोगुना है। मैं कोई भी विशेष अवसर या इस्तेमाल नहीं याद कर पा रहा जो कि इतनी अधिक कुल राशि के लिए जिम्मेदार हो। ना तो मैंने कोई नया यंत्र खरीदा है, ना ही कोई नया बिजली का यंत्र अपने घर में लगाया है। फिर अचानक से मेरा बिल इतना ज्यादा कैसे हो गया? यह सही नहीं हो सकता। | Sir, there is a huge mistake in its calculation and reading. If you refer to the previous readings for up to last six months, you'd find that the consumption never exceeded beyond 200 units. However, this month's bill reflects an excessively high usage of 400 units, which is two-fold that of the regular bill. I can't recall any special event or usage which could be held accountable for such huge accumulation. I have neither purchased any new equipment nor installed any new electrical appliance in my house. So, how come my bill suddenly turned so high? This just can't be right/real. |
| मि. भाटिया : | सर, कृपया शांत रहें। मुझे आपका बिल व पिछला रिकॉर्ड देखने दें। (बिल चेक करता है।) ठीक है। मैंने आपका बिल देख लिया है और मैं आपके पिछले 6 महीनों के बिलों की बात से सहमत हूँ। लेकिन इस बार का चरण, जिसमें कि पिछले 2 महीने | Just be patient, sir. Let me go through your bill and previous records. (Examines the bill.) Alright. I've gone through your bill and I agree with what you said about your previous bills for the last six months. However, during this cycle that includes the last two months, |

| | | |
|---|---|---|
| | शामिल हैं, यह 400 यूनिट का इस्तेमाल दिखाता है। अगर आपको लगता है कि रीडिंग में कोई गलती हुई है, तो हम दुबारा उपयोग हुई यूनिट की रीडिंग का प्रबंध करा सकते हैं। क्या आप चाहते हैं कि मैं उसका प्रबंध करा दूँ? | it does reflect a usage of 400 units. If you think that the reading has been mistaken, we could arrange for a re-recording of the used units. Would you wanna me to arrange for that? |
| उपभोक्ता : | नहीं, मैं यह नहीं चाहता। यहाँ आने से पहले मैंने खुद मीटर रीडिंग चेक की थी। उसमें बिल में लिखे यूनिट के बराबर ही रीडिंग थी। मेरी परेशानी यह है कि या तो मीटर तेज चल रहा है या शायद कोई मेरे बिजली के कनेक्शन से शंट लगाकर चोरी कर रहा है। मैं आपकी गलती या किसी और की चालाकी के लिए भुगतान नहीं करूँगा। | No, I don't want that. Before coming here, I checked the meter reading myself. It reflected the same units as mentioned in the bill. My concern is that the meter is running fast or may be someone is stealing from my connection via a shunt. I won't pay for your mistake or someone else's pranks. |
| मि. भाटिया : | सर, मैं आपकी परेशानी समझता हूँ। विश्वास करें। यह संभव नहीं कि कोई ऐसा कर पाए क्योंकि बिजली की तारों पर हाल ही में बदली इनसूलेशन कॉयल के रहते किसी के लिए भी ढीली या खुली तारों से बिजली चुराना | Sir, I understand your anxiety. Trust me. There is no way anyone can do that either, because with the recently changed insulation coils on the power cables, it is impossible for anyone to steal electricity from any loose or open wire. And as |

| | | |
|---|---|---|
| | असंभव हो गया है। और जहाँ तक मीटर के तेज होने की बात है, यह कभी भी अपने-आप नहीं होता। क्या आपने कभी इसकी सील से छेड़छाड़ की है? या क्या कभी भी आपने किसी स्थानीय बिजली वाले को बुलाकर नए डिजीटल मीटर से छेड़छाड़ करवाई है? | for the meter being fast, it never happens on its own. Did you ever tamper with its seal? Or did you ever call any local electrician to tamper with the new digital meter? |
| उपभोक्ता : | मुझे ऐसा नहीं लगता। मुझे लगता है कि यह तेज चल रहा है। मैं इसे बदलवाना चाहता हूँ। | I don't think so. I think it's running fast. I want it to be replaced. |
| मि. भाटिया : | सर, बदलाव केवल गलत मीटर के केस में ही होता है। हम आपके निवेदन पर मीटर टेस्ट का निर्देश दे सकते हैं। मगर याद रहे कि किसी भी प्रकार के छेड़छाड़ के केस में आपको फाईन देना होगा। मगर यदि इसमें कोई तकनीकी खराबी साबित होती है तो इसे बदला या ठीक किया जाएगा। | Sir, a replacement will be done only in case of a faulty meter. We can order for a meter test on your request. But remember that in case of any sort of tampering, you'll have to pay the fine. However, if it is found to have any technical error, it would be replaced or fixed, as the case may be. |
| उपभोक्ता : | आहा! मैं समझता हूँ। चलिए ठीक है। मैं निश्चिंत हूँ कि मेरी ओर से कभी भी ऐसा कोई प्रयास नहीं किया गया है। | Aha! I understand that. Please go ahead. I'm very sure and certain that, at my end, there has never been any such attempt. |

| | | |
|---|---|---|
| मि. भाटिया | : ठीक है सर। आपकी शिकायत दर्ज कर ली गई है। अगले 24 घंटों में एक इंजीनियर आपके घर का दौरा करेगा ताकि इसके कारण का पता लग सके। बेफिक्र रहें, आपकी तसल्ली के अनुसार ही टेस्ट किया जाएगा। क्या आप किसी और प्रकार की मदद चाहते हैं? | Fine sir. Your complaint has been registered. An engineer will visit your house within the next 24 hours to ascertain the cause. Rest assured, the test will be run to your satisfaction. Is there anything else you need help with? |
| उपभोक्ता | : नहीं, अभी नहीं। देखते हैं आपकी रिपोर्ट क्या कहती है और फिर मैं अगला कदम उठाऊँगा। फिर भी आपके सहयोग के लिए शुक्रिया। | Not as yet. Let me see what your report says and then I'll take the next step. Thanks for your cooperation, anyway. |
| मि. भाटिया | : सर, आपका स्वागत है। | You're welcome, sir. |

## 95

## *Conversation between Two Friends about the Effects of the Overcrowded Traffic Situation*

| | | |
|---|---|---|
| राम | : हाय (हैलो) डेविड। तुम कैसे हो? तुम किस ओर जा रहे हो? | Hi David. How do you do? Which direction are you headed to? |
| डेविड | : हाय (हैलो) राम। मैं ठीक हूँ, धन्यवाद। मैं सी.पी. की ओर जा रहा हूँ। क्या तुम साथ आना चाहते हो? | Hi Ram. I'm fine, thank you. I'm going to C.P. Do you wanna come along? |

| | | |
|---|---|---|
| राम | : हाँ! मैं आना चाहता हूँ। तुम वहाँ कैसे जा रहे हो— मोटरबाईक से या कार से? | Yeah! I want to. How are you going there – by motorbike or car? |
| डेविड | : मैं सार्वजनिक यातायात से जाऊँगा। मेरा मतलब है मेट्रो से। मैं अपनी गाड़ी मेट्रो स्टेशन पर खड़ी कर दूँगा और वहाँ से ट्रेन ले लूँगा। | I'm gonna go by public transport. I mean metro. I'll park my car at the metro station and board a train from there. |
| राम | : क्या? मेट्रो ट्रेन? तुमने कब से सार्वजनिक यातायात से जाना शुरू कर दिया? तुम तो हमेशा से ही सार्वजनिक यातायात में जाने से कतराते थे। तुम्हें क्या हो गया है? हा! हा! | What? Metro train? Since when have you started using the public transport? You were always so fearsome about using the public mode of transportation. What's got inside you? Ha! Ha! |
| डेविड | : हाँ! तब मैं बहुत स्वार्थी हुआ करता था। मगर अब मैं ईको-सिस्टम, वातावरण व प्रकृति के प्रति कहीं ज्यादा जिम्मेदार हो गया हूँ। मुझे लगता है कि प्रकृति व पोषण एक नहीं हैं व मैं महसूस करता हूँ कि हम सभी को इसका ध्यान रखने में अपना योगदान देना चाहिए और अपने ग्रह को बचाने के लिए इसका पोषण करना चाहिए, अन्यथा विनाश को रोका नहीं जा सकता। | Yeah! I used to be so selfish then. But now I'm much more responsible towards our eco-system, environment and mother Nature. I feel that nature and nurture are not the same and I feel that we should all participate in taking care of it and nurturing it to save our planet, else the destruction can't be warded off. |
| राम | : आह! क्या? तुम क्या बेकार की बातें कर रहे हो? | Ah! What? What nonsense are you talking of? You |

| | | |
|---|---|---|
| | तुम कितने चिंतित लगते हो। क्या तुम ठीक हो? | sound so taxed. Are you alright? |
| डेविड : | हाँ, मैं बिलकुल ठीक हूँ। मैं यह कह रहा हूँ कि हमारे संसाधन सीमित हैं व उनमें से ज्यादातर विलुप्त होने वाले हैं। तो अगर हम जागरूक होकर इनका उपयोग कम नहीं करेंगे, तो जल्दी ही इनकी उपलब्धता खत्म हो जाएगी। इनका अधिक उपयोग कार्बन डाईऑक्साइड व सल्फ्यूरिक कणों इत्यादि का पर्यावरण में ज्यादा निकास कर रहा है। जहरीले पदार्थों की उच्च मात्रा व ग्रीन हाऊस गैसों से वायु प्रदूषण, ध्वनि प्रदूषण, ग्लोबल वार्मिंग और वायु प्रदूषण से होने वाली अन्य कई बीमारियाँ भी उत्पन्न होती हैं। क्या तुम जानते हो कि विश्व का औसत तापमान हर दशक में 2 डिग्री सेल्सियस बढ़ रहा है, जो कि ध्रुवीय बर्फ को पिघला रहा है, जिससे बाढ़, सुनामी और बहुत सारी अन्य प्राकृतिक आपदाएँ भी हो सकती हैं। | Yes, I'm completely fine. What I'm saying is that our resources are scarce and most of them are exhaustible. So, if we don't become proactive and limit their use, we'll soon run out of their availability. And their increased use is leading to a higher emission of carbon dioxide and sulphuric particles, etc. in the environment. The raised levels of toxic elements and greenhouse gases lead to air pollution, noise pollution, global warming and many air-borne diseases as well. Do you know that average temperature of the world is rising by 2°C every decade, which, in turn, is leading to the melting of the polar ice that could cause floods, tsunamis and much more. |
| राम : | तुम्हें इसके बारे में इतना सब कैसे पता है? | How do you know so much about it? |

| | | |
|---|---|---|
| डेविड : | ये हर जगह प्रचारित व प्रसारित किया जा रहा है। यह एक वैश्विक समस्या है और इसका तुरंत निवारण बहुत जरूरी है। किसी भी तरह का विलंब विनाशकारी साबित हो सकता है। | It is being publicised and televised everywhere. It's a global issue and it needs immediate resolution. Any further delay could prove catastrophic. |
| राम : | हमारे जैसा साधारण व्यक्ति क्या कर सकता है? | What can a common man like us do? |
| डेविड : | भूलो मत कि बूँद-बूँद से ही सागर बनता है। अगर हर व्यक्ति जिम्मेदार बन जाए तो बहुत सारे बदलाव लाए जा सकते हैं। | Don't forget that it is the 'single drops that make an ocean'. If every individual becomes responsible, then a lot of changes can be brought in. |
| राम : | तो, हमें क्या करना चाहिए? | So, what should we do? |
| डेविड : | दरअसल, तुम बहुत कुछ कर सकते हो। उदाहरणत:, हाइब्रिड कार की ओर रुख करें, साधारण बल्ब (काँच के) की जगह सी.एफ.एल. का उपयोग करें, सोलर ऊर्जा का इस्तेमाल करें, कभी ना खत्म होने वाले संसाधनों को अपनाएँ, सी.एफ.सी. का उपयोग कम करें, जैविक व अजैविक कूड़े को अलग-अलग रखें, चीजों को री-साइकिल करें, कूड़े का उत्पादन कम करें, चीजों को | Well, there are several things that you could do. For example, switch to hybrid cars, use CFLs instead of incandescent bulbs, use solar power, resort to inexhaustible fuels, reduce use of CFC (chlorofloro carbons), separate bio-degradable waste from non-bio-degradable items, recycle things, reduce the wastage, reuse the commodities in one or the other way, adopt green house concept, etc. |

| | | |
|---|---|---|
| | एक या दूसरे तरीके से फिर से इस्तेमाल करें, ग्रीन हाऊस कॉनसेप्ट इत्यादि अपनाएँ। | |
| राम : | मैं समझ गया। | I got that. |
| डेविड : | और, सभी बिजली के उपकरणों की ध्वनि कम करने से, हॉर्न कम बजाने से, एयरोसौल के उत्पादों का उपयोग कम करने से, स्टैंड-बाय पर रखे बिजली के उपकरणों को बंद इत्यादि करने से वातावरण में बहुत अधिक बदलाव लाया जा सकता है। | Also, turning down the volume of all the electronic equipment, less honking, reduced use of aerosol-based products, turning off the stand-by electronic items, etc. could bring in a great change in the environment. |
| राम : | डेविड, आँखें खोल देने वाले तुम्हारे इस भाषण से मुझे पर्यावरण के अनुकूल तरीकों को समझने में काफी मदद मिली। तुम्हारे सुझावों के लिए शुक्रिया। | David, your eye-opening lecture has really helped me understand a lot about eco-friendly measures. Thanks a lot for your guidance. |
| डेविड : | मुझे बेवजह शुक्रिया मत कहो। मगर, इन सब सुझावों को प्रयोग में लाओ ताकि तुम बदलाव की अगुआई कर सको। | Don't thank me unnecessarily. But also try to implement all these concepts in practice to be a harbinger of change. |
| राम : | मैं निश्चय ही इसकी कोशिश करूँगा। ठीक है, मैं भी तुम्हारे साथ मेट्रो के सफर पर चलूँगा। मैं तुम्हारी बात समझ गया। मुझे नहीं | I'll try that for sure. Okay! I'll also join you for the metro ride. I've understood your point. I didn't know that the use of public conveyance and |

| | | |
|---|---|---|
| | पता था कि पब्लिक यातायात का उपयोग व कार-पूलिंग पर्यावरण को बचाने में मेरी मदद कर सकते हैं। चलो चलते हैं। हमें देर हो रही है। | car pooling can help me save the environment. Let's get going. We're getting late. |
| डेविड : | हा! हा! हाँ, चलो चलते हैं...। | Ha! Ha! Yes, let's make a move.... |

## 96

## *Conversation between Two Friends about Socialising via Internet Websites*

| | | |
|---|---|---|
| डेविड : | हैलो! सैम, क्या चल रहा है? तुम्हारी (जिंदगी) कैसी कट रही है? | Hello! Sam, what's up? How's life treating you? |
| सैम : | हाय (हैलो)! डेविड, मेरी तो काफी अच्छी चल रही है। सब ठीक है। तुम कहो, तुम्हारी तरफ सब कैसा है? | Hi! David, it's pretty good. All is well. You say, how are things at your end? |
| डेविड : | आह! पढ़ाई और काम ठीक हैं। बस मैं अपने स्कूल व कॉलेज के मित्रों को बहुत याद करता हूँ। पढ़ाई व काम, दोनों के दबाव के कारण, मुझे बिलकुल भी खाली समय नहीं मिलता कि मैं अपने दोस्तों का हालचाल भी जान पाऊँ। ये मुझे काफी उदास व अकेला कर देता है। मैं काफी पीछे छूटा हुआ और | Ah! The studies and work are fine. It's just that I miss all my school and college pals. With the pressure of both work and study, I barely get any leisure time to catch up with my friends. This somehow leaves me saddened and makes me feel aloof. I feel left out and segregated. What's your story? Don't you also feel |

| | | |
|---|---|---|
| | अलग-थलग महसूस करता हूँ। तुम्हारा क्या कहना है? क्या तुम्हें भी ऐसा नहीं लगता? | this way? |
| सैम : | नहीं, बिलकुल नहीं। मैं ऐसा बिलकुल नहीं सोचता। मुझे लगता है कि मैं अपने स्कूल व कॉलेज के पुराने मित्रों से सोशल नेटवर्क द्वारा पूरे संपर्क में हूँ। तुम भी यही क्यों नहीं करते? यह काफी आसान, सस्ता, आरामदायक, अर्थपूर्ण व बढ़िया तरीका है मेलजोल बढ़ाने का और वह भी तुम्हारी अपनी सहूलियत के अनुसार। तुम कंप्यूटर को सुबह, शाम या रात को अपनी सहूलियत के अनुसार चालू कर सकते हो। और, सिर्फ बटन के एक क्लिक के साथ अपने सारे दोस्तों को ग्रीटिंग भेज सकते हो और उनके स्टेटस, जीवन, भाव व मौजूद होने की जानकारी रख सकते हो। | Not at all. I don't think that way. I think I'm very much in touch with all the old pals from school and college via social networking. Why don't you also do that? It's easy, cheap, convenient, economical and effective way of socialising and that too at your own leisure. You can log on the computer in the morning, evening or at night, depending on your convenience. Also, just at the click of a button, you could send greetings to all your friends and remain updated about their status, life, feelings and whereabouts. |
| डेविड : | तुम्हें बीच में ही रोकने के लिए क्षमा चाहूँगा पर मुझे नहीं लगता कि मैं रोजाना ई-मेल भेज सकता हूँ या | Sorry to interrupt you in between but I don't think I can send e-mails daily or read them upon receiving in bulk. |

| | | |
|---|---|---|
| | बहुत अधिक मात्रा में उन्हें प्राप्त करने पर पढ़ सकता हूँ। यह मेरे लिए संभव नहीं है। | That's not feasible for me. |
| सैम : | तुम मेरा मतलब नहीं समझे। मेरा मतलब ट्विटर, फेसबुक, यूट्यूब, ऑरकुट व ब्लौगस्पॉट इत्यादि वेबसाइट से था। ऐसी वेबसाइट के बहुत सारे फीचर, जैसे कि फोरम, ब्लॉग, चैटिंग सॉफ्टवेयर, ई-मेल, फोटो-शेयरिंग, डाटा-ट्रांसफरिंग, संदेश भेजना और बहुत सारे और फीचर होते हैं। तो एक बार तुम किसी एक वेबसाइट में लॉग-इन करो तो तुम बहुत कुछ कर सकते हो। और तुम नए दोस्त ढूँढ़ सकते हो, अपनी पसंद के अनुसार नई कम्यूनिटी से जुड़ सकते हो, नई बहस के मुद्दे छेड़ सकते हो, नए सवाल पूछ सकते हो, इत्यादि। वीडियो व फोटो-अपलोडिंग फीचर से तुम सारी दुनिया को अपनी नवीनतम-यात्राओं व कार्यों के बारे में बता सकते हो या उनके विवरणों से उनके बारे में जान सकते | You didn't get my point. I meant the websites like twitter, facebook, youtube, orkut or blogspots, etc. Such websites have several features like forums, blogging, chatting softwares, e-mailing, photo-sharing, data transferring, message posting features and much more. So, once you log-in to a certain website, you can do a lot more. Also, you can find new friends, join new communities based on your interest, initiate certain debates, raise new questions, etc. The video and photo-uploading features help you show the world your latest outings or activities or access to theirs to know more about them. Isn't that exciting and easy? |

| | | |
|---|---|---|
| | हो। क्या यह रोचक व आसान नहीं है? | |
| डेविड : | मुझे लगता है ऐसा हो सकता है। पर बात यह है कि मैंने कभी भी मेलजोल के लिए यह रास्ता अपनाने के बारे में सोचा ही नहीं था। मगर फिर भी मुझे लगता है कि तुम्हारा विचार अच्छा है और मैं ऐसा ही करूँगा। तुम्हारे सुझाव के लिए शुक्रिया। | I'm sure it is. It's just that I never thought of socialising with people that way. But I still think that I liked your idea and will do so. Thanks for your suggestions. |
| सैम : | तुम्हें मुझे इसके लिए शुक्रिया करने की जरूरत नहीं। मैं मानता हूँ कि ऐसे वास्तविक समाज की नेटवर्किंग ने लोगों में होने वाली असल बातचीत को कम कर दिया है। मगर फिर भी मैं यह सोचता हूँ कि ये आजकल के लोगों की समय की कमी की समस्या को पूरा करने वाला सबसे कारगर तरीका है। नहीं है क्या? | You don't need to thank me for that. I agree that such virtual world networking has reduced the real-time communication amongst people. Yet I think it's the best alternative to the 'lack of time' problem of the youth today. Isn't it? |
| डेविड : | हाँ! मैं दावे से कह सकता हूँ कि हाँ ऐसा ही है। तो चलो चलते हैं। मुझे लगता है कि तुम्हें घर के लिए देर हो रही होगी। | Yeah! I bet it is! So, let's get going. I think you must be getting late for home. |
| सैम : | हाँ। तुम्हें भी। ठीक है! अभी के लिए विदा। | Ya! You as well. Okay! Bye for now. |

| | |
|---|---|
| डेविड : गुडबाय! अपना खयाल रखना। | Goodbye! Take care. |
| सैम : तुम भी। | You too. |

## 97

# *Conversation between a Father and a Son about the Importance of Insurance*

| | |
|---|---|
| बेटा : गुड इवनिंग पिताजी। आप कैसे हैं? | Good evening dad. How do you do? |
| पिता : गुड इवनिंग मेरे बेटे। मैं ठीक हूँ, तुम कैसे हो? तुम्हारी पढ़ाई व सामाजिक जीवन कैसा चल रहा है? क्या सब कुछ सही चल रहा है या नहीं? | Good evening my son. I'm fine. How about you? How are your studies and social life going? Is everything going up to the mark or not? |
| बेटा : हाँ पिताजी। लगभग सब कुछ ठीक चल रहा है। मगर मैं आपसे कुछ पूछना चाहता था। क्या मैं पूछूँ? | Yes dad. Almost everything is going fine. But I wanted to ask you something. Shall I go ahead? |
| पिता : क्यों नहीं, मेरे बेटे। क्या बात है? तुम्हारा जेब-खर्च या तुम्हारी मोटर-बाईक? | Of course, my son. What is it? Your pocket money or your bike? |
| बेटा : नहीं, नहीं। वह नहीं पिताजी। आपने कल जो पॉलिसी खरीदी थी, उसके बारे में मैं आपसे पूछना चाहता था। मेरा मतलब है कि हमें इंश्योरेंस की क्या जरूरत होती है? हम सभी तो कुशल-मंगल हैं। और भगवान की दया से, हमारे | No, no! Not that, dad. I wanted to ask you about that policy you took yesterday. I mean, why do we need an insurance? We're all in good spirits. And with God's grace, there has never been any genetic or hereditary disorder in our family. So, |

| | | |
|---|---|---|
| | परिवार में कभी भी कोई वांशिक या पीढ़ी-दर-पीढ़ी बीमारी नहीं हुई। तो, आपको बिना नाराज किए, मैं आपसे इसकी जरूरत के बारे में पूछना व इसकी विस्तृत जानकारी चाहता था। | without sounding offending, I wanted to question you about its need and learn from you its details. |
| पिता : | तुम्हें अपने लहजे में इतना नाप-तोल कर बात करने की जरूरत नहीं। तुम्हें कोई भी विषय, जो परेशान करे, उसके बारे में बेझिझक पूछने की आजादी महसूस करनी चाहिए। तो तुम किस पॉलिसी की बात कर रहे हो—स्वास्थ्य संबंधी इंश्योरेंस प्लान की, जो कि मैंने कल साईन की थी? | You don't need be so diplomatic in your tone. You should feel free to ask me about any query that bothers you. So, which policy are you referring to—the medical health insurance plan that I signed yesterday? |
| बेटा : | जी, पिताजी। वही स्वास्थ्य संबंधी इंश्योरेंस प्लान। क्या यह पैसे की बरबादी नहीं? | Yes, father. That health insurance plan. Isn't it a wastage of money? |
| पिता : | नहीं, मेरे बच्चे। मैं तुम्हें समझाता हूँ कि ये कैसे काम करता है और इसकी जरूरत क्यों होती है। बेटा, ये ऐसे है—तुम एक छोटी प्रीमियम रकम वार्षिक आधार पर कुछ अवधि के लिए देते हो और तुम्हें पूरे परिवार के लिए लाखों की जोखिम राशि का प्रावधान मिल जाता है। | No, my child. I'll explain you how it works and why is it needed. Son, it's like you pay a small premium amount per annum for a certain period and you get coverage in lacs as per your plan for the entire family. For example, you may have to pay ₹ 5.5 thousand, 6 thousand or 6.5 thousand as |

उदाहरण के लिए, तुम्हें 5.5 हजार, 6 हजार या 6.5 हजार रुपए अपने प्लान के अनुसार देने होंगे और तुम 2, 2.5 या 3 लाख रुपए के लिए 12 महीने तक इंश्योर हो जाओगे। उदाहरण के लिए, किसी भी बिमारी या दुर्घटना के अक्समात घटने पर, तुम्हें कंपनी द्वारा ही अस्पताल के बिल; दवा का खर्च, ऑपरेशन व रहने का खर्च इत्यादि के भुगतान का प्रावधान मिल जाता है। दूसरे, छोटी या बड़ी बीमारियों में भी डॉक्टर की फीस का खर्च इसमें कवर रहता है। ये लगभग 'बहुत कम' या 'ना खर्च' होने के बराबर का प्लान है, जो कि इंश्योरेंस पॉलिसी के रूप में है। अचानक होने वाले किसी भी मेडिकल खर्च के केस में भी, भुगतान वापस मिलने का प्रावधान रहता है अगर बिल की कॉपियाँ या प्रतिलिपियाँ संलग्न की जाएँ। तो ये लगभग बिना राशि का इलाज सभी मेडिकल संस्थानों पर मान्य है।

per your plan and you get insured for 2, 2.5 or 3 lac for a period of 12 months. For instance, in case of any medical or accidental urgency, you would get the coverage from the company for hospital bills, expenses, drug expenditure, operational cost, stay, etc. Even in case of other minor or major afflictions, the fee for a doctor's visit is also covered under it. It's a kind of 'very less' or 'no expenditure' plan in the form of insurance policy. In case of any sudden medical spending also, a reimbursement is possible once the proof/bill-copies are attached. So, it's kind of cashless treatment in all medical set-ups.

| | | |
|---|---|---|
| बेटा : | तो अगर, भगवान ना करे, एक पॉलिसी होल्डर दुर्घटना में मर जाए, तो क्या होगा? | What if, God forbid, a policy-holder dies in an accident? |
| पिता : | ऐसी दुर्घटनाग्रस्त अवस्थाओं में भी दुर्घटना कवर होता है जो कि पॉलिसी व अदा किए गए प्रीमियम के अनुसार अलग-अलग होता है। | In case of such mishappening also, there is a provision of accidental coverage, which could vary as per the policy and the premium being paid. |
| बेटा : | तो पिताजी, ये प्रीमियम अलग-अलग कैसे होता है? | So, how does the premium vary? |
| पिता : | मेरे बेटे, ये इंश्योरेंस विशेषज्ञों द्वारा अनुमानित होता है, जो कि इस पॉलिसी लेने वाले की उम्र के अनुसार होने वाले खतरों को ध्यान में रखकर बनाई जाती है। यह आयु की सीमा के अनुसार साधारणतः तय होती है और हर कंपनी के अनुसार अलग-अलग रहती है। | My son, it is calculated by insurance specialists based on the risk factors associated with the age of the policy-taker. It is usually fixed for a certain age-limit and varies from company to company. |
| सैम : | आहा! मैं समझ गया। लेकिन तब क्या जब मेरा खर्च, बिल, दवाइयाँ इत्यादि बहुत ज्यादा हों? | Aha! I got that. But what if my expenditure, bills, costs, drugs, etc. are too high? |
| पिता : | देखो, अगर वह पॉलिसी द्वारा निर्धारित अधिकतम सीमा से ज्यादा हो तो बची हुई राशि पॉलिसी लेने वाले | See, in case they exceed the maximum limit set by the policy, the difference has to be borne by the policy-taker. |

| | | |
|---|---|---|
| | को ही देनी पड़ती है। इसीलिए मैंने कहा न्यूनतम खर्चा या बिना खर्च वाला इलाज। | That's why I said minimal expenditure or cashless treatments. |
| बेटा : | मैं समझ गया, पिताजी। तो कौन-सा ऑफर सबसे बढ़िया है? मेरा मतलब है कि मुझे कैसे पता चलेगा कि कौन-सा लें? | I understood that, dad. So, which offer is the best? I mean how do I know which one to go for? |
| पिता : | बेटा 'सबसे सही' या 'सबसे बढ़िया' जैसी कोई चीज नहीं होती। ये कहने के उपरांत, मैं इस बात पर जोर देना चाहूँगा कि तुम्हारे लिए सबसे बढ़िया पॉलिसी वह होगी जो तुम्हारी मूल जरूरतों, आवश्यकताओं व माँगों को पूरा करे। कोई एक पॉलिसी लेने से पहले, तुम्हें कई कंपनियों के कार्यरत लोगों से मिलना चाहिए और उन सबके ऑफरों की जाँच कर, अपने लिए सबसे बढ़िया चुननी चाहिए। | There is no such thing as 'perfect' or 'best'. Having said that, I would re-emphasize on the 'best for you' as the policy that meets all your basic needs, requirements and demands. Before opting for one certain policy, you should meet several company representatives and compare their offers before analysing or selecting the most suitable one for you. |
| बेटा : | ठीक है पिताजी। आपके मार्गदर्शन के लिए शुक्रिया। आप कितने समझदार इंसान हैं, पिताजी। मैं आपकी तत्परता, सूझ-बूझ व दूर-दृष्टि की योग्यता पर गर्व करता हूँ। | Fine dad. Thanks a lot for your guidance. You're such a thoughtful man, dad. I'm so proud of your ready wit and farsighted nature. |

| | | |
|---|---|---|
| पिता | : बेटा, याद रखना कि समय के अनुसार किया एक कार्य बाद की कई परेशानियों को हल कर देता है। तो हमेशा तत्पर रहो क्योंकि पछतावे से सावधानी बेहतर होती है। | Son, remember that "A stitch in time saves nine". So, be proactive as it is better to be safe than sorry. |
| बेटा | : बिलकुल पिताजी। मैं यह हमेशा याद रखूँगा। अच्छा! मैं अब शाम की सैर के लिए जा रहा हूँ। क्या आप साथ आना चाहते हैं? | Of course dad. I'll always remember that. Okay! I'm gonna go for an evening walk. Do you wanna come along? |
| पिता | : नहीं, बेटा। तुम जाओ। रात के खाने के लिए 8.30 बजे तक वापस आ जाना। | No, son. You carry on. Do come back by 8.30 p.m. for the supper. |
| बेटा | : मैं आ जाऊँगा पिताजी। चिंता ना करें, अभी चलता हूँ। | I'll dad. Don't worry. Bye for now. |
| पिता | : बाय प्रिय। | Bye dear. |

## 98

## *Conversation between a Dentist and a Patient (about Oral Hygiene)*

| | | |
|---|---|---|
| मरीज | : डॉक्टर, सुप्रभात। | Good morning doctor. |
| डॉक्टर | : सुप्रभात, आप कैसे हैं? | Good morning. How do you do? |
| मरीज | : डॉक्टर, मैं ठीक नहीं हूँ। मैं जिस वजह से आपके पास आया हूँ वह यह है कि जब भी मैं कुछ ठंडा खाता या पीता हूँ, मुझे बहुत तेज दर्द महसूस होता है। मुझे लगता | I'm not well, doctor. The reason I've come to see you is the severe pain that I experience while eating or drinking something cold. I think I've been brushing my |

| | | |
|---|---|---|
| | है कि मैं अपने दाँत ठीक से ब्रश करता हूँ। मैं नियमानुसार अपने दाँतों की साफ-सफाई करता हूँ और साधारणत: अच्छी ओरल (मुँह की) सफाई रखता हूँ। मुझे नहीं पता कि मेरे दाँतों में क्या तकलीफ है। इनमें दर्द शुरू हो गया है। | teeth properly. I follow a proper routine of cleaning my teeth regularly and generally maintain good oral hygiene. I don't know what's wrong with my teeth. They've started aching. |
| डॉक्टर : | कृपया मुझे पहले आपके दाँतों का निरीक्षण करने दें और फिर मैं ये बताऊँगा कि किस प्रकार के इलाज की कितनी जरूरत होगी। (मरीज के दाँत चेक करता है।) ठीक है। मैंने तुम्हारे दाँतों की जाँच कर ली है और मैं यह देख सकता हूँ कि तुम्हारे मसूड़े/दाँत सेनसिटिव (नाजुक) हो गए हैं क्योंकि इनकी जड़ें व नसें भी प्रभावित हैं। तुम्हें यह तकलीफ हुए कितना समय हो गया है? | Please allow me to examine your teeth first and then I'll talk about the procedure as may be required. (Examines patient's teeth.) All right. I've examined your teeth and I can see that your gums/teeth have become sensitive as the roots or nerves are involved. How long have you been experiencing this problem? |
| मरीज : | अभी ही, मेरा मतलब है कि 15 दिन या उसके आस-पास। | Off late. I mean just a fortnight or so. |
| डॉक्टर : | तुम इस दर्द को कैसा बताओगे—तेज, बढ़ता हुआ, बहुत तेज, चुभता हुआ, कंपन, अहसास मात्र या...। | How would you describe the pain – acute, shooting, severe, aching, tingling, sensation or.... |

| | | |
|---|---|---|
| मरीज | : ये तेज व बढ़ता हुआ है। | That's acute and shooting. |
| डॉक्टर | : और ब्रश करने के बारे में कुछ बताएँगे? आप कितनी बार ब्रश करते हैं? | And what about brushing? How often do you brush your teeth? |
| मरीज | : एक दिन में कम-से-कम दो बार। | Twice a day at least. |
| डॉक्टर | : आप इसे कितनी देर तक करते हैं? | How long do you do it? |
| मरीज | : अकसर, मैं अपने दाँतों को 10 मिनट या उससे ज्यादा देर के लिए ब्रश करता हूँ। | Usually, I brush my teeth for 10 minutes or so. |
| डॉक्टर | : क्या आप अपने दाँतों पर ज्यादती कर रहे हैं? मेरा मतलब है कि क्या आप उन्हें बहुत जोर से ब्रश करते हैं या आप एक सख्त ब्रश इस्तेमाल करते हैं? | Are you being too harsh on your teeth? I mean do you brush them too harshly or do you use a very hard brush? |
| मरीज | : मैं निश्चित रूप से यह नहीं कह सकता। | I can't say that for sure. |
| डाक्टर | : मैं आपके दाँतों से जो देख सकता हूँ, वह यह है कि आप अपने दाँतों के साथ बेरहम हैं और आप उनको सही तरीके से साफ करने का तरीका नहीं अपना रहे। जैसा कि आपको पहले भी बताया था, आपको उन्हें आराम से तीन स्ट्रोकों में करना चाहिए : ये हैं क्लॉकवाइज, ऐंटी-क्लॉकवाइज और फिर | What I can see from your teeth is that you've been too harsh while brushing, yet you miss the religious procedure of cleaning your teeth properly. As told to you earlier, you should brush them gently in three strokes: that are clockwise, anti-clockwise and then zig-zag. Also, take care of the interstitial spaces/gaps |

| | | |
|---|---|---|
| | आड़े-तिरछे। इसके अलावा दो दाँतों के बीच की जगहों का भी खयाल रखें और अपने मुँह में छिपे कीटाणुओं से छुटकारा पाने के लिए फ्लॉसिंग की मदद लें। | between two tooth to maintain oral hygiene and take the help of flossing to get rid of bacteria in your mouth. |
| मरीज : | डॉक्टर, क्या आपको लगता है कि माउथवॉश से मुँह साफ करना मेरे लिए उपयोगी सिद्ध होगा? | Doctor, do you think a mouthwash rinse could prove beneficial for me? |
| डॉक्टर : | दरअसल नहीं। लगातार इस्तेमाल पर, यह दाँतों में दाग-धब्बे पैदा कर सकता है। परंतु, वे तरीके जो मैंने आपको बताएँ हैं, अगर आप ठीक से अपनाएँ, तो आप साफ, चमकते दाँत व बढ़िया खूबसूरत मुस्कान बरकरार रख पाएँगे। जहाँ तक आपको महसूस होती सेंसीटिविटी की बात है, तो मैं आपको एक दवा-वाला टूथपेस्ट ए.बी.सी. लिखकर दे रहा हूँ... और ये एक्स.वाई. जी. गम पेंट...। इसे अपने मसूड़ों पर रोजाना दो बार लगाएँ। इससे आपकी जड़ों को आराम मिलेगा और यह टूथपेस्ट भी दर्द को कम करेगा, जो आपको महसूस होता है। | Not really. If used regularly, it could lead to staining of teeth. However, the methods which I told you, if followed appropriately, will help to maintain clean and shiny teeth and a great smile. As for the sensitivity that you're experiencing, I'm prescribing a medicated toothpaste ABC...and this gum paint ...XYZ.... Apply this twice daily on your gums. It will soothe your roots and this toothpaste will also help you reduce the pain as experienced. Is there anything else you would like to know or ask? |

| | | |
|---|---|---|
| | क्या आप कुछ और जानना या पूछना चाहेंगे? | |
| मरीज : | नहीं, और कुछ नहीं। डॉक्टर, बहुत-बहुत धन्यवाद। मुझे दुबारा कब आना होगा? | Nothing as such. Thanks a lot doctor. When do I need to come again? |
| डॉक्टर : | दस दिन बाद दुबारा दिखाएँ। चिंता ना करें। ये मसूड़ों का पेंट व दवा आपके मसूड़ों को ठीक कर देगी और आप अगले 6-7 दिनों में सामान्य हो जाएँगे। अच्छा गुडबाय और अपना खयाल रखना। | Review after 10 days. Don't worry. This gum paint and medicine will put your gums to sleep and you will be normal within next 6-7 days. Goodbye and take care. |
| मरीज : | फिर से शुक्रिया, डॉक्टर। | Thanks again, doctor. |

## 99

## *Conversation between Two Friends about Shopping from the Supermarket*

| | | |
|---|---|---|
| प्रिया : | हैलो सीमा। हमें आखिरी बार मिले काफी अरसा बीत गया। तुम कैसी हो और किस ओर जा रही हो? | Hello Seema. It has been a long time since we last met. How have you been and where are you heading to? |
| सीमा : | हाय (हैलो) प्रिया। रोजाना की तरह, बाजार की तरफ कुछ घर का सामान खरीदने के लिए। तुम्हें तो पता ही है कि रोजाना स्थानीय बाजार में जाकर जरूरी सामान खरीदना कितना मुश्किल होता है। यह तो कैच-22 की | Hi Priya. As usual, going to the local market to buy household items. You already know how difficult it is to go to the local market on a daily basis to shop for necessary things. It is like a catch-22 situation. You can't |

| | | |
|---|---|---|
| | स्थिति जैसी है जब एक के बिना दूसरा व दूसरे के बिना पहला काम करना मुश्किल होता है। तुम इसके बिना रह भी नहीं सकते व तुम यह करना भी नहीं चाहते। तो यह काफी थकाने वाला होता है। क्या तुम्हें ऐसा महसूस नहीं होता? | do without it, you don't wanna do it either. So, it's pretty tiresome. Don't you feel the same? |
| प्रिया : | ओह! सच में, नहीं। मैंने साधारण बाजार से चीजें खरीदना बंद कर दिया है। मैं सुपरमार्केट से ही चीजें खरीदना पसंद करती हूँ। | Oh! Not really. I've stopped buying goods from the local market. I prefer to buy the things from the supermarket. |
| सीमा : | एक सुपरमार्केट? मैं इतनी खर्चीली नहीं। और ना ही मेरे पास खर्च करने के लिए इतनी ज्यादा आमदनी है। इसके अलावा, मुझे लगता है कि सभी सुपरस्टोर जरूरत से ज्यादा मूल्य लगाते हैं। मैं यह नहीं कर सकती। तुम निश्चय ही अमीर घर में पैदा हुई होगी मगर ऐसा ऐशो-आराम मेरे लिए तो बिलकुल संभव नहीं। | A supermarket? I'm not that spendthrift. I don't think I've such disposable income either. Besides, I think all big superstores charge exhorbitantly. I can't do that. You must have been born with a silver spoon in your mouth to afford such luxuries, but for me it's a big no. |
| प्रिया : | तुम्हें ऐसी झूठी कहानियाँ कौन बताता है? वास्तव में, सुपरमार्केट तो तुम्हें चीजों को सस्ता या खुदरा मूल्य | Who tells you such false stories? In fact, the supermarkets offer you the freedom to buy things at an |

पर खरीदने की आजादी देती है। उनके काफी प्रमोशनल ऑफर, कॉम्पलीमेंटरी उपहार, 1+1 ऑफर, कॉम्बो पैक, सीजन सेल व खास सदस्यता सेल इत्यादि ऐसे सुपरमार्केट से एक साथ बहुत सारा सामान खरीदना और भी आसान बना देती हैं। इसके अलावा, तुम सारा सामान एक ही छत के नीचे खरीद सकती हो, सब्जियों से मसालों तक, डेयरी-उत्पादों से मांसाहारी उत्पादों तक, कच्चे सामान से लेकर कपड़ों तक, घर की सजावट के सामान से लेकर रसोई की चीजों तक तथा और बहुत कुछ। यह तो गृहिणियों के लिए स्वर्ग जैसा है क्योंकि वे जरूरत की सारी चीजें एक साथ बाजार के दामों से कम मूल्य पर खरीद सकती हैं। इससे समय, ऊर्जा, पैसा, ईंधन, प्रयास और बेकार होने वाली परेशानी से भी बचती है। अगर तुम स्थानीय दुकान पर उपलब्ध मूल्य से इनका मूल्य

economical or retail price. Their several promotional offers, complementary gifts, 1+1 offers, combo packs, season's sale and special membership rebates make it all the more easy to shop for goods from such supermarkets at one go. Besides, you can buy all the things under one roof—from vegetables to spices, dairy products to non-vegetarian items, raw consumables to apparels, interior decoration items to kitchenwares, and so on. It's like a heaven for housewives as they can buy all the needed goods at one go at a subsidised rate as compared to the local market. It saves time, energy, money, fuel, efforts and unnecessary botheration too. If you compare their listed prices with those of the local shops, you'll find a huge difference. So, why don't you give it a shot?

| | | |
|---|---|---|
| | मिलाओगे तो तुम्हें काफी बड़ा अंतर मिलेगा। तो, तुम एक बार इसे आजमा कर क्यों नहीं देखती? | |
| सीमा : | ठीक है, यह निश्चय ही सुनने में काफी उत्साह भरा व मजेदार लगता है। क्या तुम किसी दिन मुझे अपने साथ ले जाओगी ताकि मैं इसे पहले देख सकूँ? | Well, it certainly sounds exciting and interesting. Can you take me along with you some day, so that I can see it first? |
| प्रिया : | बिलकुल, क्यों नहीं? दरअसल, मैं तुम्हें उनका प्रीविलेज कार्ड भी दिखा दूँगी, जिससे तुम्हें लॉयल्टी अंक मिलते हैं, जिन्हें रीडिम करने पर तुम्हें अन्य ऑफरों के अलावा एक कॉम्पलीमैंटरी उपहार भी मिलता है। | Of course, why not? In fact, I'll also show you their privilege card that earns you loyalty points, which when redeemed, gets you a complementary gift along with other offers. |
| सीमा : | वाह! तब तो बहुत मजा आएगा। तो तुम वहाँ जाने का कब प्लान बना रही हो? | Wow! That would be fun. So, when are you planning to go there? |
| प्रिया : | मैं हर बुधवार को सुपरमार्केट जाती हूँ। क्योंकि, बुधवार को वे बिल पर अतिरिक्त 10 प्रतिशत छूट देते हैं। तो, इस तरह ये अधिक बचत व ज्यादा खरीद की तरह होता है। तो क्या तुम इसी बुधवार | I go to the supermarket every Wednesday. Because, on Wednesdays, they offer an extra 10% discount on the total bill. So, that's like more savings and more shopping. So, do you wanna accompany me this |

| | | |
|---|---|---|
| | को मेरे साथ आना चाहोगी? | Wednesday itself? |
| सीमा : | बिलकुल, तुम किस समय वहाँ जाओगी? | Definitely. At what time would you go there? |
| प्रिया : | लगभग 11 बजे। क्या मैं सुपरमार्केट जाते हुए तुम्हें रास्ते से ले लूँ? | Around 11 a.m. Shall I pick you up on my way to the supermarket? |
| सीमा : | ये तो बहुत अच्छा रहेगा। तुम्हारे सुझावों के लिए एडवांस में ही शुक्रिया। | That'd be very nice. Thanks in advance for your suggestions. |
| प्रिया : | तुम्हारा स्वागत है। तो बुधवार को 11 बजे मिलते हैं। तैयार रहना, हा। | You're welcome. So, see you on Wednesday at 11 a.m. Be ready, ha! |
| सीमा : | बिलकुल, मैं तैयार रहूँगी। अभी के लिए विदा। | Absolutely, I'll be. Bye for now. |
| प्रिया : | गुडबाय! | Goodbye! |

## 100

## *Conversation between a Father and a Son about Fake Universities*

| | | |
|---|---|---|
| रवि : | सुप्रभात पिताजी। क्या आपके पास कुछ समय है? मैं आपसे एक हयूमन राइट्स डिप्लोमा प्रोग्राम के बारे में बात करना चाहता था, जिसमें मैं अपना दाखिला कराना चाहता हूँ। क्या आप मेरे लिए एक मात्र 12,000/- रुपए का चेक बना देंगे, श्री भरत के नाम? | Good morning dad. Do you have a minute, please? I wanted to talk to you about a Human Rights diploma program that I want to enrol myself for. Can you write me a cheque for just ₹ 12,000/- in favour of Mr. Bharat? |
| पिता : | सुप्रभात, मेरे बेटे। अपने बेटे से संबंधित जरूरतों को पूरा | Good morning, my son. I have all the time in the world |

| | |
|---|---|
| करने के लिए तो मेरे पास दुनिया भर का समय है। मगर जहाँ तक चेक व डिप्लोमा प्रोग्राम की बात है, मैं निश्चय ही प्रोग्राम की विस्तृत जानकारी, यूनिवर्सिटी जहाँ तुम प्रवेश लोगे, व कुछ और जानकारियाँ लेना चाहूँगा। | to attend to the needs of my son. But as for the cheque and diploma program, I would certainly like to know the details of the program, the university where you are enrolling and some other facts. |
| रवि : बिलकुल, पिताजी। यह एक 12 महीनों का डिप्लोमा प्रोग्राम है, जो कि पंजीकृत ए.बी.सी. यूनिवर्सिटी द्वारा चलाया जा रहा है। प्रोग्राम के सफलतापूर्वक पूरा हो जाने पर वे मुझे एक प्रमाण-पत्र भी देंगे। एक वर्ष में दो सेमेस्टर परीक्षाएँ होंगी। कक्षाएँ सप्ताह अंत (शनिवार-रविवार) में होंगी और शंका-निवारण कार्य ऑनलाइन (कंप्यूटर इंटरनेट पर) द्वारा संपन्न किया जाएगा। जहाँ तक भुगतान की बात है, वह एक बार ही अदा होगा, जो कि चेक, कैश या ऑनलाइन ट्रांसफर से होगा। | Sure, father. It's a 12 months' diploma program offered by recognized ABC University. After the successful completion of the program, they will offer me a certificate as well. There would be two semester examinations in an year. The classes will be conducted on weekend basis and doubt sessions will be held online. As for the payment, it is one-time charge payable by cheque/ cash or online transfer. |
| पिता : आहा! तुम्हारी इस यूनिवर्सिटी प्रोग्राम पर की | Aha! Good to hear about your research on this |

| | | |
|---|---|---|
| | गई रिसर्च को सुनकर अच्छा लगा। मगर इसके एफिलिएशन अथवा रेकोगनिशन का क्या? केवल रजिस्ट्रेशन से कोई खास मुद्दा हल नहीं होता। आजकल, बाजार में कई नकली यूनिवर्सिटियाँ भी हैं, जो कि छात्रों से झूठे वायदे कर देती हैं, मगर उन्हें बिलकुल भी पूरा नहीं करतीं। और उनके प्रमाण-पत्रों की, अगर दिए भी गए तो, कोई मान्यता या महत्ता नहीं होती। इसलिए ऐसा कोई भी डिप्लोमा प्रोग्राम किसी गैर-एफीलिएशन या गैर-पंजीकृत यूनिवर्सिटी से करने का कोई भी फायदा नहीं होता। क्या तुम यह समझ पा रहे हो? | university program. But what about its affilation or recognition? A mere registration does not serve any meaningful purpose. These days there are several fake universities in the market, which make false promises to the students but do not fulfill them at all. Also, their certificates, if awarded, do not carry any market value or significance. Thus, pursuing a diploma program from any such non-reputed, non-affiliated or non-recognised university will be of no use at all. Did you get that? |
| रवि : | मगर पिताजी, उनकी ऑफिशियल वेबसाइट व कॉलेज परिसर भी है। वे इतने धोखेबाज नहीं जैसा आप सोच रहे हैं। | But dad, they have an official website and campus also. They are not as fraudulent as you suggest. |
| पिता : | मेरे बेटे, तुम अभी ऐसे मुद्दों को समझने में नौसिखिये हो। तुमने कहा कि तुम चाहते हो कि मैं श्री भरत के नाम पर चेक बना दूँ, है ना? | My son, you're too inexperienced to analyse such issues. You said that you wanted me to write a cheque in the name of Mr. Bharat, isn't it? |

| | |
|---|---|
| रवि : हाँ पिताजी। | Yes dad. |
| पिता : तो, यह यूनिवर्सिटी एक यूनिवर्सिटी के अकाउंट पेयी नाम के बजाय एक व्यक्ति के नाम पर चेक क्यों माँग रही है? ये ना ही एफीलिएटेड और ना ही रैकोगनाइज्ड है। और, क्या तुमने यू.जी.सी. की ऑफिशियल वेबसाइट पर इसकी रेटींग चेक की है? | So, why is this university demanding a cheque in favour of a person's name instead of a university's account payee name? It is neither affiliated nor recognised. Also, did you check its rating from the official UGC website? |
| रवि : नहीं पिताजी। | No dad. |
| पिता : तो उस वेबसाइट पर लॉग ऑन करो व उसमें यू.जी.सी. द्वारा वर्णित नकली यूनिवर्सिटियों की सूची में चेक करो। अगर ये नकली संस्था हुई तो इसका नाम ऑनलाइन भी होगा। | Then log in to that website and check the list of the fake universities as per UGC. If it is a fake organisation, it's name would appear online as well. |
| रवि : पिताजी, आपकी तो बेवजह दूसरों की गलतियाँ निकालने व उनपर शक करने की आदत है। | Dad, you've this habit of finding faults and suspecting others unnecessarily. |
| पिता : नहीं, मेरे बेटे। सावधान रहना पछतावे से बेहतर होता है। पहले ही की हुई जांच बाद में आने वाली बहुत-सी परेशानियों से बचा लेता है। बस मेरी सलाह मानो और इसकी असलियत की जाँच कर | No, my son. It is better to be safe than sorry. A careful check beforehand will save a lot of trouble for the times to come. Just follow my advice and check its authenticity. If you find every aspect upright, I'll happily write a |

| | | |
|---|---|---|
| | लो। अगर तुम्हें हर चीज सही लगे तो मैं खुशी-खुशी चेक बना दूँगा। क्या तुम्हारे हिसाब से यह ठीक है? | cheque. Is that okay with you? |
| रवि | : जी, पिताजी, मैं यह कर लूँगा। | Yes, dad. I'll do that. |
| पिता | : ठीक है, अब जाओ और तैयार हो जाओ। मुझे ऑफिस भी जाना है। बाय। मैं तुमसे शाम को मिलूँगा। | Fine, now go and get ready. I've to go to office as well. Bye. I'll see you in the evening. |
| रवि | : गुडबाय, पिताजी। | Goodbye, dad. |

## 101

## *Interview of a Politician by a Mediaperson: General Talk About the Political Issues*

| | | |
|---|---|---|
| टी.वी. ऐंकर | : सुप्रभात, दर्शकों। आज हमारे साथ शो में हैं श्री ए.बी.सी., जो कि दर्शकों के सभी सवालों का जवाब देंगे। | Good morning viewers. Today we have Mr. ABC with us on the show who will answer all the queries of the general public. |
| | नमस्कार, श्री ए.बी.सी.। शो में आपका स्वागत है और बहुत-बहुत शुक्रिया कि आप आज यहाँ ए.बी.सी. न्यूज चैनल में पधारे हैं। | Hello! Mr ABC. welcome on the show and thanks a lot for gracing us with your presence today on ABC news channel. |
| नेता | : सभी दर्शकों को सुप्रभात। ये मेरा सौभाग्य है कि मुझे इस सुप्रसिद्ध चैनल के जरिए सारी जनता तक पहुँचने का सुनहरा मौका मिला है। | Good morning to all the viewers. The pleasure is all mine that I've been given this golden opportunity to reach the masses through this prestigious show. |

| | |
|---|---|
| टी.वी. ऐंकर : सर, सबसे पहले, एक्स.वाई.जेड. पार्टी के 21वीं सदी के नए कार्यकारी नेता होने के नाते, मैं आपसे यह पूछना चाहती हूँ कि आपका ये नए नेतृत्व वाला नजरिया है क्या? | Sir, first of all, as a 21st century modern political leader of XYZ party, I would like you to describe your vision of what this modern political leadership is all about? |
| नेता : साक्षी, ये काफी अच्छा प्रश्न है। मुझे लगता है कि ये 'नया नेतृत्व' जो है— नई जागरूकता को दर्शाता है, एक नई इच्छा, जो कि नेताओं द्वारा सामाजिक क्षेत्रों में बदलाव लाने की चाह है, जिसमें कि अभी तक प्रजातंत्र के अनछुए पहलुओं का ताना-बाना भी शामिल हो पाएगा। | Good question, Sakshi. I think this phrase—'modern political leadership' refers to the modern awakening, the fresh new lease of the desire in the leaders to bring in a change in social domain, involving the unexplored territories of democratic matrices. |
| टी.वी. ऐंकर : तो क्या सर, ये सिर्फ इसलिए है क्योंकि आप काफी शिक्षित हैं व विश्वविद्यालय की डिग्री से सम्मानित हैं? तो क्या इस वाक्य का मास्टर या डॉक्टरेट डिग्री से कोई भी संबंध है? | So, sir, is it just because you're well qualified and you hold a college degree? Does this phrase have any connection with the master's and doctorate qualifications that you possess? |
| नेता : कदापि नहीं। शिक्षा आपके लिए ज्ञान के सभी द्वार खोल देती है। ये आपको जागरूक व ज्ञानी बनाती है। लेकिन ये आपको निश्चित ही जिम्मेदार नहीं बनाती। | Certainly not. Education opens the doors of knowledge for you. It makes you knowledgeable and conscious. However, it does not necessarily make you |

| | | |
|---|---|---|
| | आप मौलिक रास्ता चुनेंगे या नहीं—ये शिक्षित मस्तिष्क से निर्धारित नहीं होता बल्कि ये आपकी सही अंतरआत्मा से होता है और वह सिर्फ शैक्षिक डिग्रियों से कभी भी पक्का नहीं होता। क्या आप मेरी बात समझ रहे हैं? | more responsible. Whether you will follow ethical path or not—is not determined by your educated mind, but by an upright conscience and that can never be guaranteed by more educational degrees. Are you getting my point? |
| टी.वी. ऐंकर : | बिलकुल, सर। तो आपके द्वारा सुझाए गए इस नए क्रांतिकारी बदलाव का प्लान क्या है? | Absolutely, sir. So, what's the new plan of action for the revolutionary change as proposed by you? |
| नेता : | नहीं, नहीं। मैं कोई क्रांति नहीं ला रहा। मैं तो केवल एक बदलाव, एक नए नजरिए, एक नए उत्साह व प्रजातंत्र राज के प्रति नई संभावना की बात कर रहा हूँ। देखिए, भारत की सबसे बड़ी खासियत यह है कि ये दुनिया के सबसे बड़े प्रजातांत्रिक देशों में से एक है। बावजूद इसकी 25 से ज्यादा भाषाओं, 28 राज्यों व विभिन्न जातियों, प्रजातियों, रंगों, धर्मों व व्यंजनों के, इसकी बहु-विभिन्नता ही इसे एक धागे में बाँधे रखती है। | No, no. It's not a revolution that I'm going to bring in. I'm talking of a change, a new perspective, a new enthusiasm and a fresh outlook to our democratic rule. See, what's great about India is that it is one of the biggest democracies across globe. With over 25 languages, 28 states and several castes, creeds, colours, communities and cuisines, its multi-pluralism has bound it into one thread. |
| टी.वी. ऐंकर : | चूँकि आप दुनिया की बात कर रहे हैं, तो आपका भारत को अंतर्राष्ट्रीय स्तर | Since you're talking about the global aspects, what's your agenda for India to be |

पर दर्शाने का क्या प्लान है? represented internationally?

नेता : देखिए, हम अंतर्राष्ट्रीय स्तर पर पहले ही अपनी पहचान बना चुके हैं। आज के भारत की पहचान सपेरों, गायों, गाँवों व अशिक्षित समाज की नहीं है। ये एक ऐसे देश की है जो इसके कंप्यूटर जादूगरों, आई.टी. विशेषज्ञों, ज्ञानियों, अन्वेषकों, वैज्ञानिकों इत्यादि की है। नई शुरुआत की नई सुबह हो चुकी है और इसे कैसे भी रोका नहीं जा सकता। जहाँ तक मेरे पी.ओ.ए. की बात है, ये जल्दी ही प्रेस में घोषित कर दिया जाएगा। इसे अगली प्रेस घोषणा तक राज बना रहने दें।

See, we have already made a mark in the international market. The India that people know today is not the India with the images of snake charmers, cows, villages or illiteracy. It's a country known for its computer wizards, I.T. experts, knowledge specialists, researchers, scientists and much more. The dawn of a new beginning has already ushered and nothing is going to stop it. As for my P.O.A., it will be declared soon in the press. Let it remain a surprise for the next press.

टी.वी. ऐंकर : सर, जब आपने घोषणा की बात की है तो ये बताएँ कि हम आपकी खुद की लिखी किताब की कब तक उम्मीद कर सकते हैं? क्योंकि खबर यह है कि यह जल्दी ही आने वाली है। यह किस विषय पर है?

Sir, as you've mentioned the word 'released', when can we expect your own book, as the rumours are that it's about to be released? What is it about?

नेता : यह अगले वर्ष तक ही उपलब्ध हो पाएगी, क्योंकि अभी तो चुनाव आ रहे हैं और मैं इसकी तैयारी में

It's scheduled for release by the next year because right now the constitutional elections are approaching

| | | |
|---|---|---|
| | व्यस्त हूँ। जहाँ तक विषय की बात है, ये हमारी बहु-विभिन्नताओं की एकता व हमारी सामाजिक रीतियों, राजनीतिक व्यवस्थाओं पर आधारित है। | and I'm little occupied in its preparation. As for the subject, it is about our multi-pluralistic integrity and our socio-cultural political setup. |
| टी.वी. ऐंकर : | आपने कई बार 'बहु-विभिन्नता' के एकीकरण की बात की। आप इससे दरअसल क्या कहना चाहते हैं? | You've mentioned 'multi-pluralistic' integrity several times. What do you really wanna convey by that? |
| नेता : | मेरा मतलब है कि वह धागा जो देश के विभिन्न और बहुकारी बलों को जोड़ता है। आपने देखा ही होगा कि कैसे एक कैथोलिक-इटैलियन पृष्ठभूमि का व्यक्ति, जैसे कि श्रीमती सोनिया गांधी को देश की पार्टी के मुखिया के तौर पर देखा जाता है और कैसे वह एक सिख-धर्म के डॉक्टरेट से सम्मानित व्यक्ति, जैसे कि डॉ. मनमोहन सिंह को देश के प्रधानमंत्री के रूप में निर्वाचित करती हैं, जो कि स्वतः ही एक मुस्लिम राष्ट्रपति, डॉ. अब्दुल कलाम द्वारा प्रस्तावित होते हैं। अंत में, जो कि उतना ही महत्त्वपूर्ण है, अभी हमारा देश एक महिला | What I mean is the thread that binds the diverse and eclectic forces of our country. You must have seen how the Catholic-Italian background person like Smt. Sonia Gandhi is given an opportunity to serve as the head of a national party and how she facilitates things for a sikh religion, doctorate holder like Dr. Manmohan Singh to serve as the Prime Minister of our country who in turn is proposed by a Muslim President, Dr. Abdul Kalam. Last but not the least, that our country was now headed by a lady President, Smt. Pratibha Patil. So, this kind of secular, multi-cultural, multi-religious, |

राष्ट्रपति, श्रीमती प्रतिभा पाटिल के नेतृत्व में था। तो, इस तरह का धर्मनिरपेक्ष, बहु-जातियों, बहु-धर्मों, बहु-विभिन्नताओं वाला ताना-बाना दुनिया में कहीं भी मिल पाना असंभव है। ये इस अनेकता में एकता वाले भाव की मैं बात कर रहा हूँ, यह अहसास जो हमारे सभी देशवासियों के लहू में दौड़ रहा है, ये इच्छा जो अरबों लोगों के दिलों में धड़कती है।

multi-pluralistic nexus is impossible to be found anywhere in the world. That's the 'unity in diversity' spirit that I'm talking about, that flows through the blood of all our countrymen, the feeling that throbs in the hearts of billions of our people.

टी.वी. ऐंकर : इस भ्रष्टाचार का क्या जो हमारे सर पर पूरी तर से राज करने...?

What about the corruption that has taken a toll in our...?

नेता : देखो, साक्षी, कहना बहुत आसान है पर करना बहुत मुश्किल। याद रखो कि 'रोम एक दिन में नहीं बना था'। बदलाव धीरे-धीरे होने वाला उलटा पुनर्जीवन है। मुझे वक्त दें और मैं आपको निश्चय ही बदलाव दिखाऊँगा।

See, Sakshi, it is easy to preach, difficult to practise. Remember that 'Rome was not built in a day'. The change is gonna be a gradual process of reversal resurgence. Give me time and I'll certainly show you the difference.

टी.वी. ऐंकर : मगर ये है ही क्यों? क्या हम...?

But why is it there anyway? Can we...?

नेता : रुकावट के लिए खेद है। मगर अब तुम 'क्या हुआ', 'कैसे हुआ', 'कब हुआ', 'क्यों हुआ' के दार्शनिक स्तर पर आ रही हो। ये

Sorry for the interruption but now you're getting into epistemological mode. See, why, how, when, where, 'the egg first or the chicken first'

| | | |
|---|---|---|
| | अंडा पहले या मुरगी पहले की बहस कभी ना खत्म होने वाली उलझन है। इस कभी ना खत्म होने वाले सवाल-जवाब में हमें नहीं पड़ना चाहिए और इस बात पर गौर करना चाहिए कि जिन परेशानियों ने सारे देश को घेर रखा है, उनके निवारण के लिए हमारे पास क्या हल हैं? साक्षी, इस समय गड़े मुर्दों को निकालकर कारण खोजने से उतना फायदा नहीं होगा जितना कि भविष्य के लिए प्लान बनाने से, ताकि बचाव व सुधार की नीतियाँ बनाई जाएँ, जिससे सभी देशवासियों का भला हो सके। | debate remains open-ended confusion. Let's not get into this never-ending repertoire and stick to what resolution we have in hand for the problems that have plagued our country. Sakshi, a post-mortem of the causes at present may not benefit us as much as the planning for the future, considering preventive actions and reformative strategies for the welfare of our countrymen. |
| टी.वी. ऐंकर : | खूब कहा, सर। इसी के साथ हम आज की चर्चा का अंत करते हैं। आपका शुक्रिया कि आप आज यहाँ ए.बी.सी. न्यूज चैनल पर पधारे और हमारे सवालों का जवाब दिया। आपका शो पर आना हमारे लिए सौभाग्य की बात है। | Well said, sir. With this, we come to an end to today's session. Thank you for joining us today at ABC news channel and responding to our queries. It was a pleasure to have you on the show. |
| नेता : | ये तो मेरा सौभाग्य है। मुझे शो पर आमंत्रित करने के लिए धन्यवाद। | The pleasure is all mine. Thanks to you for having me on the show. |